GUIA DE REDAÇÃO DE MANUAL DE INSTRUÇÕES DE MÁQUINAS E EQUIPAMENTOS

Editora Appris Ltda.
1.ª Edição - Copyright© 2021 dos autores
Direitos de Edição Reservados à Editora Appris Ltda.

Nenhuma parte desta obra poderá ser utilizada indevidamente, sem estar de acordo com a Lei nº 9.610/98. Se incorreções forem encontradas, serão de exclusiva responsabilidade de seus organizadores. Foi realizado o Depósito Legal na Fundação Biblioteca Nacional, de acordo com as Leis nos 10.994, de 14/12/2004, e 12.192, de 14/01/2010.

Catalogação na Fonte
Elaborado por: Josefina A. S. Guedes
Bibliotecária CRB 9/870

A447g
2021
	Almeida, Luiz Carlos Devienne de
	   Guia de redação de manual de instruções de máquinas e equipamentos /
	Luiz Carlos Devienne de Almeida. - 1. ed. - Curitiba : Appris, 2021.
	   380 p. ; 23 cm.
	
	   Inclui bibliografia.
	   ISBN 978-65-250-0780-9
	
	   1. Redação técnica. 2. Máquinas - Manuais, guias, etc. 3. Equipamentos - Manuais, guias, etc. I. Título. II. Série.
	
	                                                                      CDD – 808.066

Livro de acordo com a normalização técnica da ABNT

Appris editora

Editora e Livraria Appris Ltda.
Av. Manoel Ribas, 2265 – Mercês
Curitiba/PR – CEP: 80810-002
Tel. (41) 3156 - 4731
www.editoraappris.com.br

Printed in Brazil
Impresso no Brasil

GUIA DE REDAÇÃO DE MANUAL DE INSTRUÇÕES DE MÁQUINAS E EQUIPAMENTOS

Luiz Carlos Devienne de Almeida

FICHA TÉCNICA

EDITORIAL	Augusto V. de A. Coelho
	Marli Caetano
	Sara C. de Andrade Coelho
COMITÊ EDITORIAL	Andréa Barbosa Gouveia (UFPR)
	Jacques de Lima Ferreira (UP)
	Marilda Aparecida Behrens (PUCPR)
	Ana El Achkar (UNIVERSO/RJ)
	Conrado Moreira Mendes (PUC-MG)
	Eliete Correia dos Santos (UEPB)
	Fabiano Santos (UERJ/IESP)
	Francinete Fernandes de Sousa (UEPB)
	Francisco Carlos Duarte (PUCPR)
	Francisco de Assis (Fiam-Faam, SP, Brasil)
	Juliana Reichert Assunção Tonelli (UEL)
	Maria Aparecida Barbosa (USP)
	Maria Helena Zamora (PUC-Rio)
	Maria Margarida de Andrade (Umack)
	Roque Ismael da Costa Güllich (UFFS)
	Toni Reis (UFPR)
	Valdomiro de Oliveira (UFPR)
	Valério Brusamolin (IFPR)
ASSESSORIA EDITORIAL	Natalia Mendes
PRODUÇÃO EDITORIAL	Bruno Ferreira Nascimento
DIAGRAMAÇÃO	Luciano Popadiuk
	Luiz Carlos Devienne de Almeida
CAPA	Eneo Lage
COMUNICAÇÃO	Carlos Eduardo Pereira
	Débora Nazário
	Kananda Ferreira
	Karla Pipolo Olegário
LIVRARIAS E EVENTOS	Estevão Misael
GERÊNCIA DE FINANÇAS	Selma Maria Fernandes do Valle

Nenhuma parte desta publicação pode ser reproduzida, arquivada ou transmitida de qualquer modo ou por qualquer outro meio, seja este eletrônico, mecânico, fotocópia, gravação ou quaisquer outros, sem prévia autorização, por escrito, da **MANUALTECH CONSULTORIA E ASSESSORIA LTDA.**

Esta publicação trata-se de Guia de Redação de Manuais de Instruções, para fins didáticos, harmonizado com a Norma Regulamentadora 12 e com normas técnicas aplicáveis ABNT NBR, ISO e IEC. Qualquer semelhança com alguma figura ou texto é mera coincidência.

Todos os direitos desta edição estão reservados à
MANUALTECH CONSULTORIA E ASSESSORIA LTDA.
Rua Comendador Pedro Stefanini, 346
18609-590 - BOTUCATU/SP
e-mail: comercial@manualtech.com.br
web site: www.manualtech.com.br

SUMÁRIO

AGRADECIMENTOS: IX

PREFÁCIO: XIII

BREVE INTRODUÇÃO: XV

1. CONSIDERAÇÕES GERAIS 1
   1.1 O QUE É SEGURANÇA? 1
   1.2 O PARADIGMA DA SEGURANÇA 2
   1.3 A IMPORTÂNCIA DO MANUAL DE INSTRUÇÕES 3
   1.4 DO OBJETIVO DESTE GUIA DE REDAÇÃO: 6

2. O PROFISSIONAL 9
   2.1 TRABALHO COM DISCIPLINA 9
   2.2 O AMBIENTE DE TRABALHO 11
      2.2.1   O ambiente tranquilo 11
      2.2.2   Ambientes quentes 13
      2.2.3   Ambientes iluminados 14
   2.3 ERGONOMIA 14
      2.3.1   A postura 14
      2.3.2   A cadeira 15
      2.3.3. A mesa de trabalho 17
      2.3.4   Monitor do Computador 19
   2.4 MOVIMENTAÇÃO DO USUÁRIO 20

3. REQUISITOS DA NR-12 E OS MANUAIS 23
3.1. A OBRIGATORIEDADE 23
3.2 DAS REFERÊNCIAS NORMATIVAS 23
3.3 A NR-12 E OS MANUAIS DE INSTRUÇÕES 27
3.4 REQUISITOS MÍNIMOS PARA OS MANUAIS 43
3.4.1 Introdução 43
3.4.2 Manual de instruções de máquinas novas 44
3.4.3 Manual de instruções de máquinas usadas 48
3.4.4 Comparativos dos requisitos 12.13.5.1. e 12.13.5.3 54

4. NORMAS TÉCNICAS E OS MANUAIS 57
4.1 INTRODUÇÃO 57
4.2 A ABNT 57
4.3 A PRODUÇÃO DE NORMAS TÉCNICAS 59
4.4 TIPOS DE DOCUMENTOS ISO: 61
4.4.1 Tipos de Normas: 62
4.4.2 Normas fundamentais na elaboração de Manuais 69
4.5 PESQUISA DE NORMAS TÉCNICAS 72

5. MARCAÇÃO CE – DIRETIVA 2006/42 75
5.1 INTRODUÇÃO 75
5.2 CONTEXTO HISTÓRICO: 76
5.3 ESTRUTURA DA DIRETIVA 2006/42/CE 80
5.4 REQUISITOS PARA MANUAIS 86
5.5 ORIENTAÇÕES NORMATIVAS 91

6. APRECIAÇÃO E REDUÇÃO DE RISCOS 93
6.1 INTRODUÇÃO 93
6.2 DEFINIÇÕES DE TERMOS IMPORTANTES 95

7. DIRETOS E DEVERES 99
7.1 CÓDIGO DE DEFESA DO CONSUMIDOR 99
7.2 SEGURANÇA JURÍDICA PARA O FABRICANTE 101
7.3 PATENTES 103

8. TÉCNICAS DE ELABORAÇÃO DE MANUAL 105
8.1 INTRODUÇÃO 105
8.2 O PLANEJAMENTO PRELIMINAR 110
- *8.2.1 Introdução 110*
- *8.2.2 Levantamento (COLETA) de informações: 112*
- *8.2.3 Layout do documento técnico 113*
- *8.2.4 Legibilidade do texto 119*
- *8.2.5 Tamanhos dos símbolos gráficos 130*
- *8.2.6 Estilo 131*

8.3 PLANEJAMENTO DA REDAÇÃO TÉCNICA 133
- *8.3.1 Introdução 133*
- *8.3.2 Estruturação do manual de instruções 134*
- *8.3.3 Outras considerações para fase de planejamento: 136*

8.4 DA REDAÇÃO 147
- *8.4.1 Considerações Iniciais 147*
- *8.4.2 Da linguagem, formulação e guia de estilo: 148*
- *8.4.3 Redação do conteúdo 149*

8.5 A REVISÃO FINAL 228
- *8.5.1 Introdução 228*
- *8.5.2 Como revisar 228*

9. TRADUÇÕES **231**
    9.1 INTRODUÇÃO 231
    9.3 *SOFTWARE* PARA TRADUÇÃO.. 234

10. DOCUMENTAÇÃO TÉCNICA **237**
    10.1 INTRODUÇÃO 237

11. APLICATIVOS RECOMENDADOS **245**

12. REFERÊNCIAS **247**

13. ÍNDICE REMISSIVO **251**

NOTAS **259**

APÊNDICE A.1..**261**

APÊNDICE A.2: **1/A2**
    A.2.1 CONSIDERAÇÕES GERAIS:.. 1/A2
    A2.2 REQUISITOS NORMATIVOS: 2/A2
    A2.3 SINAIS DE ADVERTÊNCIA: 3/A2
    A2.4 AVISOS DE ADVERTÊNCIA: 8/A2
    A2.5 SINAL GERAL DE ADVERTÊNCIA 11/A2

NOTAS: **12/A2**

AGRADECIMENTOS:

Este guia de redação foi fruto da experiência de 20 anos escrevendo e criando manuais de instruções para várias empresas no Brasil e no exterior.

Durante essa jornada, muitas pessoas participaram de maneira significativa. Pessoas que me deram coragem e incentivo, além do apoio diário, contribuindo de uma forma ou de outra.

Antes de tudo, agradeço a **Deus**, pela minha saúde e oportunidades, também por ter colocado pessoas maravilhosas e bondosas nesse meu trilhar.

Em seguida, agradeço aos meus queridos pais, **Cleide** e **Luiz Carlos**, pela vida e minha educação, não só a escolar, mas a de caráter. Meu amor e gratidão eterna!

À minha querida esposa, **Margareth**, pois sem o seu amor e apoio talvez eu não tivesse nem iniciado este trabalho. Também fica o meu respeito pela profissional que ela é, como docente na Medicina, e sua dedicação ao ensino público. A ela, toda a minha gratidão e meu amor!

Aos meus filhos, **Paula** e **Pedro**, que acreditaram sempre em mim e pelo apoio. Grandes amados filhos! Meu eterno amor a eles!

A criação deste guia de redação teve a participação de excelentes profissionais. Essas pessoas formam a equipe da **MANUALTECH**. Cada um teve uma participação importante, contribuindo com seu esforço na construção deste guia. À **Josiane Roberta Lima**, minha amiga, braço direito e revisora deste Guia. Ao **Lucas Nascimento**, pelo profissionalismo e pela contribuição das ilustrações técnicas. À **Letícia Fumis**, profis-

sional competente e dedicada, que ajudou na diagramação de todo este trabalho.

Ao meu colega **André Fortunato**, pelas ilustrações do segundo capítulo, profissional experiente e talentoso, desenhista, redator técnico e grande pessoa.

Não poderia jamais esquecer algumas pessoas que fazem parte dessa história, na convivência dentro das comissões de estudos da **ABNT**, em especial no **CB-004**, lá na **ABIMAQ** em São Paulo.

À *Aparecida Regina Formicola*, a *Cida*, minha amiga. Profissional dedicadíssima e competente, que cuidou com muito zelo dos trabalhos das Comissões de Estudos do CB-004 da **ABNT**, as quais estavam sob sua responsabilidade. Com certeza, a **ABNT** deve muito a esta profissional, pelo espírito guerreiro, fiel e de comprometimento. *Cida*, minha gratidão por tudo, principalmente pela amizade, e todo o meu respeito.

Ao *Márcio Liron Damélio,* coordenador do CE:004.026.001 da **ABNT**, pelo acolhimento, pelas oportunidades, pelo compartilhamento de conhecimentos, mas, antes de tudo, pela amizade e por sua bondade com o próximo. Sem o empenho dele, o Brasil não teria a coletânea de normas técnicas adotadas em segurança de máquinas. Muito obrigado, Márcio!

Ao *Roberto do Valle Giuliano*, engenheiro mecânico competente, experiente e entusiasta. Servidor público dedicado como pesquisador da **Fundacentro**. Agradeço pelos momentos de compartilhamento de ideias em segurança de máquinas. Muitas dessas ideias estão prescritas neste guia. Meu muito obrigado.

À *Aida Cristina Becker*, engenheira e auditora fiscal do trabalho, pela honra do prefácio deste guia. Também pela sua história, pela coordenação com empenho e dedicação profissional na introdução do novo e moderno texto da NR-12 em 2010 para o Brasil. O seu trabalho e luta geraram bons frutos. Aida, meu respeito e gratidão.

Ao **Danilo Fernando de Oliveira**, minha gratidão pelo incentivo durante a elaboração deste trabalho.

PREFÁCIO:

Caro leitor, como você se deteve por aqui, posso supor que é curioso.

Então, não vai desapontar-se com este livro, pois, embora tenha o título de guia, brinda-nos com algo muito além dos tradicionais passos esperados neste tipo de obra.

O generoso autor, esgrimando no cenário monocromático da literatura técnica, descortina-nos, com habilidade e didática, os fundamentos técnicos de segurança de máquinas presentes nos áridos regulamentos e normas.

Nesta senda, não descuida de alertar o leitor sobre a arte da redação técnica e o mister de se fazer compreender.

De forma ilustrada e exemplificativa ao longo de seus capítulos e apêndices, revela, entre outros importantes temas, a Diretiva Máquinas, de conhecimento indispensável para importadores e exportadores, bem como o *Código de Defesa do Consumidor*, que impacta as transações nacionais.

Agradeço a gentileza do convite de Luiz Carlos Devienne de Almeida para prefaciar esta obra que, sem dúvida, representa contributo de extrema utilidade para técnicos e prevencionistas que com seu labor tornam o trabalho mais seguro.

Boa leitura. Explore e vá além!

Aida Cristina Becker

BREVE INTRODUÇÃO:

Este guia de redação nasceu da necessidade de compartilhar a experiência adquirida nesses 20 anos como redator técnico e nos 10 anos com diretor e responsável técnico da **Manualtech**.

A **Manualtech** foi criada com a finalidade de suprir o mercado com uma empresa especializada na elaboração de documentação técnica – algo quase nada visto no Brasil, mas muito difundido na União Europeia.

A intenção foi oferecer ao mercado, ou seja, aos fabricantes de máquinas e de equipamentos, um serviço completo na elaboração de manuais de instruções de acordo com os princípios e requisitos das normas técnicas oficias e estrangeiras. Esse serviço é composto pela criação da identidade visual do manual, redação técnica, diagramação, formatação e publicação – quando necessária.

Este Guia procura ser um complemento da **ABNT NBR ISO 12100** e da **ABNT NBR 16746**, as quais tratam desse assunto do lado normativo. Este Guia, no entanto, traz informações do lado prático, porém não tem a função de dispensar o uso e o estudo dos documentos normativos citados. Ele é, sim, um grande incentivador do uso prioritário delas.

Cabe a este guia orientar a aplicabilidade dos requisitos da **Norma Regulamentadora 12**, na sua revisão mais atual – a de julho de 2019.

Todos os assuntos aqui abordados são pertinentes ao processo de elaboração de manuais de instruções de máquinas e de equipamentos, sendo um guia adequado para o redator técnico ou a equipe destinada a esse tipo de serviço.

Finalizando, este guia de redação é atualizado até a data de janeiro de 2021. Se houver alterações em normas regulamentadoras e/ou nas normas técnicas aqui referenciadas, este trabalho poderá ser revisado em outras edições.

Luiz Carlos Devienne de Almeida

1. CONSIDERAÇÕES GERAIS

1.1   O QUE É SEGURANÇA?

A resposta a essa pergunta pode parecer simples com a ida ao dicionário.

Todavia, segurança pode apresentar diferentes significados, os quais dependem da percepção, da cultura, da experiência de vida e dos valores de cada indivíduo, além do conhecimento e das informações inerentes ao processo. Assim, a definição pura desse substantivo feminino é abstrata e relativa.

Por exemplo, no dicionário Aurélio[1], define-se **segurança** como uma certeza, firmeza, convicção, confiança em si mesmo, autoconfiança, entre outros sinônimos e definições. Logo, um simples substantivo pode ter diversos sinônimos.

Outro exemplo importante da abrangência dese vocábulo está no idioma inglês. Lá, a segurança é tratada por duas traduções distintas: *safety* e *security*, as quais definem situações distintas.

O conceito de *safety*[2] envolve o estado de estarseguro e protegido de perigos ou danos. Por exemplo: um trabalhador tem a percepção de estar seguro contra um acidente de trabalho com uma máquina, ou passageiros voando sobre o oceano e "sentindo-se" seguros, pois a aeronave "oferece" segurança.

---

1 SEGURANÇA. In: FERREIRA, A. B. A. de H. *Dicionário da língua portuguesa*. 3. ed. Rio de Janeiro: Nova Fronteira, 1999. p. 1829-1830.

2 SAFETY. In: HORNBY, A.S. *Oxford Advanced Learner´s Dictionary of Current English*. 7th. ed. [S. l.]: Oxford University Press, 2005. p. 1339

***Security*[3]** traz a ideia de atividades como: a proteção de um país, de edifícios; de ataques terroristas contra pessoas; perigos de assaltos; a segurança nacional, aeroportuária; seguros, entre outras definições. Tem a ver com patrimônio. Logo, percebe-se que segurança tem um sentimento relativo.

No entanto, as pessoas se sentem seguras, mesmo tendo a noção dos riscos a que estão submetidas. Algumas pessoas, por vários fatores, percebem um risco maior, ficando aflitas e inseguras, outras não identificam esses riscos e se sentem seguras.

Essa análise do que é segurança e de como ela é vista é importante na condução dos meios adotados de como evitar acidentes e as consequências dos danos, em todas as atividades humanas (no trabalho, no lar, na rua, no teatro etc.).

1.2   O PARADIGMA DA SEGURANÇA

Diante dessa situação, o(s) responsável(is) por um projeto deve(m) buscar meios eficazes e eficientes de mitigar a probabilidade da ocorrência de danos com pessoas e prejuízo ao(s) equipamento(s).

Como exemplo, cita-se o que é considerado o paradigma em segurança (***safety***): a aviação comercial de grande porte, operadas por grandes companhias aéreas.

> *A aviação tem como a primeira premissa a segurança. No entanto, essa segurança depende de dois grandes "pilares".*

A segurança da aviação comercial está apoiada em alguns pilares, ou seja, meios de mitigar os riscos de acidentes.

---

3 SECURITY. In: HORNBY, A.S. **Oxford Advanced Learner´s Dictionary of Current English**. 7th. ed. [S. l.]: Oxford University Press, 2005. p. 1372

O primeiro diz respeito à qualidade do projeto quanto à segurança.

Para se alcançar a excelência em segurança, é mandatório que os requisitos de aeronavegabilidade dos órgãos homologadores (legislação) de cada país sejam cumpridos e comprovados. Além disso, o emprego de tecnologias em seus sistemas deve representar o **Estado da Técnica**, associada a proficiência e experiência dos engenheiros, técnicos, muitos outros fatores. Enfim, o sucesso de um projeto depende diretamente da qualidade e da experiência desses profissionais envolvidos.

O segundo pilar está na qualificação e capacitação das pessoas que operam esse tipo de equipamento. A segurança depende, nesse caso, das pessoas envolvidas direta ou indiretamente na operação e manutenção da aeronave. Pilotos, mecânicos, operadores de tráfego aéreo, comissários, ou seja, de uma quantidade finita de profissionais envolvidos.

Diante desses fatores, pode-se afirmar que o balaústre desse segundo pilar está no processo de capacitação, isto é, no treinamento dos profissionais.

Todavia, para capacitar os profissionais, são necessárias informações devidamente formatadas, de forma clara e objetiva, numa linguagem que todos possam entender. Sem isso, é impossível capacitar qualquer profissional. O manual de operação ou de voo, por exemplo, deve estar atualizado, e permanecer no interior da aeronave durante sua operação, além de ser uma das fontes de informações para a capacitação para pilotos.

1.3 A IMPORTÂNCIA DO MANUAL DE INSTRUÇÕES

Da mesma forma que na aviação, o setor industrial, para ser considerado de sucesso, como uma empresa segura, um dos fatores é ter suas máquinas em conformidade e seus profissionais devidamente capacitados.

Para isso, um dos instrumentos fundamentais para operar uma máquina com segurança é o seu respectivo manual de instruções.

O manual de instruções é uma das fontes na capacitação do operador da máquina (12.13 da **NR-12** de julho 2019).

É um documento que serve como base para diversos setores da empresa: engenharia, processo, fabricação, manutenção e para o Serviço Especializado em Engenharia de Segurança e em Medicina do Trabalho, o SESMT (**NR-4**).

Além de ser requisitada na **NR-12**, o manual de instruções é parte da documentação técnica, exigida pela **Diretiva 2006/42/CE** de máquinas, da União Europeia.

O MANUAL DE INSTRUÇÕES representa SEGURANÇA é a IMAGEM da empresa fabricante do produto!

Para os fabricantes de máquinas e equipamentos, o manual de instruções representa a garantia que seu produto é operado corretamente e com segurança.

Também é a garantia jurídica, como meios comprobatórios nos casos de litígios de reclamações trabalhistas e cíveis, quando houver acidentes com máquinas.

Nesse sentido, não se pode considerá-lo como um mero documento de informações básicas. Antes de tudo, o manual de instruções precisa ser visto como fonte de informações operacionais, de manutenção e, além de tudo, de segurança para o operador.

Muitas vezes, o fabricante deixa a sua elaboração por último, deixando a máquina ou equipamento ser entrega sem ele. Isso imputa ao fabricante uma falta grave no processo de capacitação e da segurança do operador.

É importante ressaltar a obrigação da empresa operadora da máquina em capacitar o seu empregado conforme as orientações contidas nesse tipo de documento (12.16.2 da **NR-12**). A sua leitura é obrigatória pelo operador, além da sua compreensão. Nesse sentido, o SESMT tem grande contribuição nessa capacitação (treinamento) e evidenciando-a por meio de registros formais.

Também é essencial que o Manual de Instruções seja considerado como uma parte integrante do produto, espelhando integralmente as suas características técnicas operacionais e de segurança da máquina. A sua redação deve nascer junto com o projeto do equipamento. Para tanto, certos requisitos devem observados e seguidos.

Por essa razão, esta publicação tem objetivo de apresentar uma lista elementar dos requisitos, princípios e orientações, no qual todo manual de instruções deve conter, fundamentando-se em normas técnicas oficiais (**ABNT NBR**) e internacionais (**ISO** e **IEC**), além das regulamentações vigentes brasileiras, europeias e e de outras nações.

Os Capítulos a seguir são fontes que apontam para caminhos orientativos para essa atividade de redação técnica. No entanto, esses caminhos não são absolutos ou fixos, eles são ajustáveis e factíveis de melhorias em suas técnicas no processo de elaboração.

É necessário observar que o redator do manual ou a sua equipe precisam interagir com o produto e o seu projeto, e se

colocarem sempre na posição do operador da máquina. Sem isso, a capacidade de transmitir a informação pode se tornar ineficaz e ineficiente, devido à falta de sensibilidade da vivência da operação em si.

Antes de tudo, é fundamental gostar e se identificar com esse tipo de trabalho, para que isso não se torne uma atividade enfadonha e triste.

Finalizando essa abordagem, a profissão de **redator técnico** requer proficiência e experiência na área de sua competência, ou seja, da sua qualificação acadêmica, como também no idioma que irá redigir. Assuntos elétricos, por exemplo, de alto grau e teor tecnológico, devem ser tratados e redigidos por um engenheiro eletricista ou um eletrotécnico competente, sob pena que o manual de instruções possua omissão de informações relevantes de riscos.

1.4   DO OBJETIVO DESTE GUIA DE REDAÇÃO:

Para que um manual de instruções esteja em conformidade com a **Norma Regulamentadora 12**, é necessário, primeiramente, que a máquina ou equipamento estejam de acordo com a legislação e com as normas aplicáveis.

Logo, o objetivo deste guia de redação é prover informações relevantes e importantes, as quais devem ser observadas durante o processo de redação técnica de um manual de instruções de máquina ou do equipamento.

Também serve para indicar, principalmente ao redator técnico iniciante, quais as perguntas que ele deve fazer à sua engenharia e/ou aos profissionais responsáveis pelo projeto do produto, para que ele se abasteça de informações para prosseguir no seu trabalho.

Enfim, trata-se de um compêndio de informações normativas e de regulamentos, associado a outras literaturas técnicas, capazes de produzirem uma coletânea de informações importantes e relevantes, que permite ao redator técnico dirigir o seu trabalho com mais eficácia e eficiência.

Ao final deste guia, há um *Manual de Instruções de uma Furadeira de Bancada* (APÊNDICE A.1), especialmente criado e desenvolvido para exemplificar esse tipo de documento, redigido em conformidade com as normas técnicas vigentes. Assim, o leitor pode observar os principais tópicos a serem seguido na elaboração de um manual de instruções.

2. O PROFISSIONAL

2.1 TRABALHO COM DISCIPLINA

O profissional que atua ou que pretende atuar na elaboração de documentos técnicos precisa, sobretudo, gostar de ler.

O conhecimento da língua pátria é relevante, pois o processo de redação requer certa perícia e precisão. Antes de tudo, o profissional deve se identificar com esse trabalho.

A rotina de um redator técnico deve ser seguida com certa disciplina no momento em que ele senta para dar início ao seu trabalho.

Cada profissional possui a sua forma própria de trabalhar, com suas características peculiares. No entanto, como se trata de um trabalho que requer cuidados, é necessário que haja um mínimo de disciplina. Isto diz respeito ao seu ambiente de trabalho, à busca e à organização das informações, aos horários, à ergonomia (postura) no seu posto de trabalho e ao estado físico e mental.

A rotina, se possível, deve ser tranquila, num ambiente agradável, para que haja uma boa produtividade.

Escrever aparenta uma rotina que não requer esforços ou gastos de energia. Todavia isso não é verdade.

A energia consumida está fortemente presente nessa atividade intelectual. Isso é tão verdadeiro que, ao final de uma jornada de trabalho, o desgaste do redator é facilmente percebido. Por essa razão, essa disciplina é fundamental para aqueles que têm como atividade profissional a redação técnica. Aliás, produzir textos não é como produzir peças de máquinas. Trata-se de um processo interativo e de paciência.

Convém salientar que essa atividade requer um constante estudo, pesquisa e reciclagem dos requisitos das legislações vigentes, pois elas sofrem alterações de tempo em tempo, conforme o **Estado da Técnica** (ver 4.3).

Nesse mesmo ponto, é importante o redator técnico integrar-se com as normas técnicas nacionais oficiais, internacionais e também as regionais, pois elas acompanham muito mais rapidamente o real estado da técnica.

Além disso, as normas técnicas possuem uma capacidade de evolução e transformação maior em relação à legislação, por terem um processo de aprovação mais célere.

> **OBSERVAÇÃO:**
>
> Àqueles profissionais que se dedicam ou desejam elaborar documentos técnicos, em especial manuais de instruções de máquinas, é necessário e obrigatório conhecer a Norma Regulamentadora 12 (**NR-12 – SEGURANÇA NO TRABALHO EM MÁQUINAS E EQUIPAMENTOS**), para que o seu trabalho esteja em conformidade com os requisitos exigidos.
>
> Por essa razão, a elaboração do manual de instruções precisa estar sob a responsabilidade de profissionais qualificados ou legalmente habilitados, devido à necessidade de haver proficiência técnica no assunto a ser tratado. Esses profissionais podem ser engenheiros ou técnicos com formação adequadas na sua área de atuação.
>
> Por exemplo, no caso de reconstituição de manuais, a **Norma Regulamentadora 12** [requisito 12.13.5 - ver-

são julho de 2019] expressa taxativamente, que esta tarefa deve ser executada pelo *empregador ou por pessoa por ele designada, para as máquinas que apresentem riscos,* porém <u>sob a responsabilidade de um profissional qualificado ou profissional habilitado</u>.

2.2 O AMBIENTE DE TRABALHO

2.2.1 O ambiente tranquilo

Essa colocação não significa estar em uma sala enclausurada sem nenhum tipo de ruído, mas também não deve ser um "estádio de futebol", com pessoas falando alto ou gritando.

Cada profissional deve definir o que é mais tranquilo para si.

Há pessoas que não conseguem se concentrar com algum tipo de barulho. Outras conseguem trabalhar e/ou escrever ouvindo música, respondendo *e-mails*, navegando na internet ou no celular.

Não tem como definir o que é melhor. Cada um deve encontrar a sua forma "tranquila" de trabalhar, apenas ressaltando-se a importância de que a concentração é fundamental ao redator técnico.

O texto técnico é escrito para outras pessoas, ou seja, para um **grupo-alvo**[4] específico, que podem ser altamente capacitadas ou não.

A redação técnica é uma arte!

O primeiro leitor do texto é o próprio redator. Se ele não entender ou compreender a sua própria mensagem, seu texto será ineficaz para outros.

---

4 **grupo-alvo:** grupo de pessoas para o qual as instruções para uso são destinadas, definido em 3.3 na **ABNT NBR 16746:2019** Segurança de máquinas – Manual de instruções – Princípios gerais de elaboração.

Exemplos de **grupo-alvo** (Introdução da **ABNT NBR 16746:2019**):

" Este Documento é de relevância, em especial, para aos representantes do grupo deste mercado interessados, a respeito à segurança das máquinas. São eles:
- Fabricantes de máquinas (pequenas, médias e grandes empresas);
- Governo representado pelos **Ministérios do Trabalho**, Saúde, **Indústria e Comércio, Previdência Social**, agências nacionais reguladoras;

Outros podem ser afetados pelo nível de segurança das máquinas atingido com a utilização do documento pelos grupos acima mencionados:
- Usuários das máquinas/empregadores (pequenos, médios e grandes empresas);
- Usuários das máquinas/empregados (isto é, instituições de ensino, organizações para pessoas com necessidades especiais);
- Prestadores de serviços, por exemplo, para instalação, operação, manutenção, inspeção (pequenos, médios e grandes empresas);
- Consumidores (no caso de máquinas para utilização pelos consumidores)."

público-alvo: grupo de pessoas para quem as informações de uso são destinadas ao fornecedor (tradução deste autor) [*target audience: group of persons for whom information for use is intended by the supplier* – definido em 3.42 na **IEC/IEE 82079-1:2019**, *Preparation of Information for use of products – Part 1: Principles and general requeriments.*

OBSERVAÇÃO: Os Ministérios do Trabalho, Indústria e Comércio, Previdência Social, encontram-se agrupados no Ministério da Economia, a partir de janeiro de 2019.

AMBIENTE COM RUÍDO
Fonte: autor

TRABALHANDO COM MÚSICA
Fonte: autor

TRABALHANDO SEM CONCENTRAÇÃO
Fonte: autor

2.2.2 Ambientes quentes

Não é aconselhado, somente se for necessário, realizar a redação técnica da máquina ao lado dela. Recursos podem ser utilizados como meios de auxílio para uma redação, como

vídeos, anotações, fotos etc. Em vez de levar o redator ao ambiente desconfortável, leve as informações da máquina ao local tranquilo.

2.2.3 Ambientes iluminados

Outro fator importante na produtividade do redator é a iluminação adequada. Ela deve ser agradável para a leitura, evitando-se a ocorrência de sombras nas superfícies da leitura ou feixes de luz que causem ofuscamento.

Trabalhar em ambientes escuros, com baixa luminância, não é salutar. Além de prejudicar a visão ao longo do tempo, isso pode trazer uma sensação de desconforto, de baixa motivação, entre outros fatores.

2.3 ERGONOMIA

2.3.1 A postura

Para aqueles que exercem esse tipo de atividade profissional de forma continuada, certas condições ergonômicas no **posto de trabalho**[5] são fundamentais.

O primeiro aspecto é a **postura**.

Hoje o computador é uma máquina extraordinária utilizada no processo de redação. No entanto, as pessoas perderam o costume de escrever à mão ou na máquina de escrever mecânica, ouvindo o *tic-tic* das teclas com os tipos batendo

---

5 **Posto de trabalho**: qualquer local de máquinas e equipamentos em que seja requerida a intervenção do trabalhador (definido no Glossário – ANEXO IV da NR-12);
Posto de operação: local da máquina ou equipamento de onde o trabalhador opera a máquina (definido no Glossário – ANEXO IV da NR-12).

no papel fixado no rolo de borracha. Esse fato dava ao redator técnico uma outra forma de trabalhar, podendo ser ou não melhor que a atual.

A grande maioria trabalha em média oito horas diárias. Esse período requer muitas horas sentadas, ou seja, corpo parado ou sem movimentos, principalmente os membros inferiores.

A postura da forma de sentar é relevante e pode gerar um problema de saúde posterior, o qual deve ser controlado e tratado.

Profissionais devidamente qualificados, como médicos do trabalho, devem ser consultados para uma adequada orientação do melhor mobiliário a ser utilizado.

2.3.2 A cadeira

Nesse sentido, uma das medidas de controle é utilização de cadeiras giratórias de boa qualidade e confortáveis. Essas cadeiras devem possuir regulagem da altura do assento e dos braços, além da inclinação do encosto (Figura 2-1).

Outra observação relevante é obter informações de cadeiras desenvolvidas para esses fins, buscando adquiri-las de fabricantes (marcas) e revendedores idôneos, e conhecedores do assunto.

FIGURA 2-1 – CADEIRA COM REGULAGEM

Fonte: autor

OBSERVAÇÃO:

Cadeiras de qualidade possuem custos mais elevados. Todavia, adquirir cadeiras de qualidade não é custo, é investimento!

O custo diluído no tempo é insignificante perto do grande retorno e do benefício para todos.

OBSERVAR a Figura 2-2, para posição correta de se sentar.

Nunca permanecer sentado sem a coluna estar apoiada no encosto da cadeira. Isso pode causar problemas sérios ao longo do tempo (Figuras 2-3 e 2-4).

Figura 2-2 – Postura correta

Fonte: autor

Figura 2-3 – Postura errada

Fonte: autor

Figura 2-4- Postura errada

Fonte: autor

2.3.3. A mesa de trabalho

A **mesa de trabalho** também influencia no aspecto ergonômico e na qualidade de vida destes profissionais.

Dimensões, acabamento e cores são características marcantes para o conforto ao longo de um período de trabalho sentado.

Recomenda-se que as bordas da mesa sejam arredondadas, pois os antebraços e os cotovelos costumam ficar em constante contato (atrito) com estas arestas. Se a borda for reta, em forma de guina, com o tempo incomodará o profissional.

Também, a mesa de trabalho deve possuir uma altura adequada em relação ao piso. Uma análise ergonômica por um profissional da área da Medicina do Trabalho é aconselhada para definir essa altura.

A largura da mesa de trabalho deve dimensionada adequadamente para posicionar e instalar o monitor, teclado, CPU do computador, se for o caso, outros objetos que o profissional deseja ter sobre ela.

Deve-se atentar quanto à posição dos braços, ficando numa postura natural. Assim evita-se que fiquem estendidos em demasia, com risco de provocar fadiga e/ou desconforto. Esse posicionamento também deve ser observado por um profissional da área da Medicina do Trabalho.

Mesmo que o redator técnico seja um profissional autônomo, convém procurar um profissional especializado (médico do trabalho, por exemplo) para orientá-lo sobre a ergonomia do seu posto de trabalho, evitando que haja prejuízo a sua saúde no futuro.

Igualmente, o monitor deve se encontrar a uma altura confortável para o foco da visão, sem que ele esteja muito alto ou baixo. Aconselha-se o monitor tenha uma fácil regulagem na vertical.

Geralmente, a CPU costuma ficar sobre a mesa de trabalho. Isso limita o espaço de trabalho em mesas pequenas. Para tanto, deve estudar a possibilidade da CPU ficar fora da mesa de trabalho, por exemplo embaixo.

Logo, é importante que haja espaço sobre a mesa de trabalho para utilização e abertura de anotações, tais como livros, textos impressos e de outros objetos. Portanto uma boa mesa de trabalho também não é custo. É saúde!

2.3.4 Monitor do Computador

O segundo aspecto relevante é o **monitor do computador**.

A jornada de trabalho de um profissional redator é, em média, de oito horas diárias. Nesse sentido, a escolha do tamanho de um monitor é importante.

Trabalhar numa tela de 14 polegadas, como em um *notebook*, é cansativo, desestimulante e improdutivo. Para tanto, aconselha-se que a tela seja no mínimo de 22 polegadas ou maior, pelas seguintes razões:

1. Durante a redação, há necessidade de abrir um ou mais textos na tela, necessitando compartilhá-los na área disponível do monitor. Se o monitor for pequeno, será muito difícil de trabalhar com muitos textos. Assim, monitores de dimensões maiores, significam maior conforto e facilidade na visualização dos textos.

2. Outra vantagem para telas de 22 polegadas ou maiores é aumento do zoom do texto, mantendo-o inteiro na tela. Isso auxilia na revisão dos textos e perceber erros de digitação. Ler em telas pequenas traz desconforto, isto é, um cansaço natural e precoce ao longo do dia.

3. Telas com dimensões maiores requerem menor regulagem da altura na vertical. Considerar este recurso no momento da escolha e compra do equipamento.

4. A quarta recomendação, porém, depende de recursos financeiros e do espaço sobre a mesa de trabalho: o uso de dois monitores. A experiência demonstra ser salutar e confortável para o redator o trabalho com dois monitores.

A altura e distância da vista do redator em relação ao monitor podem ser observadas obrigatoriamente (Figura 2-5).

FIGURA 2-5 – ALTURA DO USUÁRIO EM RELAÇÃO AO MONITOR[6]

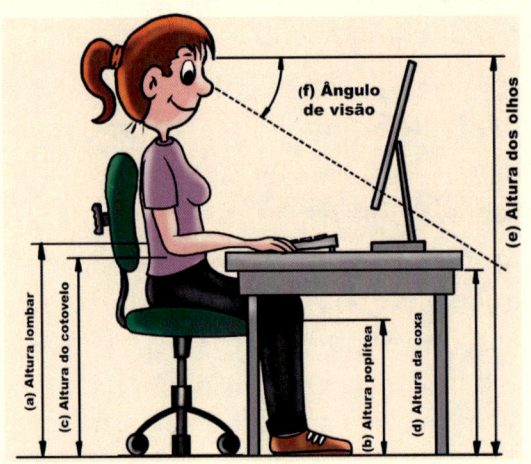

Fonte: autor

2.4 MOVIMENTAÇÃO DO USUÁRIO

O terceiro aspecto a ser considerado é a **movimentação do usuário**. Recomenda-se que, a cada 30 minutos, o redator pare de escrever e levante-se.

---

6 IIDA, I. **Ergonomia: projeto e produção**. 2. ed. São Paulo: Blucher, 2005.

Isso é muito bom. Deve-se andar e fazer alongamentos!

Para tanto, aconselha-se:

1. Tenha uma garrafa de 500 ml de água ao lado teclado. Beba muita água! Além de fazer muito bem ao corpo, isso obriga o profissional a se levantar para ir ao banheiro. Quando acabar a água na garrafa, levantar-se e encher novamente de água a garrafa.

2. Quando sentado, movimentar os pés, exercitando-os por movimentos de rotação e de flexão. Um profissional da área da Medicina do Trabalho pode orientar sobre os exercícios que devem ser seguidos.

3. Se o ambiente for fechado, pelo menos uma ou duas vezes por período (manhã e tarde), o profissional deve levantar-se para ver a luz do dia (se o dia está ensolarada, calor, chuva, frio etc.).

4. JAMAIS coma sobre a mesa de trabalho. Habitue-se a levantar para fazer isso. Um pequeno refeitório ou instalação semelhante pode ser planejado fora do espaço de trabalho.

5. Antes ou depois da jornada de trabalho, faça uma atividade física. Ande pelo menos 30 minutos ao dia. Essa movimentação também tem outra finalidade: descansar a mente.

Ao retornar para ao posto de trabalho, reler o texto anteriormente redigido. Por meio dessa rápida revisão, o redator encontra pontos que podem ser alterados, removidos, acrescentados ou melhorados. Esse processo é excelente!

3. REQUISITOS DA NR-12 E OS MANUAIS

3.1. A OBRIGATORIEDADE

Em dezembro de 2010, o então Ministério do Trabalho e Emprego, hoje Secretaria da Previdência e Trabalho do Ministério da Economia (janeiro 2019), publicou pela Portaria SIT 197/10 o novo texto revisado da **Norma Regulamentadora 12**.

Esse texto passou a abordar os manuais de instruções por meio de requisitos mínimos para elaboração deste tipo de documentação técnica, tanto para máquinas novas como usadas.

Como observado, desde 2010, esse tema passou a ser mandatório para todas as máquinas e equipamentos fabricados, importados, comercializados e expostos no Brasil (12.13.1 da **NR-12**).

NR-12 (julho 2019)

> *"12.13.1 As máquinas e equipamentos devem possuir manual de instruções fornecido pelo fabricante ou importador, com informações relativas à segurança em todas as fases de utilização"*[7]

3.2 DAS REFERÊNCIAS NORMATIVAS

Em 6.4 da **ABNT NBR ISO 12100:2013**, *Segurança de máquinas – Princípios gerais de projeto – Apreciação e redução de riscos*, uma das principais referências normativas mencionada na **NR-12**, ressalta a importância das **Informações para o**

---
[7] Referência bibliográfica 02

Uso[8(7)], tratando detalhadamente os manuais de Instruções. A mesma relevância sobre este assunto é desenvolvida também na **IEC/IEEE 82079-1:2019**[9] e na **ISO/IEC Guide 14:2003**[10].

É necessário enfatizar também as normas do **Tipo C**, que nas suas respectivas Seções 6 ou 7, trazem requisitos normativos e instruções recomendatórias sobre o conteúdos que devem constar nos manuais de instruções.

Outra referência é a **ABNT NBR IEC 60204-1:2020**, *Segurança de máquinas — Equipamentos elétricos de máquinas – Parte 1: Requisitos gerais*, que prescreve na Seção 17 (Documentação Técnica) vários requisitos de informações quanto a segurança elétrica que devem constar nos manuais de instruções.

Em 28 de fevereiro de 2019, foi publicada a **ABNT NBR 16746:2019**, *Segurança de máquinas – Manual de instruções*

---

8 *informações para uso:* medidas de proteção baseadas em meios de comunicação (por exemplo, textos, palavras, sinais, placas, símbolos, diagramas) usados separadamente ou combinados, com o objetivo de orientar o usuário – definido em 3.22 na *ABNT NBR ISO 12100:2013* e 3.5 da *ABNT NBR 16746:2019*.

9 *instruções para uso:* informações fornecidas pelo fornecedor que fornecem ao público-alvo conceitos, procedimentos e material de referência para o uso seguro, eficaz e eficiente de um produto suportado durante seu ciclo de vida (tradução do autor) [**instruction for use**: information provided by the supplier that provides the target audience with concepts, procedures and reference material for the safe, effective, and efficient use of a supported product during its life cycle] – definido em 3.17 na *IEC/IEE 82079-1:2019*, Preparation of Information for use of products – Part 1: Principles and general requirements.

10 *informações para uso:* informações fornecidas pelo fornecedor de um produto ao usuário, contendo todas as disposições necessárias para transmitir as ações a serem realizadas para o uso seguro e eficiente do produto (tradução do autor) [**instructions for use**: information provided by the supplier of a product to the user, containing all the necessary provisions to convey the actions to be performed for the safe and efficient use of the product (tradução do autor)] – definido em 2.8 da *ISO/IEC Guide 14:2003, modified*.
Nota 1 da entrada: As instruções de uso de um único produto compreendem um ou mais documentos (tradução do autor) [**Note 1 to entry:** Instructions for use of a single product comprise one or more documents].

– *Princípios gerais de elaboração*[11], como fonte normativa para elaboração de manuais de instruções de máquinas e equipamentos, e meio para atender ao requisito 12.13.3 da **NR-12**.

> *"12.13.3 Os manuais de máquinas e equipamentos, nacionais ou importados, fabricadas a partir da vigência deste item, devem seguir as normas técnicas oficiais ou internacionais aplicáveis".* NR-12 (junho 2019).

Logo, a **ABNT NBR 16746:2019**, a partir de julho de 2019, passou a substituir aos requisitos mencionados em 12.13.4 da NR-12.

Outra relevância da **ABNT NBR 16746:2019**[12(11)], é dar subsídios como fonte de informações para os usuários de máquinas e equipamentos, os quais necessitam reconstituir os seus manuais de instruções. Cabe salientar que os requisitos sobre reconstituição são definidos em 12.13.5, e suas partes 12.13.5.1, 12.13.5.2 e 12.13.5.3, todos da **NR-12**.

Outra referência normativa significativa é a norma técnica internacional **ISO 20607:2019**, *Safety of machinery — Instruction handbook — General drafting principles*. Ao longo do texto deste guia, essa norma e outras citadas acima enfatizarão os temas abordados.

---

11 *Referência bibliográfica 03*

12 **ABNT NBR 16746:2019** *exclui as máquinas agrícolas, florestais e rodoviárias – Para este tipo de máquinas – VER* **ABNT NBR ISO 3600:2015**, *Tratores, máquinas agrícolas e florestais, equipamentos motorizados para grama e jardim – Manual do operador – Conteúdo e apresentação.*

Cabe salientar que as **Informações para o Uso** fazem parte do processo de **Redução de Risco Adequada**[13], tema este a ser detalhado e discutido no Capítulo 7 deste Guia de Redação.

Além das normas técnicas oficial e internacionais e regulamentadora mencionadas aqui, há outras legislações vigentes que exigem o acompanhamento do manual de instruções, dando destaque ao Código de Defesa do Consumidor – **Lei 8078/90**[14], conforme descrito:

> *"Art. 50. A garantia contratual é complementar à legal e será conferida mediante termo escrito.*
>
> *Parágrafo único. O termo de garantia ou equivalente deve ser padronizado e esclarecer, de maneira adequada em que consiste a mesma garantia, bem como a forma, o prazo e o lugar em que pode ser exercitada e os ônus a cargo do consumidor, devendo ser-lhe entregue, devidamente preenchido pelo fornecedor, no ato do fornecimento,* **acompanhado de manual de instrução, de instalação e uso do produto em linguagem didática, com ilustrações"** [13]. (CDC)

---

13 **redução de risco adequada**: redução do risco que atenda ao menos as exigências legais, utilizando as melhores tecnologias disponíveis e consagradas, definido em 3.18 na **ABNT NBR ISO 12100:2013**.

14 Referência bibliográfica 04

É conveniente lembrar, que o Manual de Instruções é um documento técnico, mandatório, devendo estar disponível a todos os usuários da máquina ou do equipamento [12.13.2. d) da **NR-12**], além de estar atualizado.

Nos casos de acidente do trabalho com máquinas ou equipamento, o respectivo manual de instruções será um dos primeiros documentos a serem exigidos pelo perito, pela fiscalização do Trabalho, CIPA e mesmo do Ministério Público do Trabalho – MPT (12.18.2 da **NR-12**)

Outra contribuição importante dos manuais de instruções, já ressaltada anteriormente, é servir de fonte de informações na utilização da capacitação (12.16 e partes aplicáveis da **NR-12**) e na elaboração dos procedimentos de trabalhos e segurança (12.14 e partes aplicáveis da **NR-12**).

A qualidade da documentação técnica representa a imagem da empresa fabricante.

3.3 A NR-12 E OS MANUAIS DE INSTRUÇÕES

Para elaborar um manual de instruções de uma máquina ou equipamento, é necessário e importante conhecer os requisitos da **Norma Regulamentadora 12**.

Sem esse conhecimento prévio é possível que a documentação técnica pretendida não atinja a sua eficácia, ou seja, não traga as informações relevantes e necessárias para uma operação segura da máquina pelo seu usuário (**grupo-alvo** ou **público-alvo**).

Outra necessidade desse conhecimento prévio é dar ao redator técnico condições e capacidade de interagir (trocar informações) com os responsáveis pelo projeto da máquina ou do equipamento, ou seja, com a engenharia. Sem essa interação, não há como o redator técnico obter as informações necessárias para ser introduzida no manual de instruções.

Sem informação não há o que escrever!

Nesse contexto, é importante entender, antes de tudo, a estrutura da **Norma Regulamentadora 12**.

A **NR-12** é composta de:

- 18 Capítulos;
- 12 anexos, sendo três apêndices (ANEXOS I, II e III) e um glossário (ANEXO IV) (*versão de julho de 2019*).

São eles:

12.1 Princípios gerais
12.2 Arranjo físico e instalações.
12.3 Instalações e dispositivos elétricos.
12.4 Dispositivos de partida, acionamento e parada.
12.5 Sistemas de segurança
12.6 Dispositivos de parada de emergência.
12.7 Componentes pressurizados.
12.8 Transportadores de materiais.
12.9 Aspectos ergonômicos
12.10 Riscos adicionais.
12.11 Manutenção, inspeção, preparação, ajuste, reparo e limpeza
12.12 Sinalização.
12.13 Manuais
12.14 Procedimentos de trabalho e segurança.

> 12.15 Projeto, fabricação, importação, venda, locação, leilão, cessão a qualquer título e exposição.
> 12.16 Capacitação.
> 12.17 Outros requisitos específicos de segurança.
> 12.18 Disposições finais.

Logo, todo o conteúdo (requisitos) desse regulamento, quando aplicável em caso concreto, deve ser observado durante o **processo de redução de risco**.

Convém abordar que o **processo de redução de risco** (Seção 6 da **ABNT NBR 12100:2013**) é, antes de tudo, um processo de engenharia, o qual requer a proficiência de várias disciplinas, como mecânica, elétrica, eletrônica, termodinâmica, acústica, entre outras.

Os princípios da engenharia de segurança também são essenciais na condução deste processo de redução de riscos, como a do prevencionismo.

Portanto, além dos requisitos sobre manuais de instruções apresentados no Capítulo 13 da **NR-12**, outros Capítulos possuem requisitos, os quais geram informações relevantes de segurança. Essas informações, por sua vez, devem ser transcritas no manual de instruções. Se o redator técnico não estiver atento os esses requisitos, fatalmente o documento pode apresentar falhas pela omissão de informações.

A melhor forma de esclarecer e entender essa abordagem é exemplificar:

1. No **Capítulo 2**, *Arranjos físicos e instalações*, alguns dos requisitos devem ser cumpridos pelo usuário. No entanto, para cumpri-los, o usuário pecisa de informa-

ções provenientes do fabricante, as quais devem ser prescritas no manual de instruções.

Exemplificando:

> "12.2.2 **A distância mínima entre máquinas**, em conformidade com suas características e aplicações, deve resguardar a segurança dos trabalhadores durante sua operação, manutenção, ajuste, limpeza e inspeção, e permitir a movimentação dos segmentos corporais, em face da natureza da tarefa". NR-12 (julho 2019)

Esse requisito exige que haja uma distância mínima entre as máquinas, cumprida pelo usuário delas. Porém cada máquina precisa de um espaço útil ao ser redor, em função da possibilidade de executar manutenções, operações, ajustes etc.

Para tanto, quem é o gerador e detentor destas informações é o <u>fabricante da máquina ou do equipamento</u>.

Logo, cabe ao fabricante informar, por meio do Manual de Instruções, as distâncias ou áreas mínimas ao redor dela.

Assim, um desenho com 3 vistas com as dimensões da máquina permite que o *lay-out* e a instalação das máquinas sejam estudadas adequadamente pelo usuário antes de serem instaladas. Esta informação, se seguida, cumpre os requisitos 12.2.4, 12.13 e suas partes (Figura 3.1).

FIGURA 3.1 – EXEMPLO DE DISTANCIAMENTO MÍNIMO DE SEGURANÇA, INFORMADO PELO FABRICANTE NO MANUAL DE INSTRUÇÕES PARA LAY-OUT.
(FIGURA ILUSTRATIVA)

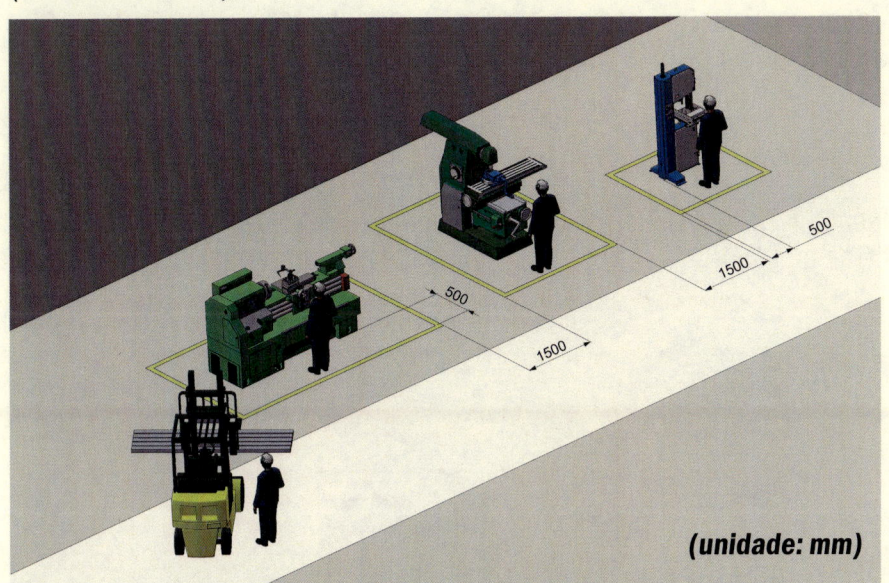

(unidade: mm)

Fonte: autor

> *"12.2.4 O **piso do local de trabalho** onde se instalam máquinas e equipamentos e das áreas de circulação **devem ser resistentes às cargas** a que estão sujeitos e não devem oferecer riscos de acidentes". NR-12 (julho 2019)*

Da mesma forma que no exemplo anterior, o requisito 12.2.4 deve ser cumprido pelo usuário, porém ele depende do fabricante para obter as informações necessárias para fazer a fundação da máquina recomendada.

Portanto, em Capítulo próprio, o manual de instruções deve definir o tipo de piso necessário para a máquina ser instalada, com desenhos adequados indicando as dimensões dessa base, provavelmente de concreto, espessura, tipo de ferragem etc. (Figuras 3.2A e 3.2B).

Dessa forma, é possível responder ao cumprimento dos requisitos 12.2.4, 12.13 e suas partes.

Figura 3.2A – Exemplo fixação da máquina ao piso, fornecido pelo fabricante no manual de instruções. (Figura ilustrativa)

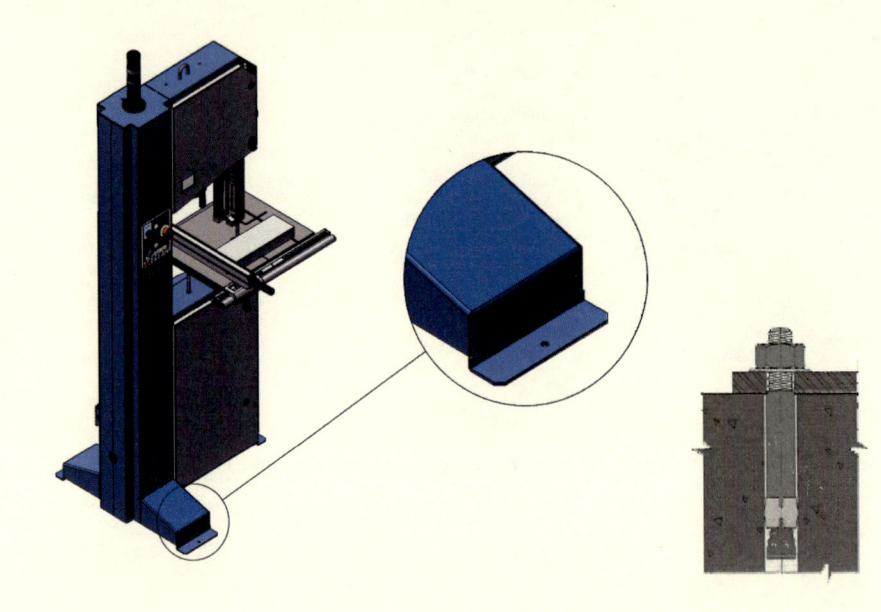

Fonte: autor

FIGURA 3.2B – EXEMPLO DO TIPO DO PISO (CONCRETO) – PLANTA DE CHUMBAÇÃO, FORNECIDO PELO FABRICANTE NO MANUAL DE INSTRUÇÕES.
(FIGURA ILUSTRATIVA)

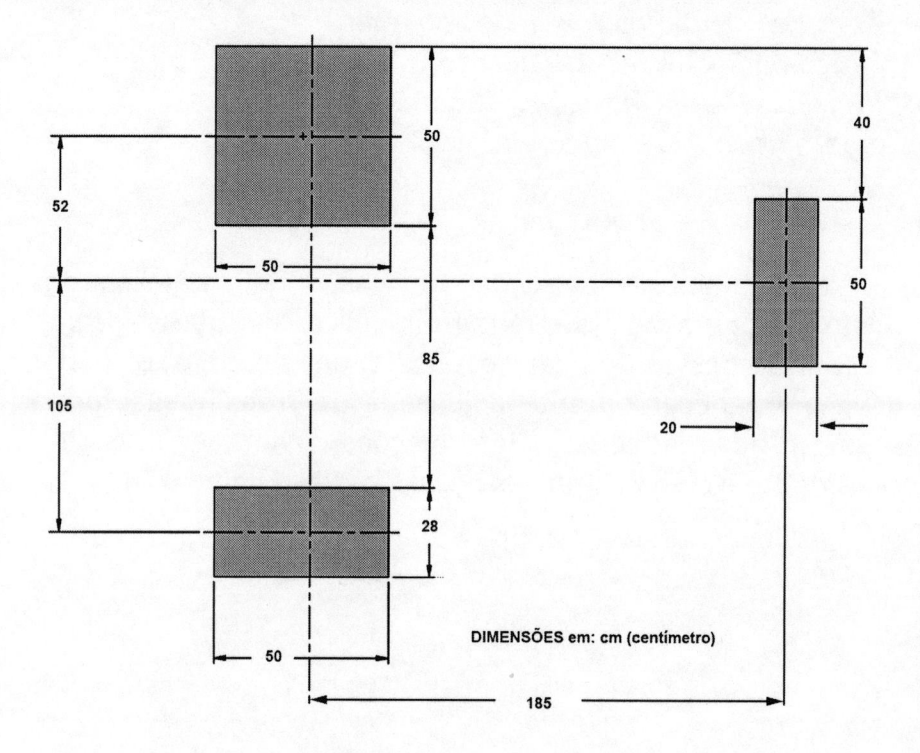

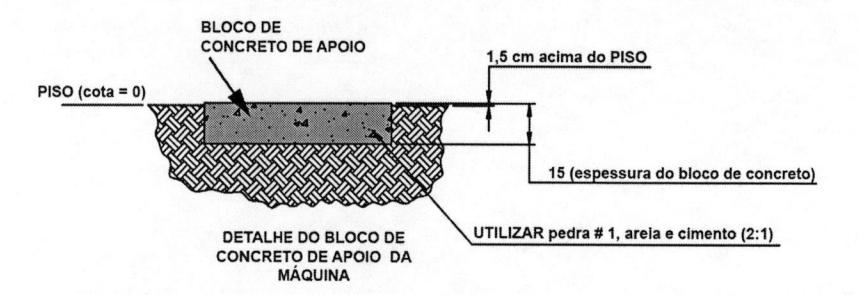

Fonte: autor

> *"12.2.8 As máquinas, **as áreas de circulação, os postos de trabalho e quaisquer outros locais em que possa haver trabalhadores** devem ficar posicionados de modo que não ocorra transporte e movimentação aérea de materiais sobre os trabalhadores."* NR-12 (julho 2019)

No manual de instruções deve-se definir os locais dos **postos de operação** e **de trabalho**[15], pois esse requisito requer a definição desses dois termos, isto é, onde cada trabalhador deve permanecer durante a jornada de trabalho de forma segura e adequada. Essas informações devem ser prescritas claramente e com ilustrações desses postos (Figura 3.3).

Assim, é possível cumprir o 12.2.8 e o 12.13 e suas partes.

---

15 **Posto de trabalho**: qualquer local de máquinas e equipamentos em que seja requerida a intervenção do trabalhador (definido no Glossário – ANEXO IV da NR-12);
Posto de operação: local da máquina ou equipamento de onde o trabalhador opera a máquina (definido no Glossário – ANEXO IV da NR-12).

FIGURA 3.3: EXEMPLO DA DEFINIÇÃO DO POSTO DE OPERAÇÃO, INFORMADO PELO FABRICANTE NO MANUAL DE INSTRUÇÕES. (FIGURA ILUSTRATIVA)

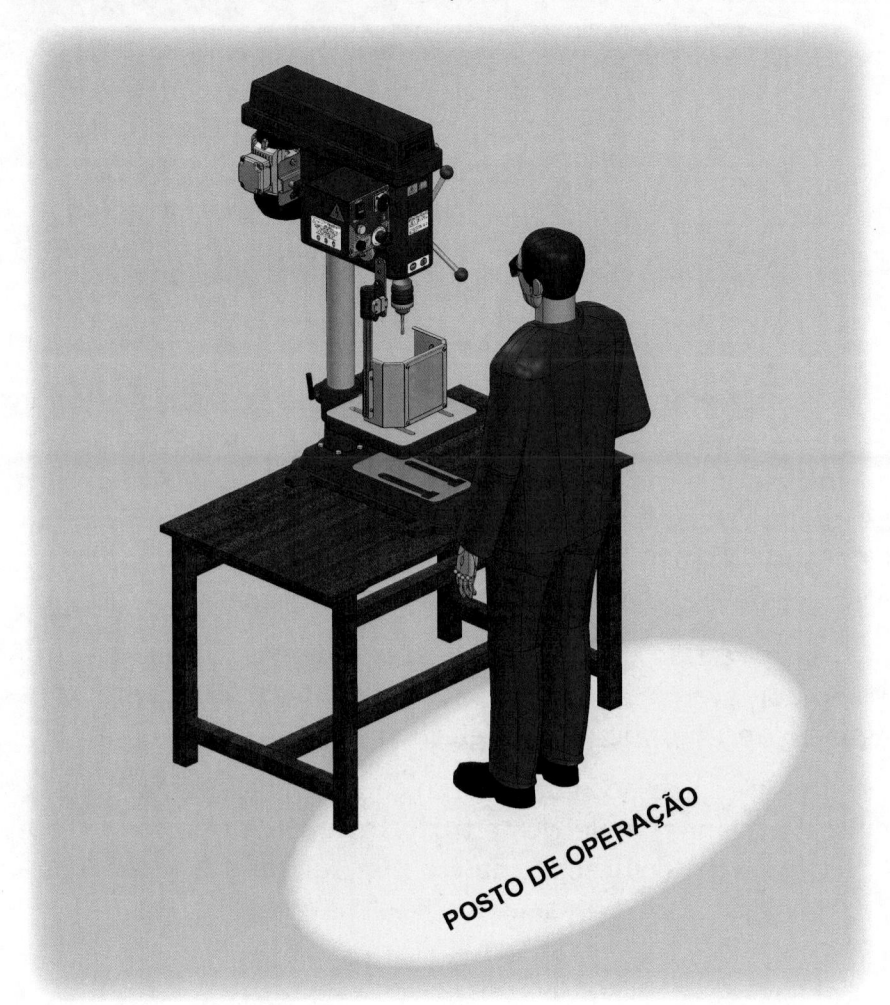

Fonte: autor

2. O **Capítulo 3**, **INSTALAÇÕES E DISPOSITIVOS ELÉTRICOS**, apresenta os requisitos que devem ser conhecimentos pelo redator técnico, por exemplo:

> *"12.3.2 **Devem ser aterrados**, conforme as normas técnicas oficiais vigentes, as carcaças, invólucros, blindagens ou partes condutoras das máquinas e equipamentos que não façam parte dos circuitos elétricos, mas que possam ficar sob tensão".* NR-12 (julho 2019)

O aterramento adequado é uma das formas de evitar riscos de choque elétrico. A recomendação normativa para o aterramento é conduzida pelas normas técnicas **ABNT NBR 5410:2004**, *Instalações elétricas de baixa tensão*, e **ABNT NBR IEC 60204-1:2020**, *Segurança de máquinas – Equipamentos elétricos de máquinas-Parte 1: Requisitos gerais*.

Logo, o tipo de sistema de aterramento, TT, ou TN-S, ou TN-C, por exemplo, deve ser fornecido pelo fabricante, pois esse é o detentor do projeto elétrico.

Assim, cabe ao redator técnico obter essas informações junto a engenharia elétrica e transcrever de forma clara e objetiva essas especificações para o manual de instruções, cumprindo os requisitos presentes em 12.13 e suas partes.

FIGURA 3.4: EXEMPLO DO SISTEMA DE ATERRAMENTO A SER ADOTADO, FORNECIDO PELO FABRICANTE NO MANUAL DE INSTRUÇÕES.
(FIGURA ILUSTRATIVA)

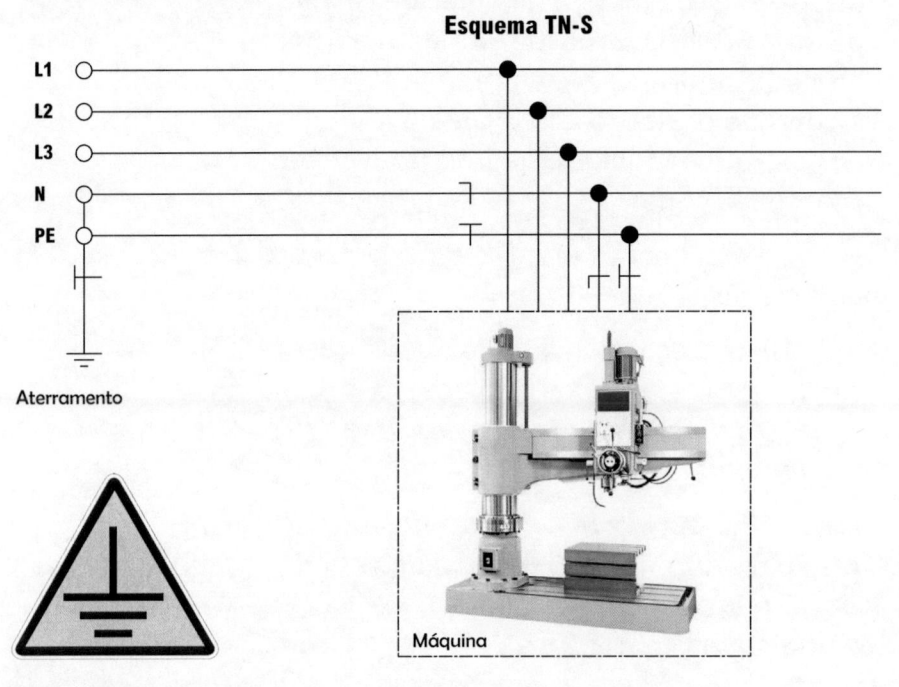

Esquema TN-S

Aterramento

Máquina

Fonte: autor

3. No **Capítulo 5**, **SISTEMA DE SEGURANÇA**, há alguns requisitos que precisam ser mencionados no Manual de Instruções. São detalhes os quais fazem parte das instruções de operação da máquina ou do equipamento. Exemplificando:

"12.5.3 Os sistemas de segurança, se indicado pela apreciação de riscos, *devem exigir rearme ('reset') manual*." ▶

➤ "12.5.13 Sempre que forem utilizados sistemas de segurança, inclusive proteções distantes, com possibilidade de alguma pessoa ficar na zona de perigo, deve ser adotada uma das seguintes medidas adicionais de proteção coletiva para impedir a partida da máquina enquanto houver pessoas nessa zona:

a) sensoriamento da presença de pessoas;

b) proteções móveis ou sensores de segurança na entrada ou acesso à zona de perigo, *associadas a rearme ('reset') manual*."

"12.5.13.1 A *localização dos atuadores de rearme ('reset') manual deve permitir uma visão completa* da zona protegida pelo sistema".

"12.5.13.2 Quando não for possível o cumprimento da exigência do subitem 12.5.13.1, deve ser adotado o sensoriamento da presença de pessoas nas zonas de perigo com a visualização obstruída, ou a adoção de sistema que exija a ida à zona de perigo não visualizada, como, *por exemplo, duplo rearme ('reset')*". NR-12 (julho 2019)

O Botão de REARME é parte integrante do sistema de comando relacionado à segurança da máquina. Logo, a sua importância é relevante no processo de segurança. Neste caso, o redator deve informar a sua posição e o momento do seu acionamenton durante a partida da máquina. Isso faz parte do processo de CAPACITAÇÃO.

As Figuras 3.5A e 3.5B ilustram, como exemplo, as posições dos Botões de REARME em relação a máquina. Esta situação visa exemplificar o cumprimento do requisito 12.5.13.2, para uma máquina de grande dimensões, onde não é possível a instalação de um sistema de sensoriamento da presença de pessoas nas ZONAS DE PERIGO com a visualização obstruída.

FIGURA 3.5A – EXEMPLO DE INDICAÇÃO DA POSIÇÃO DO BOTÃO DE REARME, INSTALADO NO PAINEL DE COMANDO.

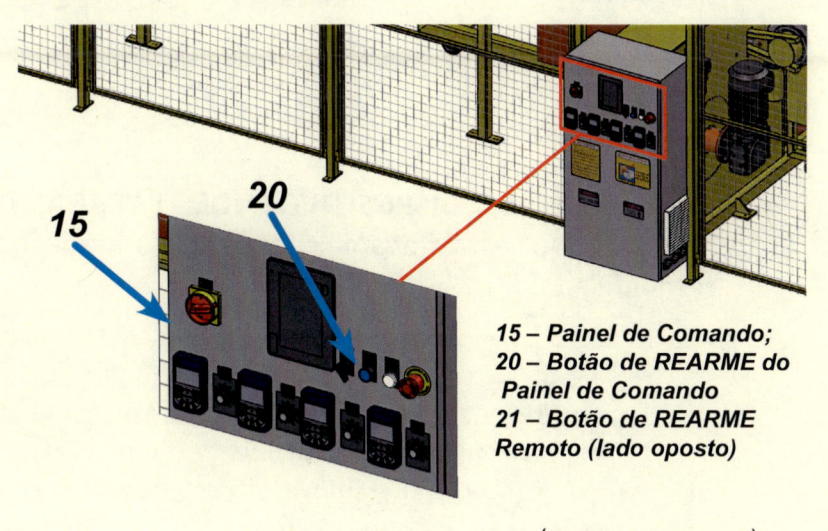

15 – Painel de Comando;
20 – Botão de REARME do Painel de Comando
21 – Botão de REARME Remoto (lado oposto)

(FIGURA ILUSTRATIVA)

Fonte: autor

FIGURA 3.5B – EXEMPLO DE DUPLO BOTÃO DE REARME, INSTALADO DO LADO OPOSTO DO PAINEL DE COMANDO.

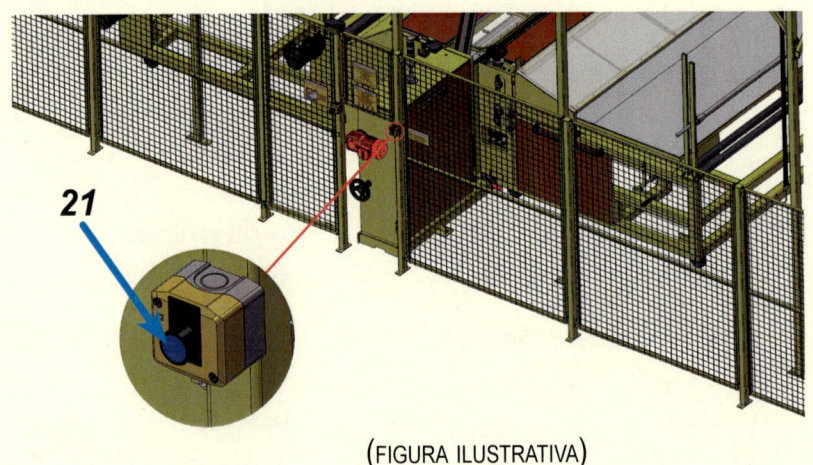

(FIGURA ILUSTRATIVA)

Fonte: autor

4. No **Capítulo 6**, **DISPOSITIVOS DE PARADA DE EMERGÊNCIA**, essa mesma importância pode ser exemplificada.

> *"12.6.1 **As máquinas devem ser equipadas com um ou mais dispositivos de parada de emergência**, por meio dos quais possam ser evitadas situações de perigo latentes e existentes".*
>
> *"12.6.2 Os dispositivos de parada de emergência devem ser **posicionados em locais de fácil acesso e visualização pelos operadores** em seus postos de trabalho e por outras pessoas, e mantidos permanentemente desobstruídos".* NR-12 (julho 2019)

A obtenção dessa informação deve advir do projeto do sistema de comando de segurança presente na máquina, além dos desenhos da instalação desses componentes que compõem o sistema de parada de EMERGÊNCIA.

Muitas vezes, determinados tipos de máquinas possuem mais de um dispositivo de parada de EMERGÊNCIA distribuídos ao longo do equipamento. A Figura 3.6 ilustra um exemplo de como indicar para o operador, os locais dos botões de EMERGÊNCIA.

O manual de instruções deve fornecer informações e ilustrações onde cada um desses dispositivos estão instalados.

FIGURA 3.6 – EXEMPLO DE VISTA DE PLANTA DE UMA MÁQUINA, COM AS POSIÇÕES DOS BOTÕES DE EMERGÊNCIA, FORNECIDO PELO FABRICANTE NO MANUAL DE NSTRUÇÕES.

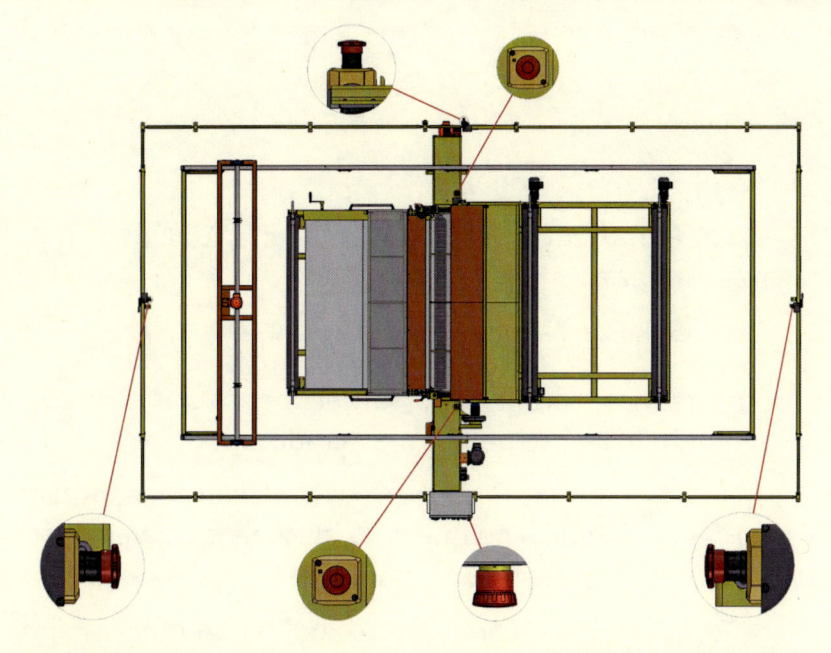

Fonte: autor   (FIGURA ILUSTRATIVA)

Destaca-se aqui o requisito 12.6.6 da **NR-12**, quando aplicável, o qual menciona o acionamento do dispositivo de EMERGÊNCIA por cabo.

Além de demonstrar a conformidade desse requisito, essa informação deve também estar detalhada no manual de instruções da máquina de como e quando manuseá-lo com segurança.

Se o redator técnico desconhecer esse requisito ou não interagir com a engenharia do produto, essa descrição não será realizada e o manual de instruções terá uma omissão grave, descumprindo os requisitos presentes em 12.13 da **NR-12** e suas partes.

Destacam-se ainda outros aspectos dos requisitos da **NR-12**, muitos importantes e necessários, que devem ser conhecidos pelo redator técnico e mencionados no manual de instruções.

São eles:

- 12.10 Riscos adicionais;
- 12.11 Manutenção, inspeção, preparação, ajuste, reparo e limpeza;
- 12.12 Sinalização.

É importante recordar que o fornecimento dos esquemas elétricos, hidráulico e pneumático é mandatório.

Esse tipo de informação deve exibir, com fidelidade, os sistemas presentes na máquina por meios de desenhos esquemáticos, representados por elementos padronizados.

Para concluir, fica comprovado pelos exemplos, apresentados e abordados nesta subseção, que o conhecimento dos requisitos da **Norma Regulamentadora 12** pelo redator técnico é muito importante, pois os requisitos aplicáveis necessitam serem descritos e comprovados no manual da máquina.

Portanto, se o redator técnico não conhecer a regulamentação, seu trabalho resulta em uma documentação técnica ineficaz, omissa quanto à segurança.

3.4 REQUISITOS MÍNIMOS PARA OS MANUAIS

3.4.1 Introdução

Quando se trata de manuais, ocorrem duas situações distintas:

- A primeira refere-se a manuais de instruções de máquinas NOVAS, cujo responsável pela sua elaboração é o próprio fabricante; e
- A segunda situação, um pouco mais delicada, são os manuais de máquinas USADAS, que estão em operação, instaladas e muitas vezes com tecnologias obsoletas. A responsabilidade da manutenção ou reconstituição dos manuais é do usuário da máquina ou do equipamento.

A **NR-12** prevê essas duas situações por meio de requisitos específicos. A Figura 3.7 ilustra esquematicamente a aplicação desses requisitos.

É relevante demonstrar sempre que esse tipo de documento técnico é parte integrante do **processo de redução de riscos**, que informa ao operador da máquina ou do equipamento sobre como operá-la com segurança. Além disso, o manual sempre é fonte de capacitação de novos operadores e dos profissionais de manutenção.

Portanto, **manual de instrução é segurança!**

FIGURA 3.7 – REQUISITOS APLICÁVEIS PARA ELABORAÇÃO DE MANUAIS DE MÁQUINAS NOVAS E USADAS

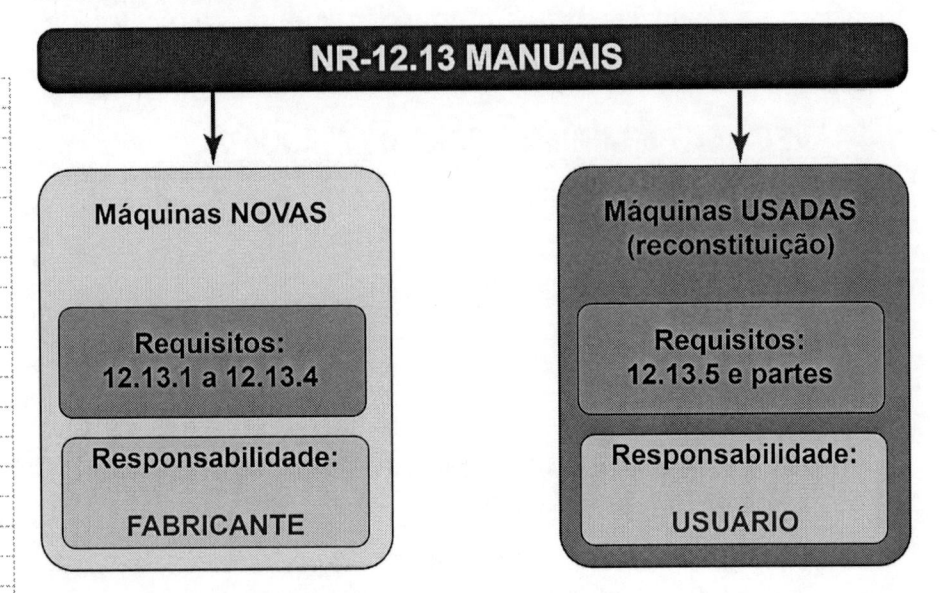

```
                    ┌──────────────────────┐
                    │  NR-12.13 MANUAIS    │
                    └──────────┬───────────┘
                ┌──────────────┴──────────────┐
                ▼                              ▼
    ┌───────────────────────┐      ┌───────────────────────┐
    │   Máquinas NOVAS      │      │   Máquinas USADAS     │
    │                       │      │   (reconstituição)    │
    │  ┌─────────────────┐  │      │  ┌─────────────────┐  │
    │  │  Requisitos:    │  │      │  │  Requisitos:    │  │
    │  │ 12.13.1 a 12.13.4│ │      │  │ 12.13.5 e partes│  │
    │  └─────────────────┘  │      │  └─────────────────┘  │
    │  ┌─────────────────┐  │      │  ┌─────────────────┐  │
    │  │ Responsabilidade:│ │      │  │ Responsabilidade:│ │
    │  │   FABRICANTE    │  │      │  │    USUÁRIO      │  │
    │  └─────────────────┘  │      │  └─────────────────┘  │
    └───────────────────────┘      └───────────────────────┘
```

Fonte: autor, a partir da NR-12 (julho 2019)

3.4.2 Manual de instruções de máquinas novas

Os manuais de máquinas ou de equipamentos NOVOS, como já mencionado, são de responsabilidade do fabricante.

Os requisitos pertinentes a esse assunto foram definidos desde a Portaria SIT 197 de 17/12/10 que introduziu o texto revisado da **NR-12**.

Cabe salientar que o texto de dezembro de 2018, já incorporava sucessivas revisões anteriores, consolidados nos requisitos 12.125 ao 12.129.1 (formatação antiga).No entanto, com a publicação do texto revisado em 30 de julho de 2019 (Portaria 916 de 30/07/19), novas alterações surgiram em relação ao texto anterior publicado em dezembro de 2018 (Portaria MTb 1083 de 18/12/18).

O texto atual, introduz taxativamente a utilização de normas técnicas oficiais e internacionais aplicáveis na elaboração de manuais de instruções, por meio do requisito 12.13.3.

> *"12.13.3 Os manuais de máquinas e equipamentos, nacionais ou importados, fabricadas a partir da vigência deste item, devem seguir as **normas técnicas oficiais ou internacionais aplicáveis**". NR-12 (julho 2019)*

Para atender ao 12.13.3, pode-se considerar como normas oficiais a **ABNT NBR 16746:2019**, *Segurança de máquinas – Manual de instruções – Princípios gerais de elaboração*, e a **ABNT NBR ISO 3600:2015**, *Tratores, máquinas agrícolas e florestais, equipamentos motorizados para grama e jardim – Manual do operador – Conteúdo e apresentação*.

Também cabe citar a **ISO 20607:2019**, *Safety of machinery — Instruction handbook — General drafting principles* e a **IEC/IEE 82079-1:2019**, *Preparation of Information for use of products – Part 1: Principles and general requirements*, como referência de normas internacionais aplicáveis.

Assim, o 12.3.3 remete toda a "responsabilidade" de orientar para as normas técnicas aplicáveis, que detalham com maior propriedade as instruções mandatórias e recomendatórias de como elaborar manuais de instruções.

Dessa forma, esse novo requisito "desativou", a partir de 30 de julho de 2019, os requisitos do antigo 12.128 da versão dezembro 2018 da **NR-12**. Na realidade, o 12.128 foi novamente publicado com o mesmo conteúdo, porém sob designação 12.13.4, a partir de 30 de julho de 2019.

> *12.13.4 Os manuais das máquinas e equipamentos fabricados ou importados entre 24 de junho de 2012 e a data de entrada em vigor deste item devem conter, no mínimo, as seguintes informações:*
>
> *a) razão social, CNPJ e endereço do fabricante ou importador;*
>
> *b) tipo, modelo e capacidade;*
>
> *c) número de série ou número de identificação e ano de fabricação;*
>
> *d) normas observadas para o projeto e construção da máquina ou equipamento;*
>
> *e) descrição detalhada da máquina ou equipamento e seus acessórios;*
>
> *f) diagramas, inclusive circuitos elétricos, em especial a representação esquemática das funções de segurança;*
>
> *g) definição da utilização prevista para a máquina ou equipamento;*
>
> *h) riscos a que estão expostos os usuários, com as respectivas avaliações quanti-*

➤ *tativas de emissões geradas pela máquina ou equipamento em sua capacidade máxima de utilização;*

i) definição das medidas de segurança existentes e daquelas a serem adotadas pelos usuários;

j) especificações e limitações técnicas para a sua utilização com segurança;

k) riscos que podem resultar de adulteração ou supressão de proteções e dispositivos de segurança;

l) riscos que podem resultar de utilizações diferentes daquelas previstas no projeto;

m) informações técnicas para subsidiar a elaboração dos procedimentos de trabalho e segurança durante todas as fases de utilização;

n) procedimentos e periodicidade para inspeções e manutenção;

o) procedimentos a serem adotados em situações de emergência; e

p) indicação da vida útil da máquina ou equipamento e/ou dos componentes relacionados com a segurança. NR-12 (julho 2019)

Deve ser observado que os requisitos apresentados em 12.13.4, transcritos na citação anterior, valem <u>somente para</u>

as máquinas fabricadas entre 24 de junho de 2012 a 29 de julho de 2019.

Ao estudar a **ABNT NBR 16746:2019**, pode-se notar que todo o conteúdo mencionado na 12.13.4 está contido nesse documento normativo, porém de uma forma mais objetiva e esclarecedora. No Capítulo 8 deste Guia, a **ABNT NBR 16746:2019** é discutida com mais detalhe.

3.4.3 Manual de instruções de máquinas usadas

Uma das maiores dificuldades encontradas pelos usuários em cumprir essa legislação é manter ou reconstituir os respectivos manuais de suas máquinas e equipamentos que operam em suas empresas, fabricados **antes de 24 de junho de 2012**.

A missão de redigir um manual de instruções de uma máquina **NOVA** é para o fabricante, um dever mais fácil de ser cumprido, pois ele é o detentor do projeto e conhecedor da máquina que produz.

Ao contrário do fabricante, a reconstituição de um manual extraviado ou inexistente pelo usuário é um grande transtorno, pois isso não faz parte da sua competência, pois ele não possui pessoal e recursos para executar esse tipo de tarefa. Aliado a tudo isso, é comum a essas empresas não possuir as informações necessárias para cumprir tais requisitos.

Portanto a grande dificuldade de lidar com esse dever, leva o usuário a contratar terceiros para reconstituir os seus manuais. Isso representa um alto custo para ele, principalmente quando a sua empresa é modesta e de baixo faturamento. Dessa forma, por esses fatos, ele acaba declinando dessa obrigação.

Como orientação, o usuário deve primeiramente contatar o fabricante da máquina ou do equipamento, se ainda existir, para tentar obter o respectivo manual. Mesmo que desatualizado com a legislação atual, ele deve solicitar. Se conseguir obter o manual do fabricante, pelo menos as principais funções operacionais e aspectos de manutenção já são válidos e úteis para o início de uma nova redação para a reconstituição.

A Figura 3.8 ilustra os caminhos que a **NR-12** conduz para manuais reconstituídos.

Diante desses fatos, a antiga Comissão Nacional Tripartite Temática da **NR-12**, a **CNTT-NR12**, aperfeiçoou e inseriu requisitos para melhorar e facilitar a questão da reconstituição de manuais.

Atualmente, como apresentada pela Figura 3.2, há duas vertentes.

1. A primeira pode ser visualizada no requisito 12.13.5.3 (antigo 12.126.1) e sua subparte, que traz os requisitos mínimos para as microempresas e empresas de pequeno porte que não dispõem de manual de Instruções de máquinas e equipamentos fabricados antes de 24 de junho de 2012. Esse tipo de documento técnico foi denominado de **Ficha de Informação**.

OBSERVAÇÃO:

É pressuposto que, após 24 de junho de 2012, todas as máquinas e equipamentos fabricadas ou importadas no Brasil devem ter cumprido a legislação vigente na ocasião.

FIGURA 3.8 – REQUISITOS APLICÁVEIS PARA RECONSTITUIÇÃO DE MANUAIS

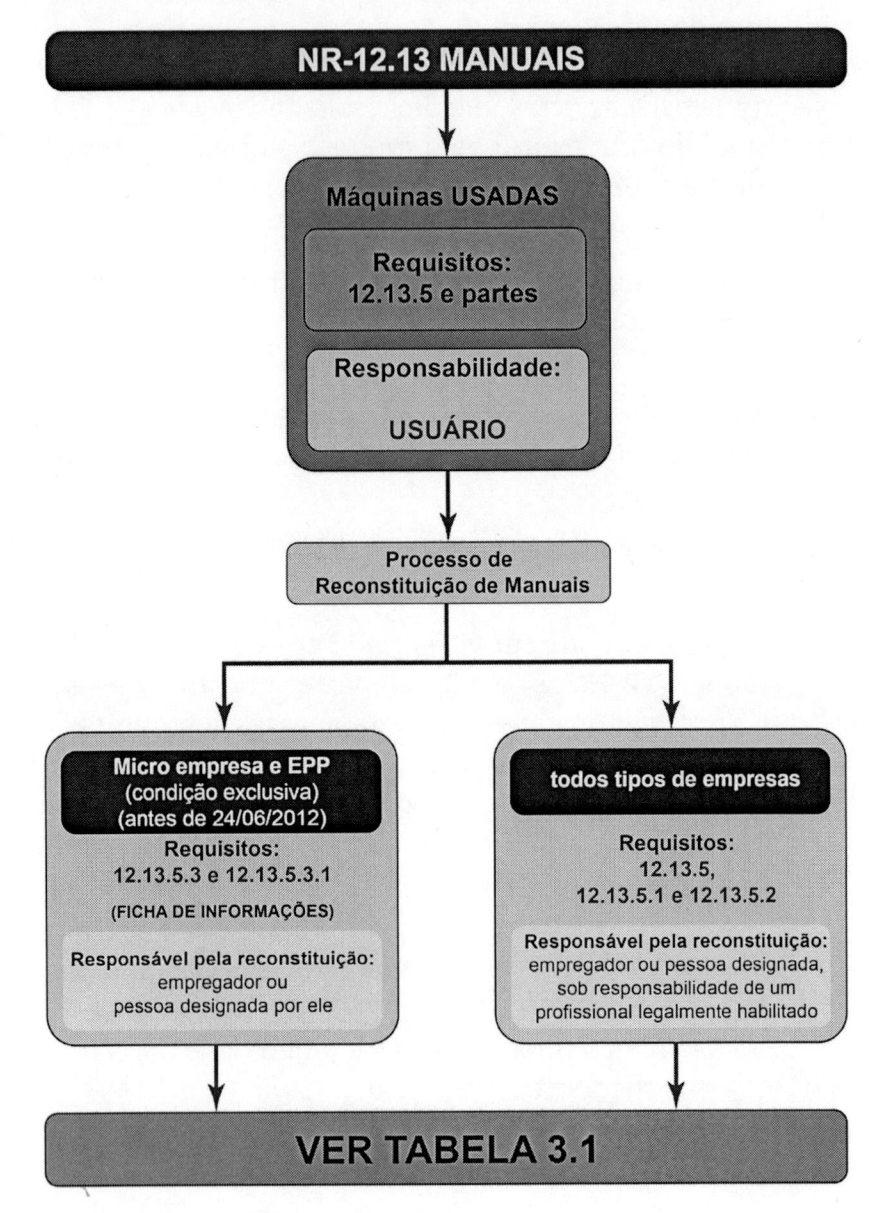

NR-12.13 MANUAIS

Máquinas USADAS

Requisitos:
12.13.5 e partes

Responsabilidade:
USUÁRIO

Processo de Reconstituição de Manuais

Micro empresa e EPP
(condição exclusiva)
(antes de 24/06/2012)
Requisitos:
12.13.5.3 e 12.13.5.3.1
(FICHA DE INFORMAÇÕES)

Responsável pela reconstituição:
empregador ou
pessoa designada por ele

todos tipos de empresas
Requisitos:
12.13.5, 12.13.5.1 e 12.13.5.2

Responsável pela reconstituição:
empregador ou pessoa designada,
sob responsabilidade de um
profissional legalmente habilitado

VER TABELA 3.1

Fonte: autor, a partir da NR-12 (julho 2019)

São eles:

*"12.13.5.3 As microempresas e empresas de pequeno porte que não disponham de manual de instruções de máquinas e equipamentos fabricados **antes de 24 de junho 2012** devem elaborar ficha de informação contendo os seguintes itens:*

a) tipo, modelo e capacidade;

b) descrição da utilização prevista para a máquina ou equipamento;

c) indicação das medidas de segurança existentes;

d) instruções para utilização segura da máquina ou equipamento;

e) periodicidade e instruções quanto às inspeções e manutenção;

f) procedimentos a serem adotados em situações de emergência, quando aplicável".

*"12.13.5.3.1 A **ficha de informação** indicada no subitem 12.13.5.3 pode ser elaborada pelo empregador ou pessoa designada por este".* NR-12 (julho de 2019)

O requisito 12.13.5.3.1. (*antigo 12.126.1.1 inserido em 2015*), autoriza o próprio empregador a elaborar as suas próprias **Fichas de Informações**. Com isso, eliminou-se a necessidade da contratação de um profissional legalmente habilitado

– por exemplo, um engenheiro – como exigido nos textos anteriores e mais antigos da **NR-12**. Essa condição reduziu significativamente os custos de elaboração desse tipo de documento técnico, simplificando o processo.

Todavia há uma crítica do autor quanto ao requisito 12.13.5.3.

O critério adotado para sua aplicação vale somente para as **Microempresas e Empresas de Pequeno Porte – EPP**[16]. Esse critério não condiz com aspectos de segurança do trabalho, mas de faturamento anual das empresas, ou seja, não é um critério correto e adequado.

Pode-se citar como um critério coerente com aspectos de Segurança do Trabalho, por exemplo, ao apresentado na **NR-4 – SESMT**. Essa NR define e estabelece um critério claro para o dimensionamento do SESMT em função do Grau de Risco (Quadro I da **NR-4**) e do número de empregados no estabelecimento (Quadro II). Dessa forma, o critério de segurança é o determinante, ou contrário do que se observa em 12.13.5.3, meramente econômico.

Logo, seria possível estender o requisito 12.13.5.3 para empresas maiores, independentemente do tamanho, quantidade de empregados ou do regime tributário adotado por elas, desde que obedeçam a **anterioridade de 24 de junho de 2012**, dando a elas a oportunidade de elaborar também suas **fichas de informações**, sem prejuízo à segurança do trabalhador.

2. A segunda vertente trata da **reconstituição de manuais** de uma forma mais abrangente. É prevista nos requisitos 12.13.5 e nas partes 12.13.5.1 e 12.13.5.2. Essa vertente não depende da condição constitutiva

---

16 *Lei Complementar 123, 14/12/2006*

da empresa e/ou de data de corte, porém esse requisito principal duas condições para reconstituição:

- da máquina e/ou equipamento apresentar riscos[17]; e
- ter um responsável técnico, sendo um profissional qualificado ou legalmente habilitado.

> "*12.13.5 **Quando inexistente ou extraviado**, o manual de máquinas ou equipamentos que apresentem riscos deve ser reconstituído pelo empregador ou pessoa por ele designada, sob a responsabilidade de profissional qualificado ou legalmente habilitado*". NR-12 (julho 2019)
>
> "*12.13.5.1 Em caso de **manuais reconstituídos, estes devem conter as informações previstas** nas alíneas "b", "e", "g", "i", "j", "k", "m", "n" e "o" do subitem 12.13.4, bem como diagramas de sistemas de segurança e diagrama unifilar ou trifilar do sistema elétrico, conforme o caso*".

---

17 O texto desse requisito não define a estimativa do risco que deve ser considerado, ou seja, não menciona a intensidade (baixo, médio ou alto) para sua aplicação. Cabe analisar que essa definição deve ser precedida um processo de apreciação de risco inicial. Assim, somente pela apreciação de riscos que se pode analisar se o manual de instruções deve ou não ser reconstituído. Também é importante compreender que o manual de instruções é parte do terceiro passo do processo de redução de risco (ver Capítulo 6). A sua reconstituição pode mitigar os riscos que uma máquina ou equipamento oferece ao usuário.

> *"12.13.5.2 No caso de **máquinas e equipamentos cujos fabricantes não estão mais em atividade**, a alínea "j" do subitem 12.13.4 poderá ser substituída pelo procedimento previsto no subitem 12.14.1, contemplados os limites da máquina".* NR-12
> (julho 2019)

3.4.4 Comparativos dos requisitos 12.13.5.1. e 12.13.5.3

O Quadro 3.1 compara os requisitos mandatórios 12.13.5.1 e 12.13.5.3, que tratam dos **manuais reconstituídos** e **fichas de informações**, respectivamente. Pela análise, percebe-se que ambos requisitos apresentam praticamente os mesmos conteúdos.

Dessa forma, a condução de um processo de reconstituição de manual ou da criação de ficha de informações requer do redator técnico os mesmos cuidados em ambas as situações.

Portanto recomenda-se seguir o requisito aplicável, conforme o caso em concreto.

Uma pergunta recorrente:

"Quando a máquina usada passar por um processo de redução de risco, em que medidas de segurança são incorporadas, e existir ainda o manual original, mas que ficará desatualizado. O que fazer?"

Nesse tipo de situação, convém redigir um novo texto, tendo como base o manual original e adotar o requisito

12.13.5.1, por ser mais abrangente. O tempo de preparação será mais célere. Apenas não esquecer de anexar os novos esquemas elétricos, mostrando os sistemas de comandos de segurança e outros sistemas presentes na máquina.

QUADRO 3.1 – COMPARATIVO DOS REQUISITOS (MANUAL RECONSTITUÍDO E FICHA DE INFORMAÇÕES)

REQUISITOS	
Manual reconstituído	**Ficha de informação**
12.13.5.1	**12.13.5.3**
a) tipo, modelo e capacidade	a) tipo, modelo e capacidade;
b) descrição detalhada da máquina ou equipamento e seus acessórios	b) descrição da utilização prevista para a máquina ou equipamento;
c) definição da utilização prevista para a máquina ou equipamento	
d) definição das medidas de segurança existentes e daquelas a serem adotadas pelos usuários	c) indicação das medidas de segurança existentes;

REQUISITOS	
Manual reconstituído	**Ficha de informação**
12.13.5.1	**12.13.5.3**
e) especificações e limitações técnicas para a sua utilização com segurança	d) instruções para utilização segura da máquina ou equipamento;
f) riscos que podem resultar de adulteração ou supressão de proteções e dispositivos de segurança	
j) informações técnicas para subsidiar a elaboração dos procedimentos de trabalho e segurança durante todas as fases de utilização	
k) procedimentos e periodicidade para inspeções e manutenção	e) periodicidade e instruções quanto às inspeções e manutenção;
l) procedimentos a serem adotados em situações de emergência.	f) procedimentos a serem adotados em situações de emergência, quando aplicável.

Fonte: autor, a partir da NR-12 (julho 2019)

4. NORMAS TÉCNICAS E OS MANUAIS

4.1 INTRODUÇÃO

O processo de redação técnica de um manual de instruções exige do profissional conhecimento do sistema normativo técnico nacional e internacional, além da **NR-12**, como discutido em 3.2.

Como requisito da **NR-12** (item "d" do 12.13.4), é essencial que sejam mencionadas as normas técnicas utilizadas para a fabricação da máquina em questão. Apesar de a **ABNT NBR 16746:2019** não mencionar esse tipo de exigência, é recomendado que essas referências sejam citadas no respectivo manual de instruções, a fim de demonstrar a conformidade da máquina ou equipamento com as normas técnicas aplicáveis.

4.2 A ABNT

Desde 1940, a ABNT é o foro nacional de normalização, responsável pela publicação das normas brasileiras (ABNT NBR) elaboradas por seus comitês técnicos (ABNT/CB), organismos de normalização setorial (ABNT/ONS) e comissões de estudo especiais (ABNT/CEE).

Esses comitês técnicos de estudos, os CB, *"são órgãos de coordenação, planejamento e execução das atividades de normalização técnica relacionadas com o seu âmbito de atuação, que devem garantir que as CE representem toda a variedade de partes interessadas no assunto objeto de estudo"* [18].

---

18 ABNT. Definição. Disponível em http://abnt.org.br/normalizacao/o-que-e/o-que-e. Acesso em: maio 2020.

Nesse sentido, os CB estão agrupados e compreendidos numa lista macrossetorial, listada conforme ilustrado no Quadro 4.1.

Cada Comitê Técnico (CB), por sua vez, é formado por Comissões de Estudos (CE), que são responsáveis por tratar e elaborar normas técnicas pertinentes ao escopo do CB ao qual está vinculada.

A Comissão de Estudo (CE) é composta de membros oriundos da sociedade – como empresas, organizações ou entidades, governo, consumidores e outros interessados com representatividade.

Logo, uma norma, ao ser elaborada, é de interesse comum entre os membros da CE.

Portanto *"a normalização é, assim, o processo de formulação e aplicação de regras para a solução ou prevenção de problemas, com a cooperação de todos os interessados, e em particular, para a promoção da economia global"*[19].

Logo, *"norma é o documento estabelecido por consenso e aprovado por um organismo reconhecido, que fornece regras, diretrizes ou características mínimas para atividades ou para seus resultados, visando à obtenção de um grau ótimo de ordenação em um dado contexto"* [20].

---

[19] ABNT. Definição. Disponível em http://abnt.org.br/normalizacao/o-que-e/o-que-e. Acesso em: maio 2020.

[20] ABNT. Comitês técnicos. Disponível em: http://abnt.org.br/normalizacao/comites-tecnicos. Acesso em: maio 2020.

Quadro 4.1 – Lista de Macrossetores[21]

Agricultura e tecnologia de alimentos
Construção civil e infraestrutura
Embalagem, transporte e distribuição de bens
Energia, eletroeletrônica, tecnologia da informação e comunicações
Máquinas e equipamentos mecânicos, equipamentos de transporte
Produtos domésticos e comerciais, entretenimento, esportes
Qualidade e tecnologias de fabricação
Saúde, segurança e meio ambiente
Serviços

4.3 A PRODUÇÃO DE NORMAS TÉCNICAS

A produção de normas técnicas pode ocorrer nas condições a seguir, porém destacam-se aqui as principais e mais usuais.

A primeira é a criação de um texto normativo próprio pela comissão de estudos, redigido de forma consensual, porém seguindo obrigatoriamente as orientações e padrões estabelecidos pelo documento da **ABNT**, a **Diretiva 2** – *Regras para estrutura e redação de Documentos Técnicos ABNT*. Esta diretiva é a norma das normas.

A segunda forma, muito usual, é o processo de nominado de adoção. Nesse processo, a Comissão de Estudos "adota" uma norma técnica internacional, publicada pela *International Organization for Standardization (ISO)* ou pela *International Electrotechnical Commission (IEC)*.

---

21 ABNT. Comitês técnicos. Disponível em: http://abnt.org.br/normalizacao/comites--tecnicos. Acesso em: maio 2020.

> *"2.1 adoção*
>
> *Publicação de um Documento Técnico **ABNT** a partir de um Documento Técnico Internacional correspondente, com a identificação dos desvios técnicos em relação ao Documento Técnico Internacional, se existentes".* [22]

De posse da norma original, em inglês ou em francês, a norma a ser adotada é traduzida, analisada e adequada para o nosso idioma. No entanto, todo esse processo de adoção deve estar em conformidade com a ABNT pela **Diretiva 3**, *Adoção de Documentos Técnicos Internacionais*.

Uma norma ISO ou IEC, adotada no Brasil, deve representar fielmente o texto original, não se aceitando alterações, inclusões, ou remoções de parte do texto. Apenas notas brasileiras ou desvios brasileiros[23], destacados no texto, podem ser inclusos para explicar algum detalhe, por exemplo, climatização do país em que a norma é adotada. O uso desse recurso é restrito e deve seguir as instruções da **Diretiva 3**.

Uma norma adotada recebe a designação **ABNT NBR ISO** ou **ABNT NBR IEC**.

O processo de adoção de uma norma **ISO** ou **IEC** no Brasil é salutar, pois incrementa ordenamento técnico brasileiro com nor-

---

22 **adoção** definido em 2.1 da ABNT Diretiva 3:2017.

23 **desvio técnico:** qualquer diferença entre o conteúdo do Documento Técnico Internacional e do Documento Técnico **ABNT**, definido em 2.2 e discutido em 4.3 da **ABNT Diretiva 3:2017**- Referência bibliográfica 06.

mas técnicas de acordo com o **Estado da Técnica**[24] consagradas e atuais, muito recomendada pela **Norma Regulamentadora 12**.

A terceira forma de produzir uma norma técnica **ABNT NBR** é utilizar uma norma técnica internacional, **ISO** ou **IEC**, ou uma norma europeia **EN**, por exemplo. A comissão de estudo, com base no texto original traduzido, redige a norma introduzindo possíveis alterações, inclusões ou exclusões ao projeto de norma **ABNT NBR**, a ser proposta. Nesse caso, essa norma não será considerada como uma norma adotada **ISO** ou **IEC**, sendo considerada simplesmente como uma norma **ABNT NBR**.

As secretarias dos Comitês Brasileiros, durante o processo de elaboração de normas, dão o apoio necessário aos comitês de estudos.

A **ABNT NBR 16746:2019**, por exemplo, foi elaborada no *Comitê Brasileiro de Máquinas e Equipamentos Mecânicos – CB-004* [25], pela Comissão de Estudos CE-004:026.001, Segurança de Máquinas de Uso Geral[26].

4.4 TIPOS DE DOCUMENTOS ISO:

O manuseio de normas técnicas, que tratam de segurança de máquinas, requer o entendimento de suas hierarquias entre

---

24 **Estado da Técnica** <u>é constituído por tudo aquilo tornado acessível ao público antes da data de depósito do pedido de patente, por descrição escrita ou oral, por uso ou qualquer outro meio, no Brasil ou no exterior, ...</u> – definido no § 1º, do art. 11 da Lei 9 279 (14.05.1996) – Lei de Propriedade Industrial. O **Estado da Técnica** também é mencionado em 12.1.9 da NR-12 (jul/19).

25 ASSOCIAÇÃO BRASILEIRA DA INDÚSTRIA DE MÁQUINAS E EQUIPAMENTOS - ABIMAQ. Disponível em: http://www.abimaq.org.br/site.aspx/CB04. Acessado em: maio 2020.

26 ASSOCIAÇÃO BRASILEIRA DA INDÚSTRIA DE MÁQUINAS E EQUIPAMENTOS - ABIMAQ. Disponível em: http://www.abimaq.org.br/site.aspx/Comissoes-de-Estudos-cb04. Acessado em: maio 2020.

si e suas relações. Porém, é importante conhecer os tipos de documentos fornecidos pela **ISO** (*International Organization for Standardization*).

A Tabela B.1 do anexo B da **ISO/TR 22100-1:2015**, *Safety of machinery — Relationship with ISO 12100 —Part 1: How ISO 12100 relates to type-B and type-C standards*[27], ilustra os tipos de documentos fornecidos pela **ISO**. O Quadro 4.2 reproduz a Tabela B.1, por onde é possível visualizar em detalhe quais são esses documentos.

A Tabela 4.2 indica dois tipos de documentos **ISO** utilizados como referência normativa e fonte de consulta nos projetos de máquinas e/ou equipamentos. São eles:

a. Norma Técnica Internacional;

b. Relatório Técnico (TR).

4.4.1 Tipos de Normas:

As normas **ISO** de segurança das máquinas possuem uma estrutura hierárquica, de acordo com a Figura 4.1.

Esse mesmo sistema é adotado para as normas de segurança de máquinas **ABNT NBR**, **ABNT NBR ISO** e **ABNT NBR IEC**.

---

27 *Referência bibliográfica 07.*

QUADRO 4.2 – TIPOS DE DOCUMENTOS ISO

Documento ISO	Descrição geral
Norma internacional	Contém requisitos normativos e informativos de segurança, primariamente escritas por fabricantes de máquinas. Inclui três tipos: — tipo-A; — tipo-B1 e tipo-B2; — tipo-C.
Especificação técnica (TS)	Contém requisitos para aplicação provisória em uma determinada máquina ou sistema, escritas primariamente por fabricantes de máquinas.
Relatório técnico (TR)	Contém informações de orientação, escritas primariamente por fabricantes de máquinas e redatores de normas. As TR´s contêm informações (Consultivo) que não é normativa (requerida).
Guia	Contém informações de orientação informativa, escritas primariamente por redatores de normas

Fonte: ISO/TR 22100-1

FIGURA 4.1 – ESTRUTURA HIERÁRQUICA DE NORMAS ISO DE SEGURANÇA DE MÁQUINAS – EXEMPLOS DE NORMAS POR TIPO

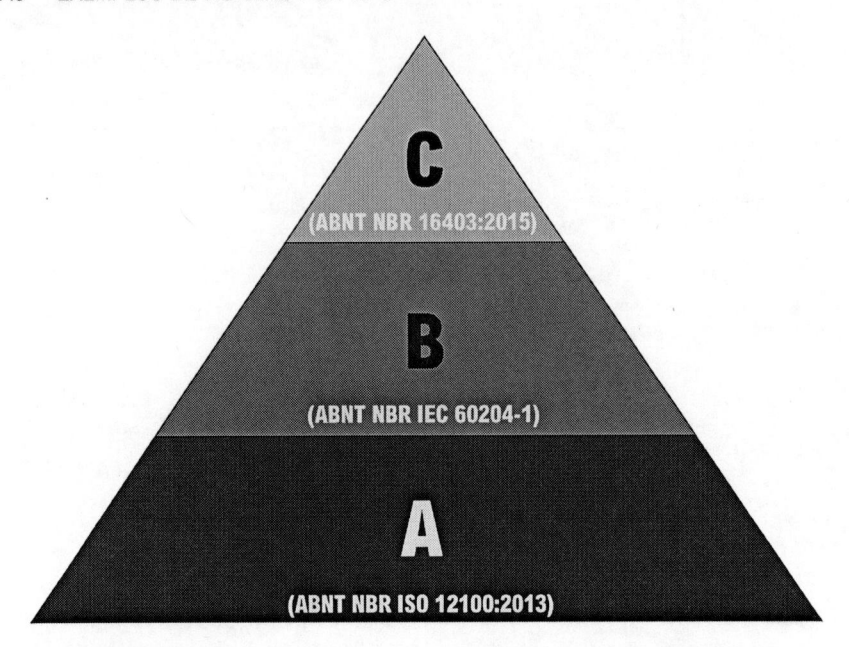

```
            C
    (ABNT NBR 16403:2015)

            B
    (ABNT NBR IEC 60204-1)

            A
    (ABNT NBR ISO 12100:2013)
```

Fonte: ISO/TR 22100-1

4.4.1.1 Norma tipo A:

Uma norma **tipo A** tem a característica de especificar a estratégia principal para a segurança da máquina.

Como exemplo, de uma norma técnica típica do **Tipo A**, pode-se citar a **ABNT NBR ISO 12100:2013**, *Segurança de Máquinas – Princípios Gerais de Projeto – Apreciação e Redução de Riscos*, a qual define os processos de apreciação e de redução de risco necessários nos projetos de máquina, para que essas possam atingir um nível de riscos toleráveis.

É importante ressaltar, nesse momento, a definição de redução de risco adequada descrita em 3.18 da **ABNT NBR ISO 12100:2013** (ver Capítulo 5).

> **3.18 redução de risco adequada:**
> redução do risco que atenda ao menos as exigências legais, utilizando as melhores tecnologias disponíveis e consagradas. ABNT NBR ISO 12100

4.4.1.2 Norma Tipo B

As normas **Tipo B**, foram criadas para apoiar a estratégia do processo de redução de risco proposta pela **ABNT NBR ISO 12100:2013**.

As normas **tipo B** são divididas em dois subtipos:

1. **Tipo B1,** que observa aspectos específico de segurança;
2. **Tipo B2,** que trata de tipos de proteções a ser aplicado em máquinas em geral.

Como apresentado, essas normas destinam-se a:

- Ajudar a determinar se existe um **perigo**, por exemplo, **ABNT NBR ISO 13857:2021**, *Segurança de máquinas – Distâncias de segurança para impedir o acesso a zonas de perigo pelos membros superiores e inferiores*;
- Fornecer informações/medidas concretas para realizar a redução dos riscos, por exemplo, **ABNT NBR ISO 14119:2021**, *Segurança de máquinas — Dispositivos de Intertravamento associados às proteções - Princípios de projeto e seleção*; e

    ISO 14120:2016, *Safety of machinery - Guards - General requirements for the design and construction of fixed and movable guards (Segurança de máquinas -*

Proteções - Requisitos gerais para projeto e constução de proteções fixas e móveis)

As normas do **Tipo B1** tratam de assuntos de segurança específicos, como distâncias de seguras, temperatura da superfície, ruído, substâncias perigosas, ergonomia, perigos elétricos, perigos de radiação, entre outros. Elas definem por dados e/ou por alguma forma metodológica de como podem serem abordados.

NORMA **TIPO B1** ➡ **PERIGO**

As normas **Tipo B2** fornecem os requisitos de desempenho para o projeto e a construção de proteções de segurança específicas – por exemplo, dispositivos bimanuais, dispositivos de bloqueio, dispositivos de proteção sensíveis à pressão, proteções.

A abordagem da norma **Tipo B2** refere-se aos aspectos e questões das **TECNOLOGIAS**.

NORMA **TIPO B2** ➡ **TECNOLOGIA**

A Figura 4.3 ilustra uma síntese das normas **Tipo B**, agrupadas conforme a sua categoria: **B1** e **B2**.

FIGURA 4.3 – SÍNTESE DAS NORMAS DO TIPO B AGRUPADAS POR CATEGORIA DE PERIGO E ASPECTOS TECNOLÓGICOS (NÃO TUDO INCLUSO)[28]

**PRINCÍPIOS GERAIS PARA PROJETOS - APRECIAÇÃO DE RISCOS & REDUÇÃO DE RISCOS
ABNT NBR ISO 12100:2013**

NORMAS TIPO B RELATIVO A PERIGOS			NORMAS TIPO B RELATIVO ASPECTOS DE TECNOLOGIA		
RUÍDO	**SUBSTÂNCIAS**	**VIBRAÇÃO & CHOQUE**	**DIMENSÕES & DISTÂNCIAS**	**FONTES DE ENERGIA**	**DISPOSITIVO DE SEGURANÇA**
DETERMINAÇÃO DE EMISSÃO DE NÍVEIS DE PRESSÃO SONORA NA ÁREA DE TRABALHO ISO 11200, ISO 11201 A ISO 11205	AVALIAÇÃO DA EMISSÃO DE SUBSTÂNCIAS PERIGOSAS NO AR ISO 29402 (SÉRIE)	VIBRAÇÃO DE CORPO INTEIRO ISO 2631 (SÉRIE)	FOLGAS P/ EVITAR ESMAGAMENTO ABNT NBR NM ISO 13854	EQUIPAMENTOS ELÉTRICOS ABNT NBR IEC 60204-1	PROTEÇÕES ISO 14120
	REDUÇÃO DE RISCOS DE SUBSTÂNCIAS PERIGOSAS A SAÚDE ISO 14123-1 e -2	VIBRAÇÃO DE MÃO E BRAÇO ISO 13753	DISTÂNCIAS MÍNIMAS ABNT NBR ISO 13855	EQUIPAMENTOS PNEUMÁTICOS ABNT NBR ISO 4414	DISPOSITIVOS DE INTERTRAVAMENTO ISO 14119
DETERMINAÇÃO DE EMISSÃO DE NÍVEIS DE POTÊNCIA E ENERGIA SONORA ISO 3741, ISO 3743-1, ISO 3744, ISO 3745, ISO 3746, ISO 3747		MÁQUINAS PORTÁTEIS ISO 20643	DISTÂNCIAS SEGURA ISO 13857	EQUIPAMENTOS HIDRÁULICOS ISO 4413	DISP. BIMANUAL ABNT NBR 14152 ISO 13851
	REQUISITOS DE HIGIENE ISO 14159		ACESSO AO MEIOS PERMANENTE ISO 14122 (SÉRIE)		EQUIPAMENTO DE PROTEÇÃO ELETRO SENSITIVO IEC 61496 (SÉRIE)
	PERIGOS TÉRMICOS	**ERGONOMIA**			DISPOSITIVOS SENSITIVO À PRESSÃO ISO 13856 (SÉRIE)
DETERMINAÇÃO DE EMISSÃO DE NÍVEIS DE POTÊNCIA SONORA PELA INTENSIDADE SONORA ISO 9614 (SÉRIE)	RESPOSTA HUMANA EM CONTATO COM SUPERFÍCIES QUENTES ISO 13732-1	ABERTURA DE ACESSO ISO 15534	**ALARMES & SINALIZAÇÕES**	**SISTEMAS DE CONTROLE**	**MONTAGEM DE MÁQUINAS**
		REQUISITOS ANTROPOMÉTRICOS PARA ÁREA DE TRABALHO ISO 14738	PRINCÍPIOS DE PROJETOS DE SINAIS DE SEGURANÇA ABNT NBR ISO 3864-1 ISO 3864-2	EVITAR PARTIDA INESPERADA ISO 14118	SISTEMAS INTEGRADO DE MANUFATURA ISO 11161
	PREVENÇÃO E PROTEÇÃO CONTRA FOGO ISO 19353				
DESEMPENHO DA ISOLAÇÃO DO INVÓLUCRO ISO 11546 (SÉRIE)	PERIGOS DE FOGO	MANEQUINS E PADRÕES DE CORPO ISO 15536-1	SINAIS DE SEGURANÇA REGISTRADOS ISO 7010	PROJETO DE PARTES RELATIVO A SISTEMA DE CONTROLE DE SEGURANÇA ISO 13849-1	
DESEMPENHO DA ISOLAÇÃO DO INVÓLUCRO ISO 11546 (SÉRIE)	**PERIGOS ELÉTRICOS**	**PERIGOS RADIAÇÃO**	SINAIS DE PERIGO AUDITIVO ISO 7731	VALIDAÇÃO DE PARTES RELATIVO A SISTEMA DE CONTROLE DE SEGURANÇA ISO 13849-2	
DESEMPENHO DA ISOLAÇÃO DAS CABINES ISO 11957	PROT. CONTRA CHOQUE ELÉTRICO ABNT NBR IEC 60204-1	LASER E EQUIPAMENTO RELATIVO AO LASER ISO 11145	SINAIS TÁCTEIS, ACÚSTICO E VISUAL ISO 61310-1	FUNÇÃO DE PARADA DE EMERGÊNCIA ISO 13850	
DECLARAÇÃO & VERIFICAÇÃO DE EMISSÃO DE RUÍDO ISO 4871					

28 definida na Figura 5 da ISO/TR 22100-1:2015 – Referência bibliográfica 07

4.4.1.3 Norma Tipo C

As normas **Tipo C** fornecem requisitos de segurança detalhados para máquinas ou grupos de máquinas particulares. São destinadas especificamente ao tipo de máquina ou grupo de máquina estudada e está relacionado aos limites da máquina e os perigos significativos abrangidos.

As normas do **Tipo C** estabelecem as seguintes informações:

- a aplicação, ou seja, os limites da máquina;
- os termos e definições para aquele tipo de máquina estudada pela norma;
- os perigos significativos e situações perigosas presentes;
- os requisitos das medidas de proteção que devem ser adotadas pelo **processo de redução de riscos** quanto aos perigos significativos e situações perigosas presentes e aqueles apresentados pela **ABNT NBR ISO 12100:2013** originalmente;
- os meios de verificação das medidas de proteção e redução dos riscos.

Em geral, as Seções 4 das normas **Tipo C**, principalmente as provenientes da **ISO**, apresentam os **perigos significativos**[29] e as **situações perigosas**[30] presentes na máquina ou no equipamento.

---

[29] **Perigo Significativo:** perigo relevante que requer uma ação específica por parte do projetista de modo a eliminá-lo, ou ao menos reduzi-lo, conforme a apreciação de riscos. NOTA Este termo é incluído como terminologia básica para normas tipo B e C, definido em 3.8 da **ABNT NBR ISO 12100:2013**.

[30] **Situação Perigosa:** situação em que uma pessoa fica exposta a pelo menos um perigo. NOTA Tal exposição pode levar a um dano imediato ou após um determinado período de tempo, definido em 3.8 da **ABNT NBR ISO 12100:2013**:

Esse elenco de perigos e situações perigosas apresentados na Seção 4, podem e devem ser utilizados como referência ou ponto de partida no **processo de análise de riscos**[31(27)] a ser realizado pelo fabricante ou usuário. Apenas salientando, este elenco não é exaustivo, devendo ser consultado o **ANEXO B** da **ABNT NBR ISO 12100:2013** como fonte complementar para identificação dos perigos, situações e eventos perigosos.

4.4.2 Normas fundamentais na elaboração de Manuais

Nesse contexto, além da **ABNT NBR 16746:2019**, é importante citar algumas normas técnicas, as principais, referentes à segurança de máquinas, que devem ser consultadas também no processo de redação de documentos técnicos.

São elas:

a. **ABNT NBR IEC 60204-1:2020,** *Segurança de máquinas - Equipamentos elétricos de máquinas - Parte 1: Requisitos gerais*;

b. **ABNT NBR ISO 13850:2021,** *Segurança de máquinas – Função de parada de emergência – Princípios para projeto*;

c. **ABNT NBR-14153:2013**(*), *Segurança de máquinas – Partes de sistemas de comando relacionados à segurança – Princípios gerais para projeto*;

(*) *possivelmente será desativada e substituída pelo processo de adoção das normas técnicas publicadas:*

---

31 **Análise de Risco**: combinação da especificação dos limites da máquina, identificação de perigos e estimativa de riscos, definido em 3.15 da **ABNT NBR ISO 12100:2013**.

- **ABNT NBR ISO 13849-1:2019**, *Segurança de máquinas – Partes de sistemas de comando relacionadas à segurança – Parte 1: Princípios gerais de projeto.*

- **ABNT NBR ISO 13849-2:2019**, *Segurança de máquinas – Partes de sistemas de comando relacionadas à segurança – Parte 2: Validação.*

d. **ABNT NBR ISO 13857:2021** *Segurança de Máquinas – Distâncias de Segurança para impedir o acesso a zonas de perigo pelos membros superiores e inferiores;*

e. **ABNT NBR NM-ISO 13854:2003**, *Segurança de máquinas – Folgas mínimas para evitar esmagamento de partes do corpo humano;*

f. **ABNT NBR NM 272:2001**(**), *Segurança de Máquinas – Proteções – Requisitos Gerais para o Projeto e Construção de Proteções Fixas e Móveis;*

(**) *possivelmente sendo desativada e substituída pelo processo de adoção (versão em português) da norma técnica original*:

- **ISO 14120:2015**, *Safety of machinery — Guards — General requirements for the design and construction of fixed and movable guards;*

g. **ABNT NBR ISO 14119:2021** (***), *Segurança de máquinas – Dispositivos de intertravamento associados a proteções – Princípios para projeto e seleção.*

(***) esta norma técnica substituiu a **ABNT NBR NM 273:2003**, *Segurança de máquinas – Dispositivos de intertravamento associados a proteções – Princípios para projeto e seleção.*

Destaca-se a **ABNT NBR ISO 12100:2013**, *Segurança de máquinas – Princípios gerais de projeto – Apreciação e Redução de Riscos*, como a principal norma **Tipo A**, a qual contribui significativamente no processo de adoção das normas internacionais em geral, permitindo hoje a **Norma Regulamentadora 12** remeter alguns requisitos às normas técnicas oficiais.

Exemplos de normas do **Tipo B1**:

a. **ABNT NBR ISO 13857:2021** *Segurança de Máquinas – Distâncias de Segurança para impedir o acesso a zonas de perigo pelos membros superiores e inferiores;*

b. **ABNT NBR 14153:2013**, *Segurança de máquinas: Parte de sistemas de comando relacionadas à segurança, princípios gerais de projeto;*

c. **ABNT NBR 14154:1998**, *Segurança em máquinas: Prevenção de partida inesperada.*

d. **ABNT NBR IEC 60204-1:2020**, *Segurança de máquinas — Equipamentos elétricos de máquinas Parte 1: Requisitos gerais.*

Exemplos de normas do **Tipo B2**:

a. **ABNT NBR ISO 13850:2021**, *Segurança de máquinas – Função de parada de emergência – Princípios para projeto;*

b. **ABNT NBR 14152:1998**, *Segurança em máquinas – Dispositivos de comando bi-manuais. Aspectos funcionais e princípios para projeto;*

c. **ABNT NBR ISO 14119:2021**, *Segurança de máquinas – Dispositivos de intertravamento associados a proteções – Princípios para projeto e seleção.*

Exemplos de normas do **Tipo C**:

a. **ABNT NBR 16403:2015**, *Máquinas-ferramenta – Segurança – Máquinas serra de fita para metais;*

b. **ABNT NBR 15107:2004**, *Máquinas para elastômeros e plásticos – Máquinas fragmentadoras – Requisitos de segurança para moinhos granuladores de lâminas;*

c. **ABNT NBR ISO 23125:2013**, *Máquinas — ferramenta — Segurança — Tornos;*

d. **ABNT NBR 13536:2016**, *Segurança de máquinas — Máquinas injetoras de plásticos e borracha.*

e. **ABNT NBR 16949:2021**, *Máquinas serra de fita para madeira - Segurança*

4.5 PESQUISA DE NORMAS TÉCNICAS

Quando o redator técnico estiver elaborando o Manual de Instruções, muitas vezes terá que pesquisar ou buscar informações ou referências normativas corretas.

Uma boa fonte de busca e de referência é o catálogo de normas[32] da **ABNT** (Figura 4.4).

Com uma simples pesquisa, é possível obter as informações mais detalhada e atualizada de uma determinada norma.

Outras fontes de pesquisa: acessar o *website* da **ISO** – *International Organization for Standardization*[33], e da **IEC** – *International Electritechnical Commission*[34].

---

32 ABNT CATÁLOGO. Disponível em http://www.abntcatalogo.com.br. Acesso em: maio 2020

33 SO. Disponível em: https://www.iso.org/store.html. Acesso em: maio 2020

34 WEBSTORE. Disponível em: https://www.webstore.iec.ch. Acesso em: maio 2020

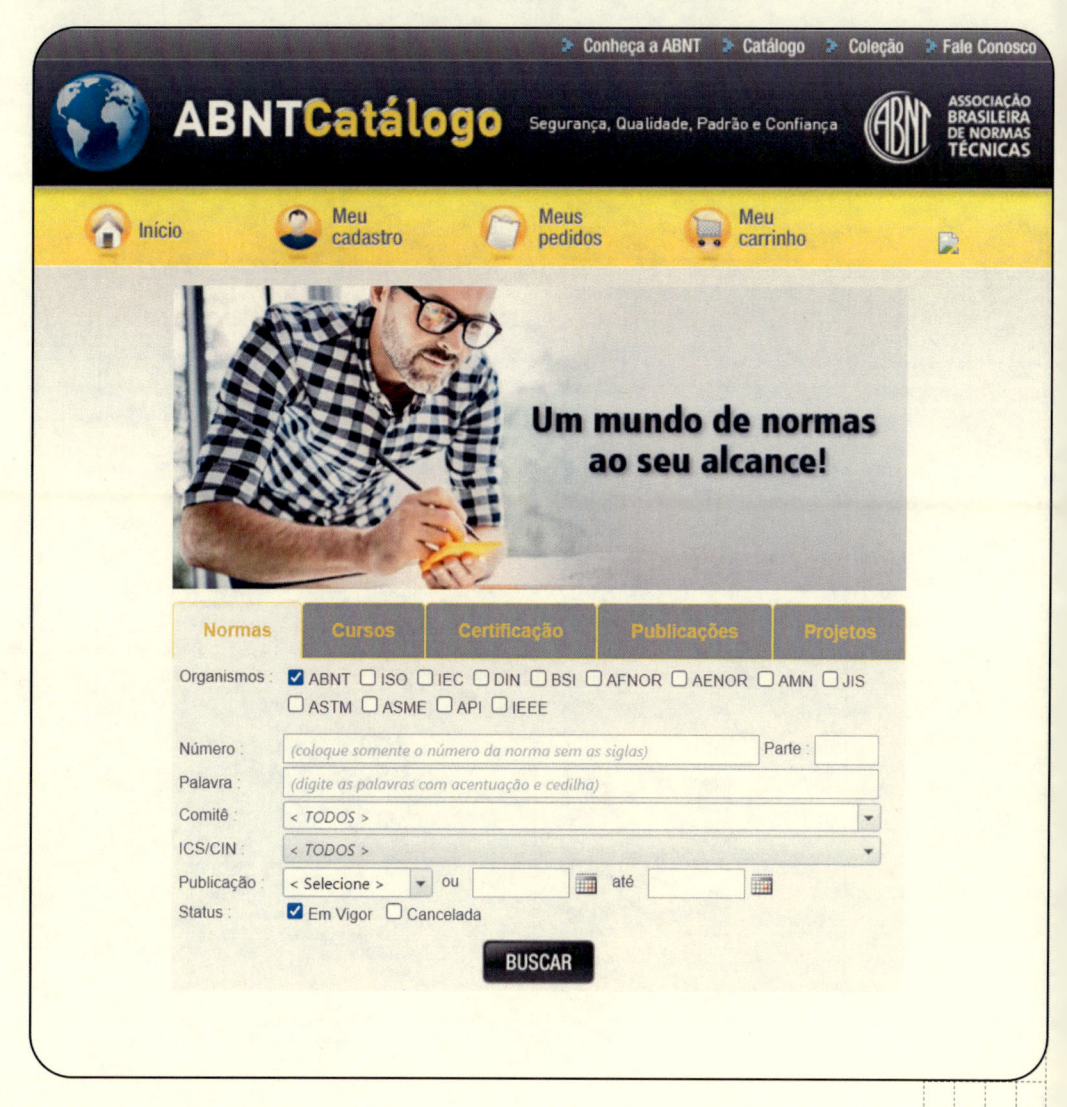

FIGURA 4.4 – PÁGIINA INCIAL DO *WEBSITE* DO CATÁLOGO DA ABNT

www.abntcatalogo.com.br

www.iso.org/store.html

www.webstore.iec.ch

5. MARCAÇÃO CE – DIRETIVA 2006/42

5.1 INTRODUÇÃO

Outra regulamentação importante e com influência no Brasil é a **Diretiva 2006/42/CE**, conhecida como Diretiva Europeia de Máquinas.

Essa legislação é aplicada a todos os fabricantes de máquinas e equipamentos que pertencem a um dos países membros da comunidade europeia ou aqueles que desejam exportar para lá.

Ela trata, no seu conteúdo, os requisitos de segurança que devem ser introduzidos nas máquinas comercializadas na Europa.

É uma legislação própria, madura e completa. A sua base normativa é a **ISO 12100:2010**, versão original da **ABNT NBR ISO 12100:2013**.

O ANEXO I dessa Diretiva define as exigências essenciais de segurança e de saúde relativas à concepção e à construção de máquinas e de componentes de segurança. Semelhante à **NR-12**, essas exigências são princípios fundamentais e referências técnicas, e medidas de proteção relativas à segurança.

O redator técnico incumbido de produzir Informações para uso, como manuais e outros tipos de documentos técnicos de máquinas ou equipamentos, a serem exportadas para Europa, deve adotar, de forma mandatória, essa legislação.

Outras diretivas também podem ser aplicadas, como a de compatibilidade eletromagnética (**Diretiva 2004/108/CE**) e a de material elétrico destinado a ser utilizado dentro de certos limites de tensão (**Diretiva 2006/95/CE**).

Portanto é importante o conhecimento prévio desta legislação para se elaborar manuais de máquinas que a serem exportados para Europa pelo redator técnico.

Finalmente, apesar de ambas terem origens diferentes e aplicadas em países diferentes, a **NR-12** e a **Diretiva 2006/42/CE** possuem a mesma orientação "filosófica" quanto aos conceitos e princípios adotados em segurança de máquina.

No entanto, deve-se observar cuidadosamente a aplicabilidade de cada uma dessas legislações, pois apesar da mesma adoção normativa, ambas apresentam particularidades próprias. Portanto, uma não excluí a outra, isto é, a **NR-12** não excluí a **Diretiva 2006/42/CE** e vice-versa. Cada uma deve ser analisada e aplicada individualmente, mesmo sendo a mesma máquina ou equipamento.

5.2   CONTEXTO HISTÓRICO:

FIGURA 5.1 – PAÍSES DA COMUNIDADE EUROPEIA (ABRIL DE 2020)

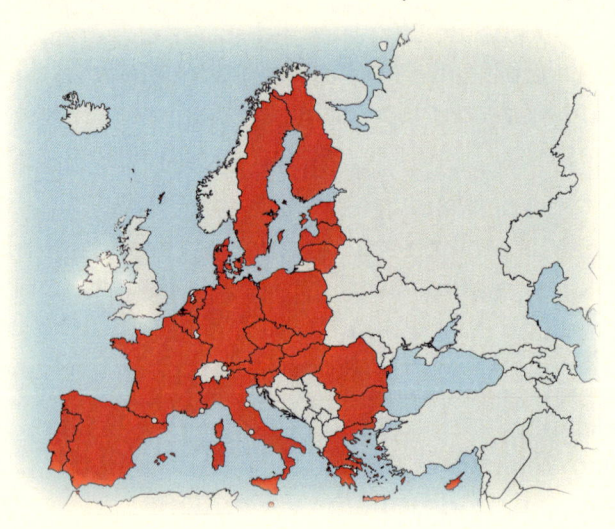

fonte: autor, a partir da WIKIPÉDIA

Em 7 de fevereiro de 1992, forma-se a União Europeia, como um grande bloco econômico, cujo objetivo era: a livre circulação de bens, pessoas e mercadorias; e adoção de uma moeda única, conhecida como o Euro. Logo, surge a necessidade deste bloco harmonizar suas normas técnicas entre os países membros dentro de uma única diretriz, aprovada pelo Parlamento Europeu.

Em 22 de junho de 1998, o Parlamento Europeu publica a **Diretiva 98/37/CE** (COMUNIDADE EUROPEIA, 1998), relativa à aproximação das legislações dos Estados membros a respeito à segurança em máquinas.

Essa diretiva traz no seu ANEXO I os princípios gerais que devem ser adotados pelos fabricantes pelos importadores de máquinas que venham a circular no território compreendido pelos países membros da União Europeia.

Após alguns anos, com o intuito de adequar melhor a **Diretiva 98/37/CE**[35] às novas condições e sanar dúvidas no texto original, o Parlamento Europeu publica a **Diretiva 2006/42/CE**[36] em 17 de maio de 2006, revogando a anterior. Essa nova publicação pas-

---

35 http://eur-lex.europa.eu/LexUriServ/LexUriServ.do?uri=O:L:1998:207:0001:0046:PT:PDF

Diretiva 98/37/CE

36 http://eur-lex.europa.eu/LexUriServ/LexUriServ.do?uri=O:L:2006:157:0024:0086:pt:PDF

Diretiva 2006/42/CE

sou a ter 29 artigos com 12 anexos, melhorando e esclarecendo o texto, além de gerar novas opções. Cabe destacar o 2º artigo das Considerações da nova Diretiva, que diz:

> "O setor das máquinas constitui uma parte importante do setor da indústria mecânica e é um dos núcleos industriais da economia da Comunidade. O custo social decorrente do elevado número de acidentes diretamente provocados pela utilização de máquinas pode ser reduzido pela integração da segurança na concepção e na fabricação das máquinas, bem como através de uma instalação e de uma manutenção corretas". (texto original, no idioma português de Portugal)."[37]

Dessa maneira, a União Europeia (UE) passa a ser referência internacional, de certa maneira, na questão de segurança em máquinas, devido aos processos implantados por essas diretivas, que contribuíram para uma redução significativa dos acidentes de trabalho. Nesse momento, cabe observar o contexto do significado das normas internacionais de segurança de máquinas para o setor produtivo em geral.

Antes da formação do bloco da UE, cada país possuía e adotava legislações e normativas técnicas individuais e próprias.

Com essa formação, houve necessidade de harmonizar as normas técnicas entre os Estados membros. Essas normas constituem uma categoria específica de normas europeias de-

---

37 Disponível em: http://eur-lex.europa.eu/LexUriServ/LexUriServ.do?uri=OJ:L:2006:157:0024:0086:pt:PDF. Acesso em: maio 2020.

senvolvidas por um organismo europeu de normalização na sequência de um pedido da Comissão Europeia[38].

> "l) «**Norma harmonizada**»: especificação técnica, não obrigatória, adotada por um organismo de normalização, a saber, o Comitê Europeu de Normalização (CEN), o Comitê Europeu de Normalização Eletrotécnica (CENELEC) ou o Instituto Europeu de Normas de Telecomunicações (ETSI), com base num mandato conferido pela Comissão de acordo com os procedimentos estabelecidos na Diretiva 98/34/CE do Parlamento Europeu e do Conselho, de 22 de Junho de 1998, relativa a um procedimento de informação no domínio das normas e regulamentações técnicas e das regras relativas aos serviços da sociedade da informação".[39]

normas na Europa

Destaca-se também, o incremento do uso de normas internacionais **ISO** e **IEC** na Europa.

Portanto as diretivas de segurança de máquinas, entre outras, promoveram os requisitos essenciais, ou seja, os princípios mínimos exigidos a fim de assegurar um elevado nível de proteção à saúde e segurança dos consumidores, e do meio ambiente.

---

38 YOUR EUROPE. Disponível em: https://europa.eu/youreurope/business/product-requirements/standards/standards-in-europe/index_pt.htm. Acesso em: maio 2020.

39 definido na alínea l) do artigo 2º da Diretiva 2006/42/CE.

Após a sua publicação, todos os produtos produzidos sob o olhar dessa norma, ou seja, em conformidade com ela, os Estados membros são obrigados a aceitar a livre circulação destes produtos em seus países.

5.3 ESTRUTURA DA DIRETIVA 2006/42/CE

Toda máquina comercializada na comunidade europeia é mandatório que possua a marcação **CE**.

Todo esse processo está definido na **Diretiva 2006/42/CE**. Esse documento é estruturado em duas partes, de acordo com o Quadro 5.1.

A primeira parte trata da legislação, em forma de artigos, emitida pelo Parlamento Europeu e pelo Conselho da União Europeia.

A segunda parte compreende os anexos da diretiva, que devem ser observados e atendidos quando aplicáveis e trazem os requisitos essenciais de saúde e de segurança relativos à concepção e a fabricação de máquinas (ANEXO I) e de instruções processuais (ANEXO II a XII).

No desejo de exportar para algum país membro da comunidade europeia, deve-se ressaltar dois requisitos prioritários e importantes.

O primeiro é a definição do nome e endereço do **mandatário**, pessoa que será o responsável técnico na comunidade europeia, ou seja, é aquele que irá responder civil e criminalmente pelos danos que estas vierem a provocar.

> *"j) «**Mandatário**»: qualquer pessoa singular ou coletiva, estabelecida na Comunidade, que tenha recebido um mandato escrito do fabricante para cumprir, em seu nome, a totalidade ou parte das obrigações e formalidades ligadas à presente Diretiva"*[40];

O segundo requisito prioritário é verificar se a máquina ou equipamento se enquadra no ANEXO IV ou não. Essa análise é significativa e importante, pois definirá se a máquina deve passar pelo **EXAME CE DE TIPO**. VER ANEXO IX da **Diretiva 2006/42/CE**.

> *O **EXAME CE DE TIPO**[41] é o procedimento pelo qual um ORGANISMO NOTIFICADO verifica e certifica que um exemplar representativo de uma máquina referida no ANEXO IV satisfaz as disposições da presente Diretiva.*
>
> *1. O fabricante ou o seu mandatário devem, para cada tipo, elaborar o processo técnico referido na parte A do ANEXO VII da Diretiva 2006/42;*
>
> *2. Para cada tipo, o pedido de EXAME CE DE TIPO será apresentado pelo fabricante ou pelo seu manda-* ▶

---
40 definido na alínea j) do artigo 2º da Diretiva 2006/42/CE.
41 definido no ANEXO IX – EXAME CE DE TIPO da Diretiva 2006/42/CE.

➜ *tário a um ORGANISMO NOTIFI-CADO da sua escolha.*

***Se o tipo satisfizer as disposições da presente Diretiva,** o ORGANISMO NOTIFICADO emitirá um certificado de exame CE de tipo ao requerente. O certificado incluirá o nome e o endereço do fabricante e do seu mandatário, os dados necessários à identificação do tipo aprovado, as conclusões do exame e as condições de validade do certificado.*

***Se o tipo NÃO satisfizer as disposições da presente Diretiva**, o organismo notificado recusará emitir ao requerente um certificado de exame CE de tipo, fundamentando pormenorizadamente esta recusa. Do fato informará o requerente, os outros organismos notificados e o Estado-membro que o tiver notificado. A decisão é susceptível de recurso.*

Essas duas definições são importantes, pois elas destinam a condução do processo de marcação.

De posse dessas definições, tem-se as seguintes hipóteses:

- **1ª hipótese**: A máquina **não se enquadra** no ANEXO IV:

O fabricante deve providenciar a:

1. Avaliação de conformidade (ANEXO VIII), que garante que a máquina será fabricada em conformidade com Processo Técnico (ANEXO VII);
2. Verificação do sistema de qualidade total (ANEXO X) quanto aos processos de fabricação;
3. Elaboração do processo técnico conforme o ANEXO VII.

- **2ª hipótese:** a máquina **está enquadrada** no ANEXO IV:

Essa hipótese possui **duas possibilidades**:

1ª possibilidade: a máquina foi fabricada ou construída conforme normas técnicas harmonizadas disponíveis (regionais europeias EN), além das normas internacionais ISO e IEC;

O fabricante deve providenciar:

1. a verificação do **sistema de qualidade total** (ANEXO X), quanto aos processos de fabricação;
2. a elaboração do processo técnico de acordo com o ANEXO VII;
3. a avaliação de conformidade (item 3 do ANEXO VIII).

2ª possibilidade: a máquina **não** foi fabricada ou construída conforme normas harmonizadas disponíveis (regionais europeias EN), além das normas internacionais ISO e IEC;

1. a realização do exame CE de tipo (ANEXO IX) por um organismo notificado;
2. a elaboração do processo técnico de acordo com o ANEXO VII.

A Figura 5.1 demonstra esquematicamente todas essas hipóteses.

FIGURA 5.1 – FLUXOGRAMA DA ADOÇÃO DA AVALIAÇÃO DA CONFORMIDADE DE MÁQUINAS SEGUNDO A DIRETIVA EUROPEIA DE MÁQUINAS 2006/42/CE

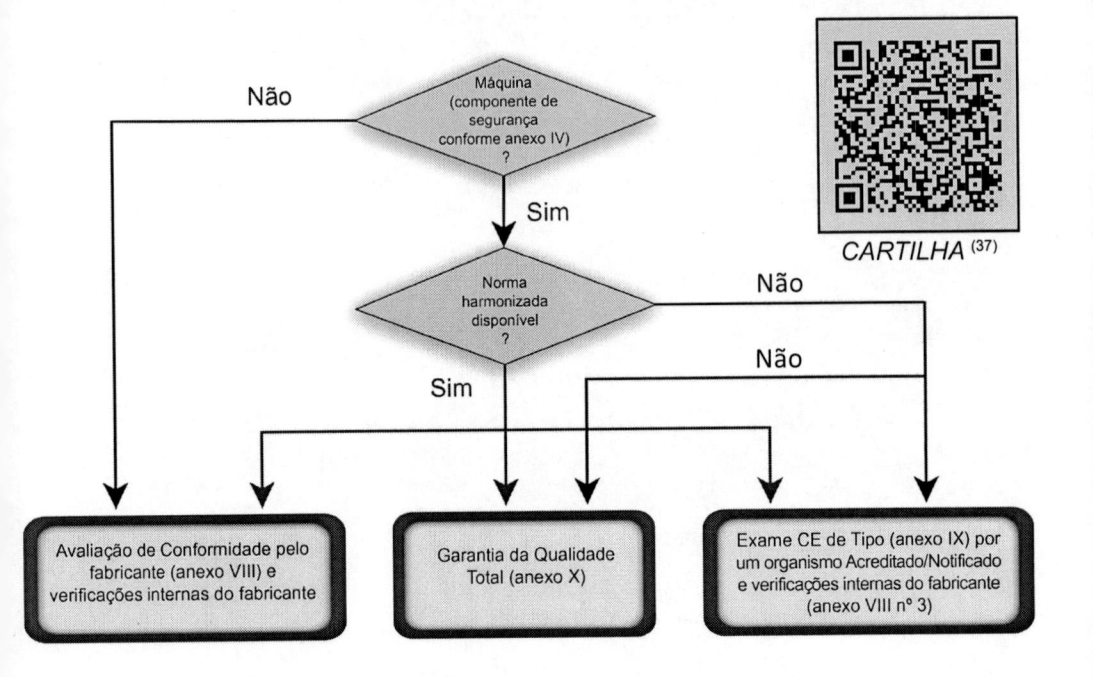

CARTILHA [37]

Fonte: cartilha de cooperação Brasil-União Europeia

Para complementar, todo o processo de marcação CE pode ser encontrado no Capítulo 3 da cartilha – *Cooperação Brasil – União Europeia Intercâmbio em Saúde e Segurança no Trabalho*[42][37], publicado pelo então Ministério do Trabalho.

---

42 COOPERAÇÃO Brasil-União Europeia: intercâmbio em saúde e segurança no trabalho. Cartilha. Disponívelem: http://sectordialogues.org/sites/default/files/cartilha_cooperacao_brasil_uniao_euroepeia.pdf. Acesso em: maio 2020.

Quadro 5.1 – Estrutura da DIRETIVA 2006/42/CE

1ª PARTE:	
Legislação em seus artigos	
2ª PARTE:	
ANEXOS	
ANEXO I:	requisitos essenciais de saúde e de segurança relativos à concepção e de fabricação de máquinas;
ANEXO II:	declarações;
ANEXO III:	marcação «CE»;
ANEXO IV:	categorias obrigatórias de máquinas às quais a aplicação de um dos procedimentos referidos nos n°s 3 e 4 do artigo 12;
ANEXO V:	lista indicativa dos componentes de segurança referida na alínea c) do artigo 2º;
ANEXO VI:	manual de instruções de montagem das quase-máquinas;
ANEXO VII:	processo técnico para as máquinas e documentação técnica relevante para as quase-máquinas;
ANEXO VIII:	avaliação da conformidade com controlo interno do fabrico de uma máquina;
ANEXO IX:	exame de tipo;
ANEXO X:	garantia de qualidade total;
ANEXO XI:	critérios mínimos a ter em consideração pelos Estados-membros para a notificação dos organismos;
ANEXO XII:	quadro de correspondência.

5.4 REQUISITOS PARA MANUAIS
(do texto original no idioma português – Portugal)

Artigo 5º

Colocação no mercado e entrada em serviço:

1. O fabricante ou o seu mandatário, antes de colocar uma máquina no mercado e/ou de a pôr em serviço, deve:

a) certificar-se de que a máquina cumpre os requisitos essenciais pertinentes em matéria de saúde e de segurança enunciados no anexo I;

b) certificar-se de que o processo técnico descrito na parte A do anexo VII está disponível;

c) fornecer, nomeadamente, as informações necessárias, **tais como o manual de instruções;**

1.7.4. Manual de instruções

Cada máquina deve ser acompanhada de um manual de instruções na ou nas línguas comunitárias oficiais do Estado-membro em que a máquina for colocada no mercado e/ou entrar em serviço.

O manual de instruções que acompanha a máquina deve ser um ***«manual original»*** ou uma ***«tradução do manual original»***; nesse caso, a tradução será obrigatoriamente acompanhada de um «manual original».

A título de exceção, o manual de manutenção destinado a ser utilizado por pessoal especializado que depende do fabricante ou do seu mandatário pode ser fornecido numa ▶

▶ única língua comunitária que seja compreendida pelo referido pessoal.

O manual de instruções deve ser redigido de acordo com os princípios que a seguir se enunciam.

1.7.4.1. Princípios gerais de redação

a) O manual de instruções deve ser redigido numa ou mais línguas comunitárias oficiais. A menção «**manual original**» deverá figurar na ou nas versões linguísticas pelas quais o fabricante ou o seu mandatário assumam a responsabilidade;

b) Quando não exista «**manual original**» na ou nas línguas oficiais do país de utilização, deve ser fornecida uma tradução para essa ou essas línguas pelo fabricante, pelo seu mandatário ou por quem introduzir a máquina na zona linguística em causa. Essas traduções devem incluir a menção «**tradução do manual original**»;

c) O conteúdo do manual deve não só abranger a utilização prevista da máquina, como também ter em conta a má utilização razoavelmente previsível;

d) No caso de máquinas destinadas à utilização por operadores não profissionais, a redação e a apresentação do manual de instruções devem ter em conta o nível de formação geral e a perspicácia que podem razoavelmente ser esperados desses operadores.

1.7.4.2. Conteúdo do manual de instruções

Cada manual deve conter, se for o caso, pelo menos as seguintes informações:

a) Firma e endereço completo do fabricante e do seu mandatário;

▶

▶ b) Designação da máquina, tal como indicada na própria máquina, excetuando o número de série (ver ponto 1.7.3);

c) Declaração CE de Conformidade, ou documento do qual conste o conteúdo da declaração CE de conformidade, que apresente as características da máquina, sem necessariamente incluir o número de série e a assinatura;

d) Descrição geral da máquina;

e) Desenhos, diagramas, descrições e explicações necessárias para a utilização, manutenção e reparação da máquina, bem como para a verificação do seu correto funcionamento;

f) Descrição do ou dos postos de trabalho susceptíveis de serem ocupados pelos operadores;

g) Descrição da utilização prevista da máquina;

h) Avisos relativos aos modos como a máquina não deve ser utilizada e que, segundo a experiência adquirida, se podem verificar;

i) Instruções de montagem, instalação e ligação, incluindo desenhos, diagramas e meios de fixação e a designação do chassi ou da instalação em que a máquina se destina a ser montada;

j) Instruções relativas à instalação e montagem, destinadas a diminuir o ruído e as vibrações;

k) Instruções relativas à entrada em serviço e utilização da máquina e, se necessário, instruções relativas à formação dos operadores;

▶

▶ *l) Informações sobre os riscos residuais que subsistam apesar de a segurança ter sido integrada aquando da concepção da máquina, e das medidas de segurança e disposições de proteção complementares adotadas;*

m) Instruções sobre as medidas de proteção a tomar pelo utilizador, inclusive, se for caso disso, sobre o equipamento de proteção individual a prever;

n) Características essenciais das ferramentas que podem ser montadas na máquina;

o) Condições em que as máquinas cumprem o requisito de estabilidade durante a sua utilização, transporte, montagem e desmontagem, quando estão fora de serviço ou durante ensaios ou avarias previsíveis;

p) Instruções destinadas a garantir a segurança das operações de transporte, movimentação e armazenamento, com indicação da massa da máquina e dos seus diversos elementos, se estes tiverem de ser transportados separadamente com regularidade;

q) Modo operatório a seguir em caso de acidente ou avaria; se for previsível a ocorrência de um bloqueio, modo operatório a seguir para permitir um desbloqueamento em condições de segurança;

r) Descrição das operações de regulação e de manutenção que devem ser efetuadas pelo utilizador, bem como das medidas de manutenção preventiva que devam ser respeitadas;

s) Instruções que permitam que a regulação e a manutenção sejam efetuadas com segurança, incluindo me- ▶

didas de proteção que devam ser tomadas durante essas operações;

t) Especificações das peças de substituição a utilizar, quando estas afetem a saúde e a segurança dos operadores;

u) Informações seguintes, relativas ao ruído aéreo emitido:

— nível de pressão acústica de emissão ponderado A, nos postos de trabalho, se exceder 70 dB (A); se este nível for inferior ou igual a 70 dB (A), esse fato deve ser mencionado,

— valor máximo da pressão acústica instantânea ponderada C, nos postos de trabalho, se exceder 63 Pa (130 dB em relação a 20 µPa),

— nível de potência acústica ponderado A emitido pela máquina quando o nível de pressão acústica de emissão ponderado A, nos postos de trabalho, exceder 80 dB (A).

Esses valores serão medidos efetivamente para a máquina em causa ou estabelecidos a partir de medições efetuadas numa máquina tecnicamente comparável e que seja representativa da máquina a produzir.

Se a máquina for de dimensões muito grandes, a indicação do nível de potência acústica ponderado A pode ser substituída pela indicação dos níveis de pressão acústica de emissão ponderada A em locais especificados em torno da máquina.

Quando as normas harmonizadas não forem aplicadas, os níveis acústicos devem ser medidos utilizando o código de medição mais adequado à máquina. Sempre que sejam indicados valores de emissão acústica, devem ser especificadas as respectivas margens de erro. Devem indicar-se as condi-

➤ ções de funcionamento da máquina durante a medição e os métodos que forem utilizados para a mesma.

Quando o ou os postos de trabalho não forem ou não puderem ser definidos, a medição do nível de pressão acústica ponderado A deve ser efetuada a 1m da superfície da máquina e a uma altura de 1,60m acima do solo ou da plataforma de acesso. A posição e o valor da pressão acústica máxima devem ser indicados.

Sempre que haja diretivas específicas que prevejam outras indicações para a medição do nível de pressão acústica ou do nível de potência acústica, essas diretivas devem ser aplicadas, não se aplicando as prescrições correspondentes do presente ponto;

v) Sempre que a máquina for susceptível de emitir radiações não ionizantes que possam prejudicar as pessoas, em especial as pessoas com dispositivos médicos implantáveis ativos ou não ativos, informações respeitantes às radiações emitidas para o operador e as pessoas expostas.

5.5 ORIENTAÇÕES NORMATIVAS

Por tratar-se de um processo que ocorre na Comunidade Europeia, recomenda-se basear a redação do manual de instruções na **ISO 20607:2019**, *Safety of machinery — Instruction handbook — General drafting principles*.

Outra fonte recomendada é a **IEC/IEE 82079-1:2019**, *Preparation of Information for use of products — Part 1: Principles and general requeriments*, que aborda de maneira mais ampla as informações para uso.

OBSERVAÇÃO:

- Para máquinas ou equipamentos fabricados no Brasil, caso seja conveniente redigir o respectivo Manual de Instruções com base na **ABNT NBR 16746:2019**, a redação não será prejudicada, pois a norma brasileira foi elaborada com base na **ISO 20607:2019**. Ambas apresentam as mesmas informações normativas, relevantes ao processo de elaboração deste tipo de documento.

- No caso de se eloborar um manual destinado a uma máquina exportada para Europa, cabe ao redator técnico observar e verificar se todos os requisitos aplicáveis, apresentados na subseção 5.4 deste guia de redação estão presentes e foram cumpridos.

6. APRECIAÇÃO E REDUÇÃO DE RISCOS

6.1 INTRODUÇÃO

O **processo de apreciação de riscos**[43], citado na **Norma Regulamentadora 12**, é uma metodologia de análise sistemática, ordenada e padronizada de situações de risco presentes num equipamento ou máquina. Junto dela, há o processo de redução de risco (ver Figura 6.1).

Essa metodologia serve para dar a visão ao projetista (para máquinas novas) ou ao usuário (para máquinas usadas) de como conduzir o processo de redução de riscos com segurança e confiabilidade. Dentro da apreciação de risco é possível encontrar os perigos significativos e predominantes, razoavelmente previsíveis, que atuam no produto.

Essa metodologia é detalhada na norma **ABNT NBR ISO 12100:2013**, *Segurança de Máquinas – Princípios Gerais de Projeto – Apreciação e Redução de Riscos*.

Durante a elaboração do manual de instruções, o redator técnico pode e deve buscar subsídios nessa norma, principalmente no tocante aos **termos e definições**, para que haja uma padronização e coerência no texto do documento a ser redigido com essa norma. Também, como recomendação, sugere-se a leitura atenta da subseção **6.4** da **ABNT NBR ISO 12100:2013**, que trata das **informações para o uso**.

Neste guia de redação, apenas serão apresentados alguns conceitos básicos, de maneira sucinta, dos **processos de apre-**

---

43 **Apreciação de Riscos** *é um processo composto por uma série de etapas que permite, de forma sistemática, analisar e avaliar os riscos associados à máquina – VER Seção 5 da **ABNT NBR ISO 12100:2013** e NR-12.1.9 da Norma Regulamentadora 12.*

ciação e de redução de riscos. É conveniente que este estudo seja realizado diretamente na norma em questão, pois o assunto é longo, com muitos detalhes, e por não se tratar do escopo deste Guia de Redação.

O **processo de apreciação de riscos** é basicamente composto por duas etapas menores, que devem ser cumpridas em uma ordem sequencial, dispostas da seguinte maneira (ver Figura 6.2):

1ª) **Análise de Riscos**;
2ª) **Avaliação de Riscos**.

Já o **processo de redução de riscos** é apresentado em detalhes pela norma **ABNT NBR ISO 12100:2013**. Por este processo, o projetista ou usuário tem como objetivo a eliminação dos perigos ou a redução dos riscos (ver Figura 6.3).

O **risco** é composto pelos **elementos do risco**:

a. Gravidade dos danos causados pelo perigo;
b. Frequência à Exposição;
c. Probabilidade de ocorrência desse dano;
d. Possibilidade de evitar o risco.

O relatório técnico **ABNT ISO/TR 14121-2:2018**, *Segurança de máquinas — Apreciação de riscos – Parte 2: Guia prático e exemplos de métodos*, é outro documento importante, por fornecer orientações práticas na condução do **processo de apreciação de riscos,** conforme prescrito na **ABNT NBR ISO 12100:2013**.

Esse relatório técnico apresenta alguns métodos recomendados de estimativa de riscos. Também orienta com precisão a forma de identificar os perigos e situações e eventos perigosos presente em uma máquina ou equipamento.

6.2 DEFINIÇÕES DE TERMOS IMPORTANTES[44]
(da ABNT NBR ISO 12100:2013)

- **Dano:** *lesão física ou prejuízo à saúde;*
- **Perigo:** *fonte potencial de dano;*
- **Situação perigosa:** *aquela em que a pessoa fica exposta a um perigo;*
- **Evento perigoso:** *evento que pode causar um dano;*
- **Risco:** *combinação de probabilidade de ocorrência e da severidade de um dano;*
- **Risco residual:** *risco remanescente após terem sido adotada medidas de proteção;*
- **Estimativa de risco:** *definição da provável gravidade de um dano e probabilidade de sua ocorrência;*
- **Medidas de proteção:** *medidas com as quais se pretende atingir a redução de risco, podendo ser implementadas pelo projetista ou pelo usuário;*
- **Zona de perigo:** *qualquer zona dentro e/ou ao redor de uma máquina, onde uma pessoa possa ficar exposta a um perigo;*
- **Redução de risco adequada:** *redução do risco que atenda ao menos as exigências legais, utilizando as melhores tecnologias disponíveis e consagradas.*

---

44 VER Seção 3 da ABNT NBR ISO 12100:2013 – Termos e Definições.

FIGURA 6.1 – REPRESENTAÇÃO ESQUEMÁTICA DO PROCESSO DE APRECIAÇÃO E REDUÇÃO DE RISCOS[45]

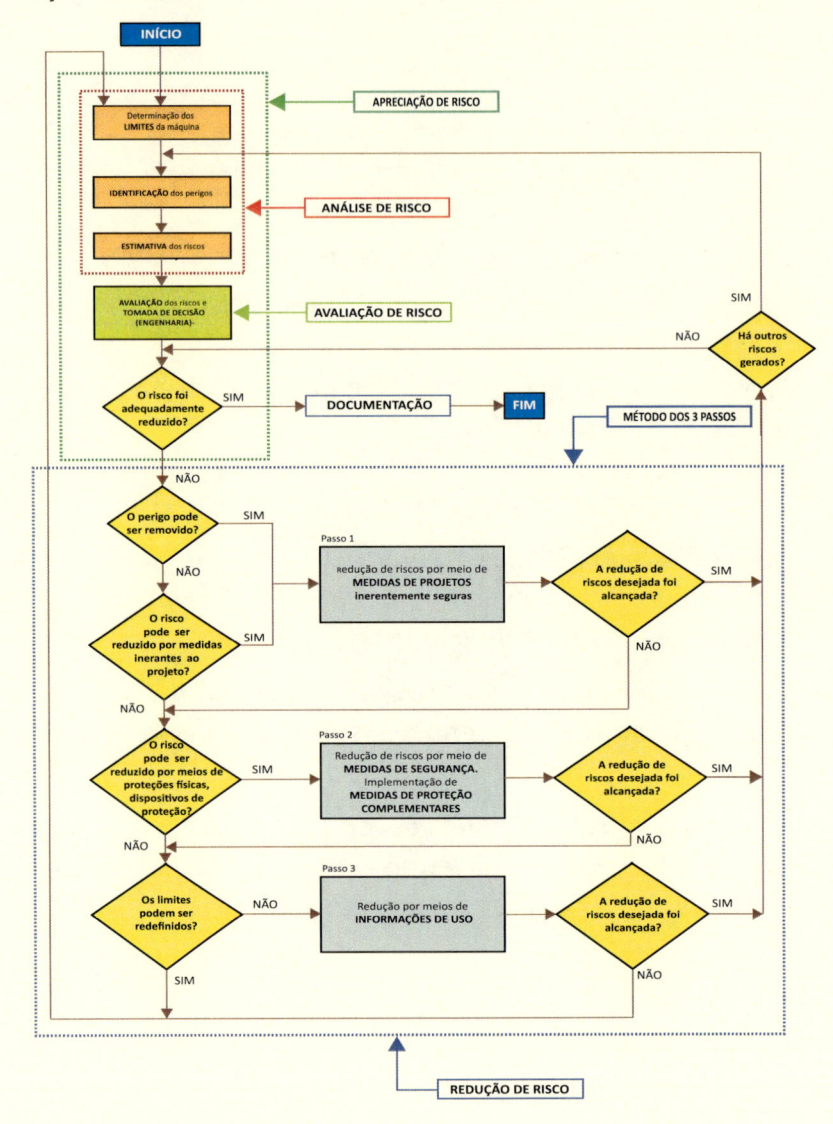

Fonte: ABNT NBR ISO 12100:2013

---

45 Ver Figura 1 na ABNT NBR ISO 12100:2013 – Representação esquemática do processo de redução de riscos incluindo o método iterativo em três passos.

FIGURA 6.2: REPRESENTAÇÃO ESQUEMÁTICA DO PROCESSO DE APRECIAÇÃO DE RISCOS

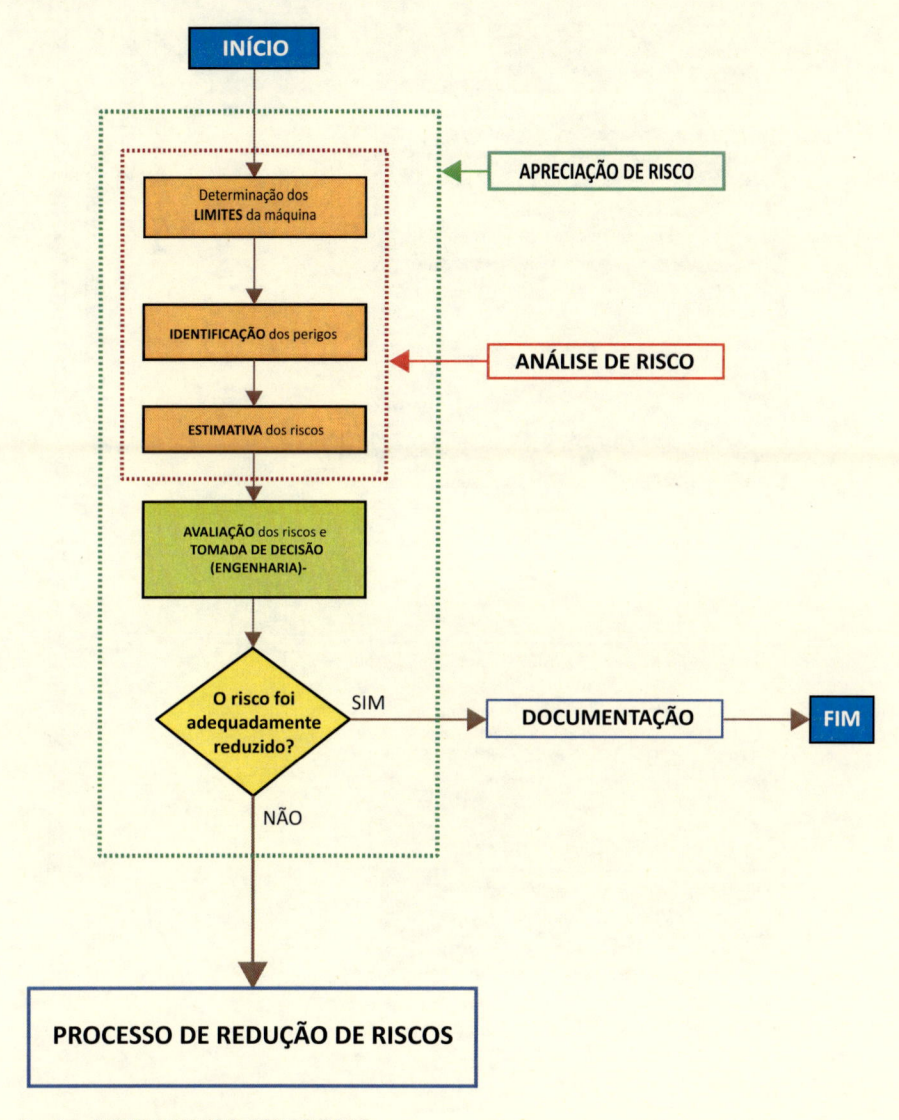

```
                        INÍCIO
                          │
                          ▼
            ┌─────────────────────────┐
            │  Determinação dos       │ ◄──── APRECIAÇÃO DE RISCO
            │  LIMITES da máquina     │
            └─────────────────────────┘
                          │
                          ▼
            ┌─────────────────────────┐
            │  IDENTIFICAÇÃO dos      │ ◄──── ANÁLISE DE RISCO
            │  perigos                │
            └─────────────────────────┘
                          │
                          ▼
            ┌─────────────────────────┐
            │  ESTIMATIVA dos riscos  │
            └─────────────────────────┘
                          │
                          ▼
            ┌─────────────────────────┐
            │  AVALIAÇÃO dos riscos e │
            │  TOMADA DE DECISÃO      │
            │  (ENGENHARIA)           │
            └─────────────────────────┘
                          │
                          ▼
                    ╱ O risco foi  ╲   SIM
                   ╱ adequadamente  ╲─────────► DOCUMENTAÇÃO ─────► FIM
                   ╲    reduzido?   ╱
                    ╲              ╱
                          │ NÃO
                          ▼
            ┌─────────────────────────────────┐
            │ PROCESSO DE REDUÇÃO DE RISCOS   │
            └─────────────────────────────────┘
```

Fonte: ABNT NBR ISO 12100:2013.

FIGURA 6.3: PROCESSO DE REDUÇÃO DE RISCOS DO PONTO DE VISTA DO PROJETISTA[46]

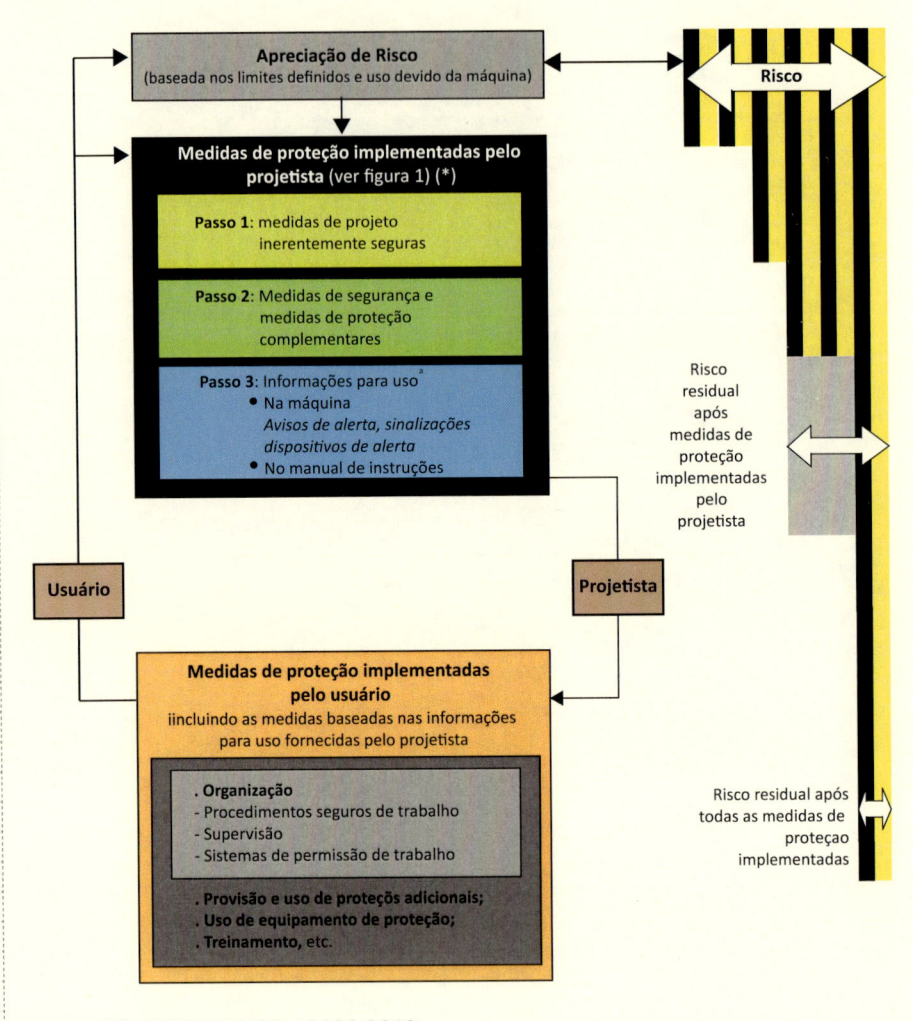

Apreciação de Risco
(baseada nos limites definidos e uso devido da máquina)

Medidas de proteção implementadas pelo projetista (ver figura 1) (*)

- **Passo 1**: medidas de projeto inerentemente seguras
- **Passo 2**: Medidas de segurança e medidas de proteção complementares
- **Passo 3**: Informações para uso
  - Na máquina
    Avisos de alerta, sinalizações dispositivos de alerta
  - No manual de instruções

Risco

Risco residual após medidas de proteção implementadas pelo projetista

Usuário

Projetista

Medidas de proteção implementadas pelo usuário
iincluindo as medidas baseadas nas informações para uso fornecidas pelo projetista

- . **Organização**
  - Procedimentos seguros de trabalho
  - Supervisão
  - Sistemas de permissão de trabalho
- . **Provisão e uso de proteçõs adicionais;**
- . **Uso de equipamento de proteção;**
- . **Treinamento**, etc.

Risco residual após todas as medidas de proteçao implementadas

Fonte: (*) ABNT NBR ISO 12100:2013

---

46 Ver Figura 2 na **ABNT NBR ISO 12100:2013** – *Processo de redução de riscos do ponto de vista do projetista.*

7. DIRETOS E DEVERES

7.1 CÓDIGO DE DEFESA DO CONSUMIDOR

Desde 1980, a Lei 8.078[47], conhecida como **Código de Defesa do Consumidor (CDC)**, estabeleceu direitos e deveres na relação de consumo no país. Uma delas trata da obrigação do fornecedor (fabricante ou importador e/ou comerciante) em fornecer as informações mínimas do produto vendido ao consumidor.

Nesse ponto, o **CDC** apresenta no seu texto alguns artigos que evidenciam o direito do consumidor a esta informação. O artigo 8°, por exemplo, caracteriza-se pela obrigatoriedade da proteção à saúde e segurança ao fornecedor, citando:

> "Art. 8° Os produtos e serviços colocados no mercado de consumo não acarretarão riscos à saúde ou segurança dos consumidores, exceto os considerados normais e previsíveis em decorrência de sua natureza e fruição, obrigando-se os fornecedores, em qualquer hipótese, a dar as informações necessárias e adequadas a seu respeito".[48]

---

47 BRASIL. Lei nº 8.078, de 11 de setembro de 1990. Dispõe sobre a proteção do consumidor e dá outras providências. Portal da Legislação, Brasília, DF, 11 set. 1990. Disponível em: http://www.planalto.gov.br/ccivil_03/leis/L8078.htm. Acesso em: maio 2020.

48 BRASIL. Lei nº 8.078, de 11 de setembro de 1990. Dispõe sobre a proteção do consumidor e dá outras providências. Portal da Legislação, Brasília, DF, 11 set. 1990. Disponível em: http://www.planalto.gov.br/ccivil_03/leis/L8078.htm. Acesso em: maio 2020.

Cabe citar e esclarecer aqui, quando do fornecimento de um produto industrial, como uma máquina ou equipamento, essas informações devem ser entregues por meio de impressos ou por arquivos eletrônicos (DVD ou *Pen Drive*), por exemplo. Todavia essas informações devem fazer parte do produto, isto é, acompanhando-o.

Complementando, o parágrafo único do artigo 50 da Lei do **CDC**,[49] é taxativo a obrigatoriedade do manual de instruções ou operação ao consumidor, ficando assim:

> "Art. 50. A garantia contratual é complementar à legal e será conferida mediante termo escrito.
>
> Parágrafo único. O termo de garantia ou equivalente deve ser padronizado e esclarecer, de maneira adequada em que consiste a mesma garantia, bem como a forma, o prazo e o lugar em que pode ser exercitada e os ônus a cargo do consumidor, devendo ser-lhe entregue, devidamente preenchido pelo fornecedor, no ato do fornecimento, **acompanhado de manual de instrução, de instalação e uso do produto em linguagem didática, com ilustrações**[50]."

---

49 BRASIL. Lei nº 8.078, de 11 de setembro de 1990. Dispõe sobre a proteção do consumidor e dá outras providências. Portal da Legislação, Brasília, DF, 11 set. 1990. Disponível em: http://www.planalto.gov.br/ccivil_03/leis/L8078.htm. Acesso em: maio 2020.

50 BRASIL. Lei nº 8.078, de 11 de setembro de 1990. Dispõe sobre a proteção do consumidor e dá outras providências. Portal da Legislação, Brasília, DF, 11 set. 1990. Disponível em: http://www.planalto.gov.br/ccivil_03/leis/L8078.htm. Acesso em: maio 2020.

Logo, fica evidenciada a obrigatoriedade do manual de instruções no **CDC**, reforçando esta obrigação do fabricante, importador e/ou comerciante.

7.2　SEGURANÇA JURÍDICA PARA O FABRICANTE

Como já mencionado, a obrigatoriedade do fornecimento de informações sobre o produto, com dados mínimos que garanta a integridade física e a saúde do consumidor, é inquestionável.

Deve-se enfatizar que o descumprimento dessa obrigação pode ser considerado como um ato ilícito, disposto no **Código Civil (CC)** brasileiro (Lei 10 406/2002)[51], no artigo 186, descrito a seguir:

> *CAPÍTULO V – TÍTULO III – Dos Atos Ilícitos*
>
> *"Art. 186. Aquele que, por ação ou omissão voluntária, negligência ou imprudência, violar direito e causar dano a outrem, ainda que exclusivamente moral, comete ato ilícito".*[52]

Se um fornecedor (fabricante, importador e/ou comerciante) entregar um equipamento ou máquina sem as devidas informações impressas (Manual de Instruções ou de Operação) estará agindo com **negligência**.

---

51 BRASIL. Lei nº 10.406, de 10 de janeiro de 2002. Institui o Código Civil. Portal da Legislação, Brasília, DF, 10 jan. 2002. Disponível em: http://www.planalto.gov.br/ccivil_03/leis/2002/l10406.htm. Acesso em: maio 2020.

52 Disponível em: http://www.planalto.gov.br/ccivil_03/decreto-lei/del2848compilado.htm. Acesso em: maio 2020.

Na hipótese da ocorrência de acidente do trabalho, em que for verificado e constatado, cuja causa foi a má ou nenhuma capacitação do operador, e tendo como um dos fatores a ausência da informação formal impressa, poderá(ão) o(s) responsável(is) serem responsabilizados também pelo **Código Penal (CP)** brasileiro – **Lei 2 848/40**[(44)], combinada com outras leis pertinentes) por um **crime culposo**, conforme artigo 18 do CP.

> Art. 18 – Diz-se o crime:
>
> "Crime doloso
>
> I – doloso, quando o agente quis o resultado ou assumiu o risco de produzi-lo;
>
> Crime culposo
>
> II – culposo, quando o agente deu causa ao resultado por imprudência, negligência ou imperícia."[53]

Nesse sentido, aquele fornecedor (fabricante, importador e/ou comerciante) que entregar manuais de instruções ou de operação ao consumidor em conformidade com a legislação vigente e atualizado, possui uma segurança jurídica. Isso significa que a sua obrigação foi cumprida, na forma legal, proporcionando uma tranquilidade ao usuário e ao próprio fornecedor.

No caso de uma perícia ou ação de fiscalização, esse tipo de negligência e/ou imprudência é considerado como uma falta grave, passível de sanções pecuniárias contra o fornecedor.

Concluindo, essa abordagem mostra, sucintamente, as bases legais na importância da elaboração desse tipo de docu-

---

53 Disponível em: http://www.planalto.gov.br/ccivil_03/decreto-lei/del2848compilado.htm. Acesso em: maio 2020.

mentação técnica. Esses propósitos tranquilizam o fornecedor do produto, como também melhora a imagem da sua empresa.

7.3 PATENTES

Muitas vezes, os fabricantes de máquinas ou equipamentos têm receio de terem os projetos de suas máquinas copiados por outros fabricantes, principalmente quando há soluções inovadoras instaladas.

Por exemplo, há casos em que o fabricante deixa de informar as peças de reposição de sua máquina no manual de instruções, como forma de evitar a "pirataria" do seu produto.

Atualmente, com os recursos à disposição, como celulares, vídeos na *internet*, entre outros, é possível obter essas informações com bastante precisão, ou seja, engenharia reversa.

O que protege realmente uma ideia inovadora e eficaz é a **patente**, definida claramente no art. 42 da **Lei 9.279/96**.

> *Art. 42. A patente confere ao seu titular o direito de impedir terceiro, sem o seu consentimento, de produzir, usar, colocar à venda, vender ou importar com estes propósitos:*
>
> *I – produto objeto de patente;*
>
> *II – processo ou produto obtido diretamente por processo patenteado.*
>
> *§ 1º Ao titular da patente é assegurado ainda o direito de impedir que terceiros contribuam para que outros pratiquem os atos referidos neste artigo.*

> *§ 2º Ocorrerá violação de direito da patente de processo, a que se refere o inciso II, quando o possuidor ou proprietário não comprovar, mediante determinação judicial específica, que o seu produto foi obtido por processo de fabricação diverso daquele protegido pela patente.*

A **patente** é uma concessão pública, a fim de garantir ao seu solicitante a exclusividade na exploração comercial da sua ideia, impedindo que terceiros façam uso de sua criação.

Apesar do custo, do formalismo e do tempo da concessão da **carta patente**, ela é o único meio seguro que o inventor tem em proteger e garantir a sua ideia inovadora.

A **Lei 9.279/96** regula os diretos e obrigações relativos à propriedade industrial. No Brasil, o **Instituto Nacional da Propriedade Industrial (INPI)** tem a missão de receber os pedidos de **patentes**, examina-se, e de conceder as cartas patentes.

Logo, a omissão de informações no manual de instruções devido a possibilidade de "pirataria" do seu produto, não podem ser alegações impeditivas e/ou explicativas como meio de evitar tal prática, por que não, ilícita e desonesta no mercado.

8. TÉCNICAS DE ELABORAÇÃO DE MANUAL

8.1 INTRODUÇÃO

A partir de 2019, a ABNT publicou a norma **ABNT NBR 16746:2019**, *Segurança de máquinas – Manual de instruções – Princípios gerais de elaboração*, passando ser a base normativa para elaboração desse tipo de documento técnico no Brasil.

A comissão de estudos que elaborou essa norma foi a **CE-004:026.001** da ABNT, tendo como fonte orientativa o projeto **ISO/WD PWI 20607.2:2016(E)**, *Safety of machinery — Instruction handbook — General drafting principles*. Outra preocupação dessa CE foi harmonizar esse projeto de norma com os requisitos da **Norma Regulamentadora 12**, além dos aspectos peculiares do nosso idioma, o português.

Dessa forma, o conteúdo da **ABNT NBR 16746:2019** está harmonizada com a **ISO 20607:2019**, compatível com as orientações internacionais de redação de manuais de instruções.

Outra referência importante é o conceito de **informações para uso** prescrito na subseção **6.4** da **ABNT NBR ISO 12100:2013**. Esse conceito corresponde a uma das etapas do processo de redução dos riscos, denominado de "passo 3", discutido no Capítulo 6 deste guia de redação (ver Figuras 6.1, 6.2 e 6.3).

Logo, pode-se definir as **informações para uso** como sendo *as formas de comunicação, podendo ser textos, palavras, sinais, símbolos ou diagramas, usados individualmente ou de forma combinada, de modo a prover informações ao usuário.*[54]

---

[54] **Informações para uso** – definido em 3.22 e 6.4.1.1 da **ABNT NBR ISO 12100:2013** e em 3.17 da **IEC/IEE 82079-1:2019**.

As **informações para uso** devem ser elaboradas e direcionadas a um **grupo-alvo** específico (ver 2.2 deste guia de redação), como o usuário final, que irá instalar, operar, manter, e até mesmo descartar a máquina ou equipamento em questão. No entanto, quem deve gerar essas informações é o **fabricante da máquina**, pois é este o detentor do conhecimento tecnológico do produto.

Figura 8.1 – Exemplo de Informações para Uso

Fonte: autor, com base na ISO 3864-2

O redator técnico, dentro do processo de geração das **informações para uso**, deve levar em conta todas as circunstâncias e aspectos da vida da máquina ou do equipamento, como: o transporte, ou seja, saindo da fábrica até a entrega; a instalação; o comissionamento; os ajustes; a preparação (*Set-up*); a operação normal; as situações de emergência; a manutenção (limpeza, corretiva, preventiva, preditiva, causas e soluções); a desmontagem; e o Descarte.

fonte: autor, a

Nesse contexto, é importante também dar ao **grupo-alvo** outras informações relevantes e significativas, tais como as condições de garantia do produto, que são as peças de reposição, as referências normativas e outros dados da relação fabricante-usuário, não só no aspecto de segurança como comercial.

Essas **informações para uso**, conforme o **grau de risco**, podem se localizar na própria máquina ou ao redor dela, na embalagem e em documentos técnicos que acompanham o produto. Neste último, destacam-se os manuais de instruções, operação, manutenção, catálogo ilustrado de peças de reposição, entre outros documentos, gerados sempre em função do **grupo-alvo**, das dimensões e complexidade da máquina ou equipamento, e a que ela se destina (ver Figuras 8.2 e 8.3).

Os manuais, em geral, são considerados como meios diretos de comunicação entre o fabricante e o usuário. Eles estão contidos no conjunto das **informações para uso**, devendo ser considerados como parte integrante do projeto da máquina ou do equipamento.

FIGURA 8.2 – EXEMPLO DE INSTRUÇÕES DE SEGURANÇA NA MÁQUINA (INFORMAÇÕES PARA USO)

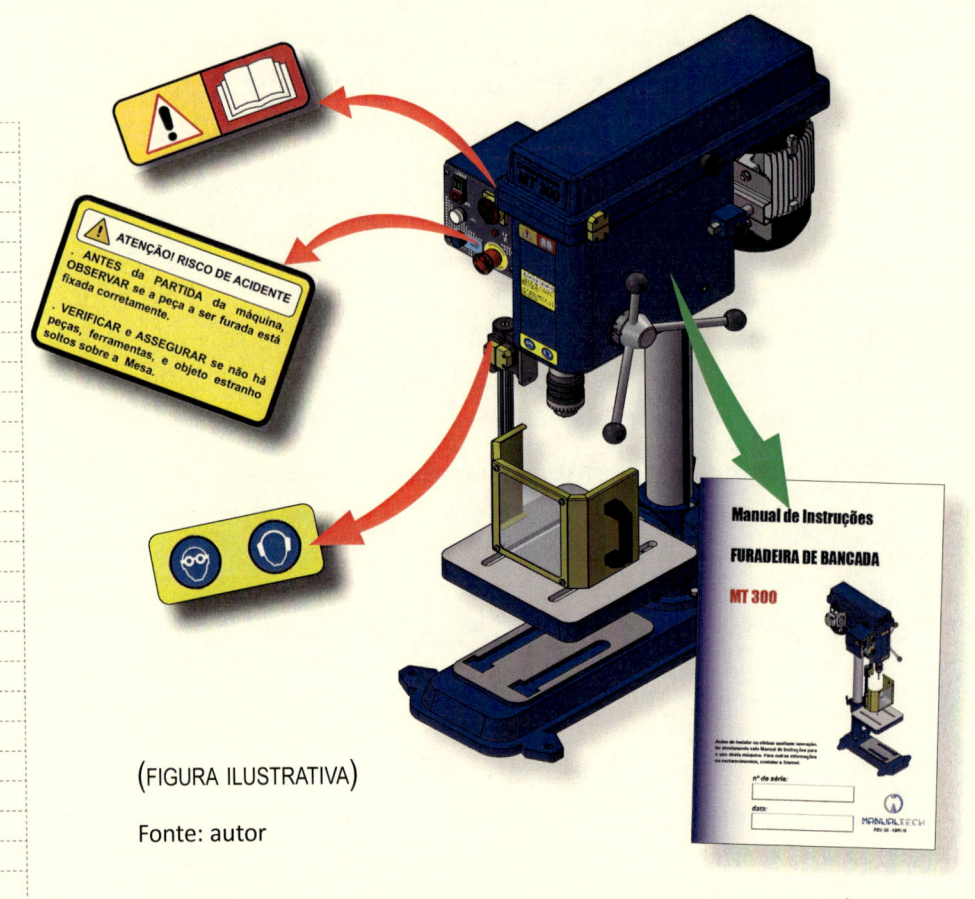

(FIGURA ILUSTRATIVA)

Fonte: autor

As subseções seguintes tratarão especificamente sobre as fases e sequências de elaboração de um manual de instruções.

Ressalta-se que, apesar de haver a orientação normativa proveniente da **ABNT NBR 16746:2019**, o redator técnico também deve observar os requisitos mínimos aplicáveis entre 12.13.1 a 12.13.5 e suas partes da **Norma Regulamentadora 12**.

Também a **ABNT NBR ISO 12100:2013** detalha nas suas subseções 6.4.5.1, 6.4.5.2 e 6.4.5.3, uma série de requisitos e recomendações relevantes para a qualidade e segurança do texto técnico. Recomenda-se que, antes de qualquer trabalho, o redator técnico se dedique a uma leitura cuidadosa nos requisitos da **NR-12**.

Logo, antes de iniciar qualquer trabalho escrito, esse profissional **deve planejar** toda a sua sequência. Muitas vezes, com a experiência adquirida, o planejamento pode se tornar mais "automático", porém essa fase não deve ser negligenciada, evitando comprometer a segurança que o documento técnico necessita e sem comprometer a sua qualidade.

FIGURA 8.3 – EXEMPLO DE INSTRUÇÕES DE SEGURANÇA NA EMBALAGEM (INFORMAÇÕES PARA USO) (FIGURA ILUSTRATIVA)

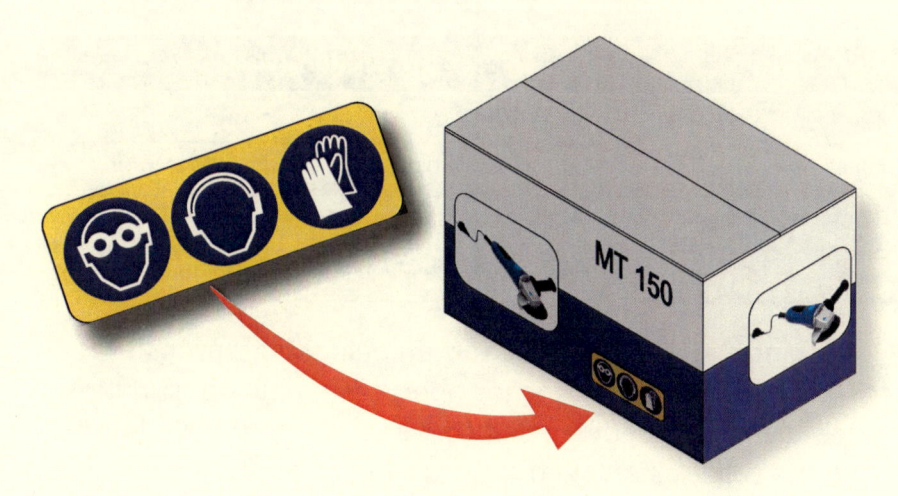

Fonte: autor

8.2 O PLANEJAMENTO PRELIMINAR

A fase de planejamento é essencial, pois é o guia pelo qual o profissional deve trilhar, seguir até o final do serviço.

8.2.1 Introdução

Nesse momento, o redator técnico precisa definir quais são os **grupos-alvos** que irão ter acesso a essa **documentação técnica**.

Convém observar que um manual de instruções **não precisa ser composto de um único conjunto**, necessariamente, isto é, de um volume apenas. O manual pode ser constituído de dois ou mais volumes, em que cada volume é destinado a **grupos-alvos** distintos. Por exemplo:

Tipo	Grupo-Alvo
Manual de Instalação	Instaladores
Manual de Operação	Operadores e profissionais de manutenção
Manual de Manutenção	Profissionais de Manutenção
Catálogo de Peças	Profissionais de Manutenção e Compradores

Quando houver mais de um manual, de assuntos específicos (instalação, manutenção, operação etc.) e destinados a **grupos-alvos**, também específicos, cada volume deve identificar na sua capa, os respectivos usuários (ver 8.3.2.1 deste guia de redação).

Esse planejamento preliminar da quantidade de volumes é importante, pois definirá posteriormente toda a estruturação da coletânea do documentação técnico (ver 8.3.2 deste guia de redação).

Geralmente, em máquinas de grandes dimensões, de alta complexidade, com vários sistemas distintos (elétrico, comandos de segurança, pneumático, hidráulico etc.) e várias pessoas envolvidas nas suas operações, a quantidade de informações passa ser extensa. Nesse caso, é fortemente recomendado dividir essa quantidade de informações de acordo com o **grupo-alvo** específico.

Uma das principais razões está na dificuldade de manusear manual de instruções com muitas páginas.

Por exemplo: um operador de uma máquina grande e complexa, apenas necessita das informações relevantes à sua tarefa, ou seja, como operá-la e mantê-la periodicamente (limpeza, lubrificação etc.), envolvendo tudo que é de sua responsabilidade. Outras informações, como as de manutenção preventiva e corretiva, entre outras, não são importantes e necessárias, pois não pertencem ao seu **grupo-alvo**. Logo, basta essas informações relevantes referentes à sua função ficarem contidas num único volume e exclusivo.

Outras informações específicas, como diagramas elétricos, pneumáticos, catálogo de peças, entre outras informações não necessárias, devem ser destinados aos respectivos **grupos-alvos** diretamente, como o pessoal de manutenção.

Uma razão factível: se ocorrer a perda desse manual volumoso, todos os **grupos-alvos** ficarão sem informações e isso é temerário. Logo, é melhor separar em partes, conforme já discutido.

Concluindo: o redator técnico precisa definir, nesse momento, se dividirá ou não essa documentação técnica em volumes distintos, em função das características da máquina e dos **grupos-alvos** envolvidos.

Todas essas considerações podem e devem ser lidas na Seção 4 da norma **ABNT NBR 16746:2019**. Como complemento, também deve observar a subseção 6.2 da **IEC/IEEE 82079-1:2019**.

UM BOM PLANEJAMENTO ECONOMIZA TEMPO!

8.2.2 Levantamento (COLETA) de informações:

Quando convocado para esse tipo de serviço, o redator técnico deve ir até o local e conhecer a máquina ou equipamento que irá descrever. **Não há como escrever tecnicamente um produto sem o conhecer!**

Em primeiro lugar, deve munir-se de equipamentos para registrar as informações, tais como uso de uma boa máquina fotográfica.

Não é recomendado utilizar celulares para essa finalidade, mas uma máquina fotográfica adequada, com recursos de ajustes dos parâmetros fotográficos (abertura do diafragma, velocidade de disparo, ISO, entre outros) para obter uma fotográfica em alta definição. As fotos devem ser de **alta resolução**.

É RECOMENDADO ACONSELHAR-SE COM UM BOM FOTÓGRAFO!

Outros recursos são os desenhos, de preferência em CAD, modelados em 3D e todas as outras informações relevantes e disponíveis, como catálogos e manuais de concorrentes, a fim de permitir um melhor conhecimento do produto.

De frente ao produto, o profissional deve conhecer em detalhe todo o funcionamento a máquina ou do equipamento. Para tanto, recomenda-se anotar o maior número de informações necessárias, para serem utilizadas nos Capítulos do manual de instruções (ver 6.4.5.1 da **ABNT NBR ISO 12100:2013**).

Com auxílio do operador capacitado do produto, se possível, colocá-la em funcionamento. Observar e executar todas das funções disponíveis da máquina. Havendo a possibilidade, gravar um vídeo pois isso auxiliará posteriormente.

Com a máquina ou o equipamento limpos e sem objetos sobre eles, se possível, obter o maior número de fotos, em alta resolução (HD), para futuras ilustrações.

Fotografar o produto nos mais diversos enquadramentos, colocando-o nas configurações possíveis de uso. Se houver acessórios, é preciso fotografá-los acoplados à máquina ou ao equipamento. Fotos com detalhes de montagem e instalação ("passo a passo") devem ser obtidas (ver outras recomendações em 8.3.3.2).

Um bom conselho ao redator com pouca experiência neste tipo de trabalho é observar os manuais de máquinas similares.

8.2.3 Layout do documento técnico

O DOCUMENTO TÉCNICO DEVE REFLETIR A IMAGEM DO FABRICANTE DO PRODUTO.

De início, é necessário definir a identidade visual do documento, composto pelo desenvolvimento do *layout* da página ou das páginas, denominadas de **páginas mestres**, que representam o "papel timbrado" eletrônico no qual o texto será redigido.

8.2.3.1 Formato do papel

A primeira definição trata-se do formato a ser impresso o manual de instruções. Esses formatos podem ser padronizados como o **A5, A4, carta, ofício** ou personalizados. Formatos personalizados acabam ser custosos, podendo requerer o uso de serviços externos de gráficas.

Formatos maiores que o **A3** <u>não são recomendados.</u> Eles dificultam o manuseio do documento, são custosos, difíceis de imprimir e de arquivamento físico. Esses formatos podem ser utilizados para diagramas elétricos, por exemplo.

Os formatos padronizados das séries **A** e **B** são definidos na **ABNT NBR NM ISO 216:2012**, *Papel para escrever e determinados tipos de impressos – Formatos acabados – Série A e B e indicação de direção de fabricação*.

A Tabela 8.1, a seguir, indica os formatos padronizados de mercado.

FIGURA 8.1 – FORMATOS PADRONIZADOS

Formatos padronizados	Dimensões (mm)
A0	1189 x 841
A1	841 x 594
A2	594 x 420
A3	420 x 297
A4	297 x 210
A5	210 x 148
A6	148 x 105
A7	105 x 74
B3	500 x 353
B4	353 x 250
B5	250 x 176
Carta (US)	279 x 215
Legal (US)	355 x 215
Tablóide	431 x 279
Jornal (área útil)	530 x 330

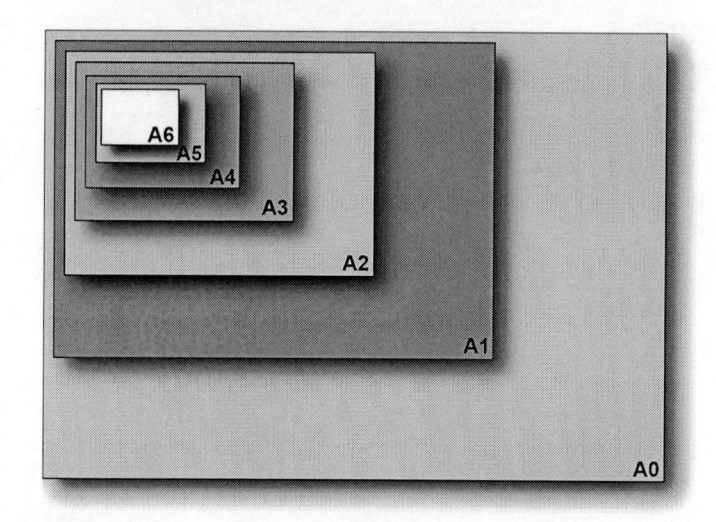

Fonte: autor

8.2.3.2 A Arte das páginas mestres

A segunda definição necessária é criação da arte das **páginas mestres**. Essa definição é importante , pois nelas estão contidas (marcadas) as informações como data e versão da revisão, modelo da máquina, logotipo da empresa, entre outras (ver Figuras 8.4 e 8.5).

Alem disso, é nesse momento que se deve definir as margens, as quais limitam o texto na página. Essas margens possuem medidas (superior, direita, esquerda, inferior, e outras), as quais devem ser introduzidas no editor de texto (*software*) a ser utilizado (*Word*, *InDesign* ou *Framemaker*).

Essas dimensões (medidas) precisam ser definidas com cuidado, pois podem prejudicar a impressão e a estética do documento. Recomenda-se fazer testes de impressão aplicando um texto qualquer e verificar se está harmônica a impressão do documento (ver Figura 8.4).

Durante a criação, observar que as **páginas mestres** devem ser <u>espelhadas</u>, pois representam as páginas ímpares e pares. **Não se esquecer de numerar as páginas!**

As margens que receberam a encadernação (furação do espiral, por exemplo) necessitam de uma dimensão adequada para que não interfiram com o texto (ver Figura 8.5).

FIGURA 8.4 – Exemplo de *Layout* de uma Página Mestre

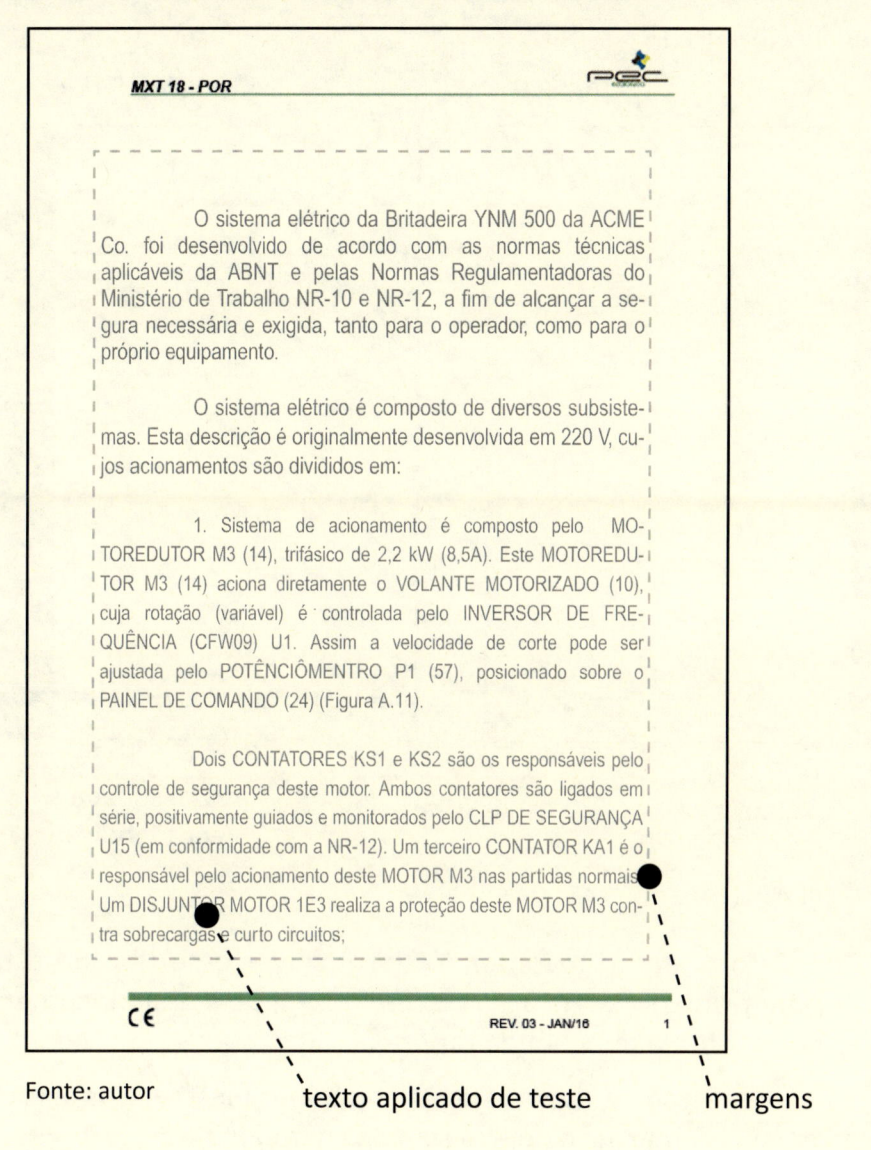

Fonte: autor — texto aplicado de teste — margens

FIGURA 8.5 – EXEMPLO DE *LAYOUT* PÁGINAS MESTRES (ESPELHADAS)

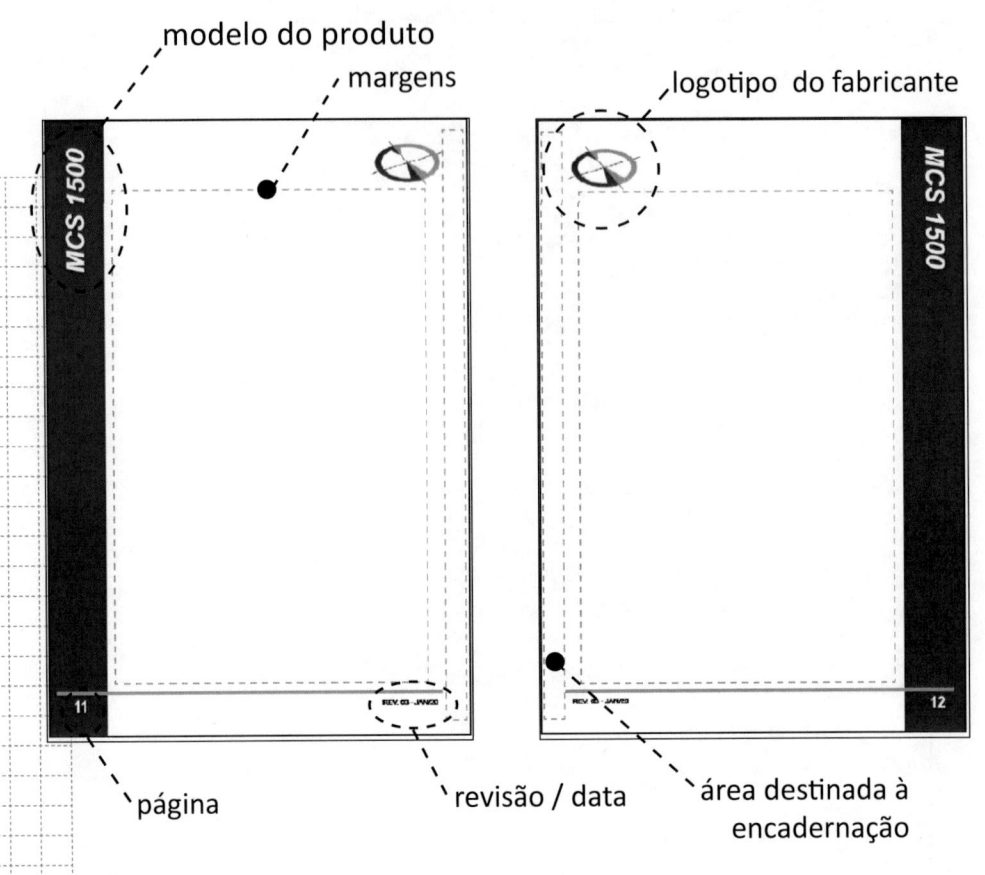

- modelo do produto
- margens
- logotipo do fabricante
- página
- revisão / data
- área destinada à encadernação

Fonte: autor

É fortemente recomendo desenvolver esse tipo de arte por um profissional da área de *marketing*, pois esse documento representa a imagem da empresa.

Nessa fase de *layout*, a capa, as **páginas mestres** e os anexos do documento técnico devem ser considerados.

8.2.4 Legibilidade do texto

Recomenda-se criar a **página mestre** sobre o fundo **branco**, pois a impressão do documento técnico, provavelmente será em papel branco.

A escolha das características das fontes (caracteres ou letras) a serem empregadas em documentos técnicos, como nos manuais, devem ser claros e maiores quanto possíveis. Isto é, para **garantir a melhor legibilidade possível para todos grupos-alvos**, que podem ser pessoas idosas ou usuários que possuem dificuldades visuais.

É importante frisar que uma boa condição de legibilidade é alcançada quando se otimiza a relação entre:

   a. o tipo de fonte;

   b. tamanho de fonte;

   c. número de caracteres por linha;

   d. o espaçamento entre linhas.

Ao definir essas condições, o redator técnico deve tomar todas as providências para evitar a perda da legibilidade do texto.

Uma causa de perda de legibilidade é a "saturação" do texto. Isso ocorre quando se utiliza de frases longas ou parágrafos em negrito, sublinhados, digitados em fontes maiúsculas (caixa alta) ou em itálico para enfatizar ou destacar certos elementos.

Também a prática mostra que textos em que as fontes possuem tamanhos inferior a 10 pt (pontos), a legibilidade fica reduzida pelo baixo contraste (ver definição de **pt** em 8.2.4.2).

Logo, quando um projeto de elaboração de manual de instruções for criado e for definido o formato da papel (A5, A4, carta ou ofício, por exemplo), o redator técnico deve imprimir um texto nesse no formato escolhido para avaliar a legibilidade do texto, devido ao tamanho final da fonte (ver 8.2.3 e figura 8.4).

OBSERVAÇÃO!:

Observar o meio da impressão, quando o projeto de elaboração do manual de instruções exigir formato padronizado **A5**.

O problema ocorre quando o texto é formatado no formato **A4** (297 x 210 mm).

Se for decidido imprimi-lo no formato **A5** (210 x 148,5 mm), surge um problema.

Muitas impressoras têm a função no seu menu o modo livreto (ou *booklet*). Isso é interessante e facilitador. Ao ser utilizado esse modo de impressão, reduzirá o tamanho das fontes proporcionalmente, criando um problema de legibilidade se as mesmas ficarem abaixo de 10 pt.

SOLUÇÃO:

a) Criar as páginas mestres em **A5** e redigir o texto dentro das margens estabelecidas para esse formato, com fontes de tamanhos adequadas. Observar a formatação desse guia de redação; ou ▶

▶ b) Criar as páginas mestres em **A4**, mas redigir o texto com fontes de tamanhos suficientes "altas", para que, durante a impressão no modo livreto na impressora, não haja perda de legibilidade, maiores que 10pt.

8.2.4.1 Escolha das fontes

A escolha das fontes (tipos) é uma tarefa difícil para o redator técnico que inicia um projeto de elaboração de um manual de instruções. Há uma infinidade de opções na *internet*, as quais podem ser obtidas sem custo e rapidamente[55]. No entanto, algumas recomendações devem ser observadas.

Se o redator técnico não tiver um padrão ou uma identidade visual definida, recomenda-se utilizar fontes como Arial, Calibri, Futura, Helvética, padrões e comuns no *Microsoft Word*.

Essas fontes praticamente estão instaladas em quase todos os computadores. Quando houver necessidade de revisões futuras do documento técnico, por outro profissional, em outro computador, não haverá conflito de fontes, evitando transtornos desse tipo.

A, a, B, b, C, c, D, d, E, e, F, f, G, g, 1, 2, 3, 4, 5 → Arial

A, a, B, b, C, c, D, d, E, e, F, f, G, g, 1, 2, 3, 4, 5 → Calibri

A, a B, b, C, c, D, d, E, e, F ƒ, G, g, 1, 2, 3, 4, 5 → Helvetica Neue LT Pro

A, a, B, b, C, c, D, d, E, e, F, f, G, g, 1, 2, 3, 4, 5 → Times New Roman

A, a, B, b, C, c, D, d, E, e, F, f, G, g, 1, 2, 3, 4, 5 →Franklin Gothic Demi

A, a, B, b, C, c, D, d, E, e, F, f , G, g, 1, 2, 3 , 4, 5 → Comic Sans MS

---

55 VISITAR website especializado em fontes: https://br.maisfontes.com/.

Recomenda-se **não utilizar fontes serifadas**.

Há vários motivos e discussões quanto ao uso de fontes **serifadas**. Na própria *internet* surgem várias opiniões de designers e de profissionais da área de marketing esclarecendo sobre esse assunto. Todavia, deve-se entender bem essas argumentações para uma devida e boa escolha da(s) fontes(s) a ser(em) escolhida(s).

Uma das argumentações é que uma fonte serifada diminui a legibilidade, apesar de ser mais facilmente perceptiva em textos impressos. Enquanto isso, as não serifadas são mais suaves, leves, favorecendo maior clareza no texto, principalmente em telas de computadores. Essa discussão deve ser analisada conforme a conveniência de cada trabalho a ser desenvolvido.

A *serif*

A *sans-serif*

DEFINIÇÃO:

As fontes serifadas possuem serifas, sendo pequenos traços e prolongamentos que ocorrem no fim das hastes das letras (A, B, C, ...). As fontes sem serifas são conhecidas como *sans-serif* (do francês "sem serifa").

A seguir, pode-se observar um mesmo texto escrito em ambos os tipos de fontes. Nota-se que um texto técnico redigido em uma fonte *san-serif* apresenta uma melhor clareza. Todavia, cabe ao redator técnico e à sua empresa, decidir qual melhor fonte a ser utilizada.

Portanto, qualquer uso da **MT-100** NÃO previsto neste documento, será considerado como PERIGO SIGNIFICATIVO ou RELEVANTE (**ABNT NBR ISO 12100:2013**) NÃO identificado pela **EN 12717:2009** ou por qualquer apreciação de risco prévia, ficando o proprietário da máquina sob total responsabilidade, civil e criminal, por qualquer tipo de dano sobre pessoas e objetos, isentando a **MANUALTECH** de qualquer responsabilidade.

CALIBRI *(san serif)* – fonte 12 pt , espaçamento 14,4 pt

Portanto, qualquer uso da **MT-100** NÃO previsto neste documento, será considerado como PERIGO SIGNIFICATIVO ou RELEVANTE (**ABNT NBR ISO 12100:2013**) NÃO identificado pela **EN 12717:2009** ou por qualquer apreciação de risco prévia, ficando o proprietário da máquina sob total responsabilidade, civil e criminal, por qualquer tipo de dano sobre pessoas e objetos, isentando a **MANUALTECH** de qualquer responsabilidade.

CENTURY 751 Nº2 BT – fonte 11 pt , espaçamento 13,2 pt

Outra observação relevante é o uso de fontes semelhantes à **COMIC SANS MS**. Esse formato de fonte possui uma história própria de criação. Criada pela *Microsoft* nos anos 90, ela é motivos de controvérsias entre designers e profissionais da área de marketing, que possuem diversas críticas quanto ao seu uso indiscriminado e popular.

No entanto, a prática recomenda o não uso dessa fonte e suas derivações e outras semelhantes. As razões são óbvias: um texto técnico deve ser impessoal e demonstrar um conteúdo puramente técnico, claro e compreensível ao seu **grupo-alvo**.

Em textos pessoais, de curtas mensagens, talvez o **COMIC SANS MS** seja admissível, apresentável e interessante. Fora desse contexto, o uso de fontes com características "lúdicas" deve ser descartado e evitado.

> **Portanto, qualquer uso da MT-100 NÃO previsto neste documento, será considerado como PERIGO SIGNIFICATIVO ou RELEVANTE (ABNT NBR ISO 12100:2013) NÃO identificado pela EN 12717:2009 ou por qualquer apreciação de risco prévia, ficando o proprietário da máquina sob total responsabilidade, civil e criminal, por qualquer tipo de dano sobre pessoas e objetos, isentando a MANUALTECH de qualquer responsabilidade.**
>
> **FRANKLIN GOTHIC DEMI** – fonte 11 pt , espaçamento 13,2 pt

Convém ressaltar novamente quanto ao uso excessivo em textos longos com fontes **negritadas** (*bold*). São exemplos a **Franklin Gothic Demi** ou **Arial Rounded MT Bold.** O uso contínuo desse formato de fonte torna o texto saturado e denso. Recomenda-se apenas servir de realce de pontos relevantes e importantes do texto, por exemplo, para designar o nome do Capítulo, subseções etc.

8.2.4.2 Tamanho da fonte

A Tabela 8.2, a seguir, reproduz as recomendações normativas de tamanhos mínimos de fontes e de símbolos gráficos em função do seu uso, apresentadas no **ANEXO A** da **ABNT NBR 16746:2019**, em concordância com as normas **ISO 20607:2019** e **IEC/IEEE 82079-1:2019**.

OBSESRVAÇÃO:

O termo "ponto" (abreviado aqui como "pt") é uma unidade de medida para tamanho e espaçamento de fontes. Existem vários tipos de normas. Entretanto, o "ponto DTP" é adotado na **IEC/IEEE 82079-1** que é de 0,353 mm ou 1/72 polegadas.[56]

---

56 VER A NOTA da Tabela 4 subseção 9.10.1 da IEC/IEEE 82079-1:2019

Tabela 8.2 – Dimensões Mínimas de Fontes e Símbolos Gráficos

Tamanho do documento do produto/ instrução	Localização e função da Instrução	Texto escuro em alto contraste sobre fundo claro	Cores de baixo contraste ou branco sobre preto	Conjunto de caracteres complexos (por exemplo, Kanji)	Outras observações	Símbolos gráficos incluindo símbolos de segurança	
						Símbolos gerais	Símbolos de segurança
Instruções de uso vistas a uma distância de até 1 m de produtos armazenados no chão	Marcações críticas no produto	14 pt negrito **BEFPR 68.39l, 0 QGOC aeocld**	16 pt negrito **BEFPR 6.83l, 0_ QGOC aeocld**		Considerar o uso de fontes de impressão grandes especialmente desenvolvidas para auxiliar as pessoas com deficiências visuais a ler sinais e rótulos de 30 cm a 100 cm	Conforme requerido por normas/regulamentos. Caso contrário, de acordo com a distância de visão a partir da qual a atenção precisa ser atraída ou o símbolo precisa ser reconhecido. Menos de 15 mm de altura improvável que seja suficiente para marcações críticas no produto.	
	texto	14 pt	16 pt				
Manuais, folhetos simples e produtos de mesa	Marcações críticas no produto	14 pt negrito **BEFPR 68.39l, 0 QGOC aeocld**					
	Títulos, frases de advertência, números decimais	12 pt BEFPR 68.39l, 0 QGOC aeocld			Fontes Serif podem ser utilizadas.	Altura mínima de 5 mm (ou 14 pt) ☺	Altura mínima de 10 mm ⊘
	texto contínuo	10 pt	12 pt			NÃO utilizar símbolos gráficos em texto contínuo	
Produtos manuais & folhas de instruções multidobráveis	Marcações críticas no produto	12 pt		9 pt com espaçamento entre linhas de 150 % 電気 規格	Utilizar somente fontes Sans Serif neste nível e abaixo.	Altura mínima de 5 mm	Altura mínima de 10 mm
	Títulos, frases de advertência, números decimais	10 pt BEFPR 68.39l, 0 QGOC aeocld	12 pt BEFPR 68.39l, 0 QGOC_ aeocld_			Preferido 5 mm mínimo; 4 mm/12 pt se for muito simples	Altura mínima de 10 mm, exceto*: ⚠
	texto contínuo	9 pt BEFPR 68.39l, 0 QGOC aeocld			ELETRÔNICA, ÁUDIO OU MÍDIA IMPRESSA GRANDE DEVE ESTAR DISPONÍVEL SOB DEMANDA (por exemplo, no sie de *internet* ou ponto de venda)	NÃO utilizar símbolos gráficos em texto contínuo	
Produtos e embalagens muito pequenos (por exemplo, superfície para impressão < 10 cm²)	Marcações, títulos, frases de advertência, números decimais	8 pt BEFPR 68.39l, 0 QGOC aeocld	Não recomendado para texto menor que 12 pt	8 pt com espaçamento entre linhas de 120 % 電気 規格		Preferido 5 mm mínimo; 3 mm se for muito simples ☺	Altura mínima de 10 mm*
	texto contínuo	6 pt BEFPR 68.39l, 0 QGOC aeocld				NÃO utilizar símbolos gráficos em texto contínuo	

* Exceto o símbolo de advertência geral (ISO 7010-W001) que acompanha a advertência do texto, que pode ser no mínimo de 5 mm como uma marcação e no mínimo de 3 mm em títulos do texto.

8.2.4.3 Número de Caracteres por linha

O número de caracteres por linha é um fator que deve ser considerado pelo redator técnico durante a formatação do texto. Esse fator implica diretamente na legibilidade do texto.

Muitas vezes, durante a formatação do texto, surgem casos de pedaços pequenos do parágrafo (**linha viúva**) ficarem soltas na última linha. Isso obriga a condensar o texto para caber numa linha. Por uma questão estética, e quando possível, o parágrafo pode ser condensado para que caiba tudo na mesma linha (ver a Figura 8.6).

> **DEFINIÇÃO:**
>
> Linha viúva é a última linha de um parágrafo que é impressa sozinha na parte superior da próxima página.

Para que haja uma harmonia estética, sem prejudicar a legibilidade, a nota da subseção 9.10.1 da **IEC/IEEE 82079-1:2019** recomenda que haja <u>**70 caracteres latinos por linha**</u>.

Figura 8.6 – Exemplo de Condensamento do texto (aumento do número de caracteres por linha)

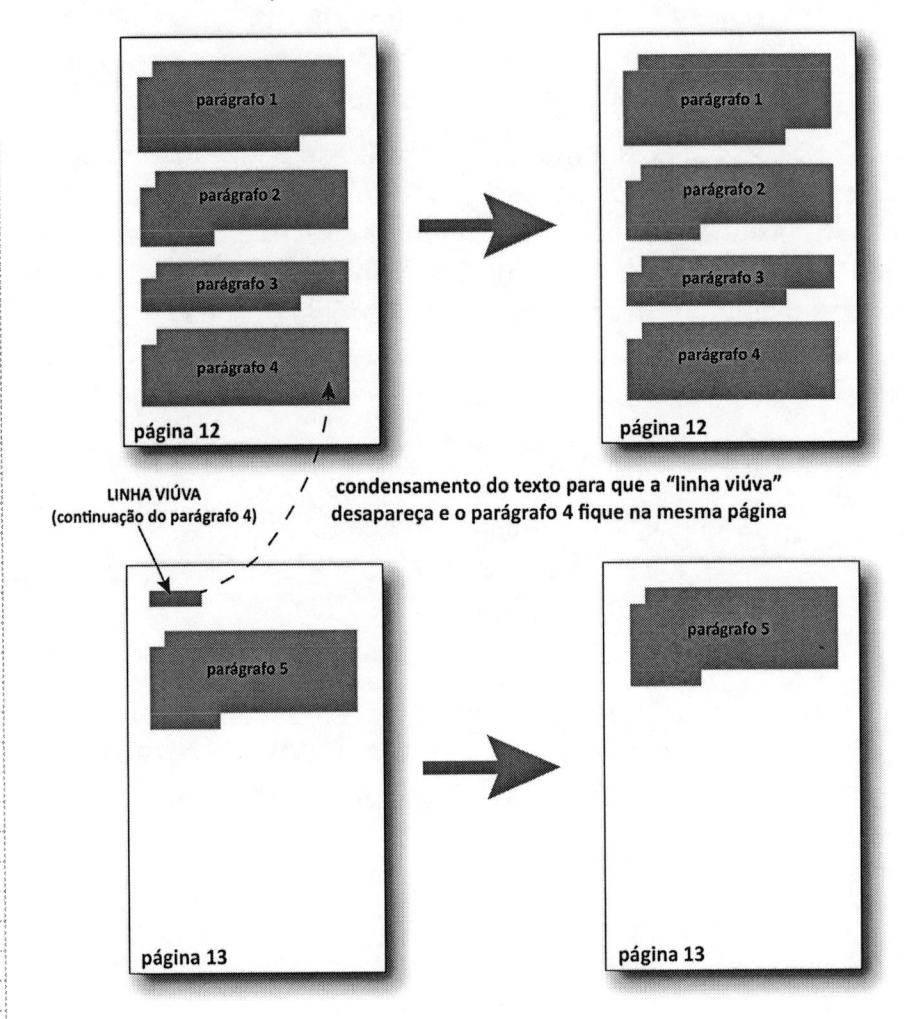

LINHA VIÚVA (continuação do parágrafo 4)

condensamento do texto para que a "linha viúva" desapareça e o parágrafo 4 fique na mesma página

Fonte: autor

Define-se como **caractere latino** as letras utilizadas em nosso idioma português, podendo ser maiúscula (caixa alta) ou minúscula (caixa baixa), e são em número de 26 caracteres. O alfabeto latino está de acordo com o padrão **ISO**, codificado na **ISO / IEC 646**.

CARACTERES MAIÚSCULOS *(CAIXA ALTA):*
A, B, C, D, E, F, G, H, I, J, K, L, M, N, O, P, Q, R, S, T, U, V, W, X, Y, Z

CARACTERES MINÚSCULOS *(CAIXA BAIXA):*
a, b, c, d, e, f, g, h, i, j, k, l, m, n, o, p, q, r, s, t, u, v, w, x, y, z

A seguir, há um exemplo sobre como o número de caracteres por linha pode prejudicar a legibilidade de um texto.

Logo, quando houver necessidade de condensar um texto, o redator precisa ficar atento para que o texto seja legível.

> A MT-100 não apresenta fontes de calor que possam interferir nas condições ambientais e gerar riscos ao operador. Cabe ao SESMT do usuário verificar as condições ambientais onde esse equipamento está instalado, verificando os requisitos do anexo n° 3 da NR-15.
> **(normal – espaçamento do Word)**
>
> A MT-100 não apresenta fontes de calor que possam interferir nas condições ambientais e gerar riscos ao operador. Cabe ao SESMT do usuário verificar as condições ambientais onde este equipamento está instalado, verificando os requisitos do anexo n° 3 da NR-15.
> **(condensado 2 pt – espaçamento do Word)**
>
> A MT-100 não apresenta fontes de calor que possam interferir nas condições ambientais e gerar riscos ao operador. Cabe ao SESMT do usuário verificar as condições ambientais onde este equipamento está instalado, verificando os requisitos do anexo n° 3 da NR-15.
> **(condensado 4 pt – espaçamento do Word)**

8.2.4.4 Espaçamento entre linhas

A **IEC/IEEE 82079-1:2019** recomenda que o espaçamento mínimo entre linha seja de 120% do tamanho da fonte em caracteres latinos adotado no texto. Exemplos de espaçamento:

O espaçamento entre linhas deve ser observado, pois ele, ao longo de um texto, pode aumentar o número de páginas. Por outro lado, o espaçamento pode ser conveniente, pois aumenta a legibilidade do texto.

> A **MT-100** não apresenta fontes de calor que possam interferir nas condições ambientais e gerar riscos ao operador. Cabe ao SESMT do usuário, verificar as condições ambientais onde este equipamento está instalado, verificando os requisitos do anexo nº 3 da NR-15.
>
> (fonte: Calibri, tamanho fonte: 12, espaçamento entre linhas: **120%**)
>
> A **MT-100** não apresenta fontes de calor que possam interferir nas condições ambientais e gerar riscos ao operador. Cabe ao SESMT do usuário, verificar as condições ambientais onde este equipamento está instalado, verificando os requisitos do anexo nº 3 da NR-15.
>
> (fonte: Calibri, tamanho fonte: 12, espaçamento entre linhas: **150%**)

8.2.5 Tamanhos dos símbolos gráficos

Os símbolos gráficos[57] ou sinais de advertência adotados nos manuais devem ser claros e maiores quanto possíveis para uma melhor legibilidade no texto. Isso se aplica aos documentos impressos e os de informações computadorizadas, sempre observando-se o **grupo-alvo** que se pretende atingir.

Os tamanhos mínimos recomendados dos símbolos gráficos estão listados na Tabela 8.2. e no **ANEXO A** da **ABNT NBR 16746:2019** (ver APÊNDICE A.2).

---

57 VER ABNT NBR ISO 3864-1 e ISO 3864-2.

Fonte: autor, a partir da ISO 3864-2

8.2.6 Estilo

Todo documento técnico é composto de partes, podendo ser títulos, Capítulos, Seções, subseções e outras divisões, como a ser discutido na subseção 8.2.6, a seguir.[58]

O nome dessas partes deve ser destacado em relação ao texto que está sendo redigido. A forma e a escolha da fonte são importantes para realçar o começo de um novo assunto. Exemplos:

Para o Título:

MANUAL DE INSTRUÇÕES MODELO MT-100
fonte: Arial, Negrito, Itálico, Caixa Alta
Tamanho: 14
Cor: vermelha

---

58 VER ABNT NBR 14724:2011, Informação e documentação – Trabalhos acadêmicos – Apresentação , utilizar apenas como uma referência.

Para o Capítulo:

1. DESCRIÇÃO GERAL DA MÁQUINA
fonte: Calibri, Negrito, Caixa Alta, Sublinhada
Tamanho: 16
Cor: azul

Para a Seção:

1.1 Conjunto da Ventilação
fonte: Arial Rounded MT Bold, Negrito, Itálico
Tamanho: 18
Cor: preta

Para a Subseção:

2.1.4 Procedimento de troca da correia
fonte: Comic Sans MS, Negrito, Sublinhada
Tamanho: 14
Cor: verde

    Essa definição é importante nessa fase de planejamento, pois esses estilos podem ser programados nos aplicativos de edição e formatação de textos, como *Microsoft Word*, *Adobe InDesign*, entre outros.

    A grande vantagem em se ter os estilos definidos está no ganho de tempo durante a formatação do texto e na geração do sumário.

8.3 PLANEJAMENTO DA REDAÇÃO TÉCNICA

8.3.1 Introdução

Em função das informações obtidas na subseção 8.2, o redator técnico deve planejar a sequência do texto.

Antes de iniciar qualquer trabalho, o redator técnico deve ler e entender, obrigatoriamente:

- 12.13.1 a 12.13.5 e suas partes da **NR-12**;
- a **ABNT NBR 16746:2019**;
- a subseção 6.4.5.1 da **ABNT NBR ISO 12100:2013**, para uma melhor orientação.

> **OBSERVAÇÃO:**
>
> Mesmo havendo normas que tratam especificamente de princípios gerais de elaboração de manuais de instruções, como a **ABNT NBR 16746:2019** ou a ISO 20607:2019, outras normas trazem recomendações específicas e complementares que devem ser utilizadas.
>
> Essas recomendações, geralmente, são chamadas nas Seções 6 ou 7 das normas **Tipo C** (como Informações para o Uso). Quando o redator técnico estiver redigindo sobre uma máquina que possui norma específica do **Tipo C**, ele deve verificar os requisitos aplicáveis dessa norma, que devem ser cumpridos e constar no documento que está sendo elaborado. ▶

▶A Seção 17 da **ABNT NBR IEC 60204-1:2020**, *Segurança de máquinas — Equipamentos elétricos de máquinas – Parte 1: Requisitos gerais* (Documentação Técnica) também prescreve uma série de informações quanto a segurança elétrica que devem constar nos manuais de instruções.

Ver Capítulo 3 deste Guia de Redação sobre os requisitos da **NR-12** e as relações com manuais.

8.3.2 Estruturação do manual de instruções

A primeira providência que o redator técnico precisa realizar é definir a estruturação do manual de instruções. Para tanto, ele deve descrever e definir os Capítulos e seus respectivos conteúdos, para que possa se orientar durante o progresso do seu trabalho.

A Seção 5 da **ABNT NBR 16746:2019** traz as recomendações normativas para essa definição. É uma sequência de informações essenciais, relevantes e estruturadas, que levam em conta a maioria dos **grupos-alvos**.

Nesse sentido, essas recomendações servem como um bom modelo e guia, dando ao redator técnico liberdade para definir a sua própria estruturação do manual de instruções que está redigindo.

O Quadro 8.3 tem como referência a tabela 1 da **ABNT NBR 16746:2019**. Ela não é exaustiva, mas propõe uma estruturação que contempla a maioria das situações necessárias ao longo da vida da máquina ou do equipamento, composta das páginas iniciais, Capítulos ou Seções.

Independentemente da estruturação sugerida ou recomendada, é importante que os Capítulos, com seus respectivos conteúdos, sigam uma lógica. Deve-se separar os assuntos de forma distinta e lógica, tendo em foco a linha cronológica da vida da máquina, desde a saída da fábrica até o seu final pelo descarte ou desmontagem definitiva.

Portanto é importante não misturar, por exemplo, a descrição do produto com o procedimento de emergência, ou as recomendações de segurança gerais com o procedimento de instalação. Cada assunto deve ser tratado em Capítulos próprios. **A coerência é fundamental.**

Acrescentando, outra fonte que pode ser seguida encontra-se em **6.4.5.1** da **ABNT NBR ISO 12100**. Lá, é possível observar as recomendações do conteúdo necessário para compor os Capítulos de um Manual de Instruções.

QUADRO 8.3 – EXEMPLO DE CONTEÚDO PARA UM MANUAL DE INSTRUÇÕES

Conteúdo	Referência
Introdução	[VER 8.4.3.1]
Segurança	[VER 8.4.3.2]
Descrição ou Visão geral da máquina	[VER 8.4.3.3]
Transporte, manuseio e armazenagem	[VER 8.4.3.4]
Instalação	[VER 8.4.3.5]
Ajuste original de fábrica do equipamento	[VER 8.4.3.6]
Operação	[VER 8.4.3.7]
Manutenção	[VER 8.4.3.8]
Sist. Elétrico, Pneumático, Hidráulico e Vácuo	[VER 8.4.3.9]
Catálogo de Peças de Reposição	[VER 8.4.3.10]

Conteúdo	Referência
Termos e Condições de Garantia	[VER 8.4.3.11]
Referências Normativas	[VER 8.4.3.12]
Glossário	[VER 8.4.3.13]
Índice remissivo	[VER 8.4.3.14]
Apêndices e Anexos	[VER 8.4.3.15]

Fonte: autor

8.3.3 Outras considerações para fase de planejamento:

Além da Estruturação do Manual de Instruções o redator técnico deve tomar cuidado como outros aspecto relevantes quando for redigir o seu documento.

8.3.3.1 Escolha do idioma

A redação de um textos técnicos requer atenção quanto ao idioma que está sendo redigido. Se a redação for feita em **português**, deve-se procurar auxílio de pessoas qualificadas com conhecimento para evitar erros gramaticais ou de ortografia e utilizar sempre de dicionários.

Recomenda-se:

- Durante a redação do texto, quando surgirem palavras escritas em outro idioma e não for possível a sua tradução, colocá-las entre parênteses e em itálico de preferência. Por exemplo: "[...] o sistema '*RAM AIR*' instalado no motor da aeronave [...]".

Quando o texto for redigido em outro idioma, como o **inglês** ou **espanhol**, recomenda-se contratar um bom profissional em tradução, de preferência com proficiência no assunto, além de uso de bons dicionários (ver Capítulo 9).

8.3.3.2 Preparação para as ilustrações

As ilustrações enriquecem o texto e deixando-o mais claro e compreensível, mas devem fazer parte dessa fase do planejamento (ver 8.2.2).

Há várias formas de fazer uma ilustração. Pode ser por meio de **fotografias** ou por **desenhos**.

- Se forem **fotos**, fotografar todas as possíveis poses e ângulos da máquina ou do equipamento. Estas fotos precisam ser de **alta resolução**, pois facilita no processo de edição.

    Esse meio de ilustrar é interessante. A obtenção das fotos é rápida, mas há algumas desvantagens:

    1. necessidade de preparo da máquina ou do equipamento para serem fotografados; devem estar limpas, com pintura pronta e retocada, estar funcionando, com os acessórios disponíveis e/ou montados; se necessário, remover qualquer objeto (ferramenta, panos, e outros produtos) que não pertença e não seja condizente com a ilustração.

    2. longos períodos de trabalho de preparação das fotografias, pela utilização de *software* de editoração de imagens (*Adobe PhotoShop*).

    3. a fotografia não permite a ilustração de detalhes da máquina, em função de ser objeto real e não permitir a possibilidade de criar vistas expandidas de um conjunto.

- Se as ilustrações forem provenientes de desenhos de CAD, como do *SolidWorks* ou *AutoCAD*, elaborar imagens do produto indicando os detalhes que o texto está explicando.

Da mesma forma que as ilustrações por fotografias, esse meio apresenta vantagens e desvantagens. A maior vantagem é que consegue produzir imagens expandidas, eliminar partes para observar o interior da máquina.

Desvantagens:

1. necessidade de que o desenho esteja completo, com todos os detalhes (parafusos, porcas, em outros componentes), o que demanda tempo de preparação;
2. requer um profissional experiente dedicado para preparação dessas ilustrações;
3. requer um *software* exclusivo para esse tipo de serviço.

É no planejamento que todas essas ilustrações (fotos ou desenhos) devem ser definidas. Estas imagens são grandes companheiras durante a redação (Figuras 8.7 e 8.8).

FIGURA 8.7 – ILUSTRAÇÃO A PARTIR DE DESENHOS 3D
(FIGURA ILUSTRATIVA)

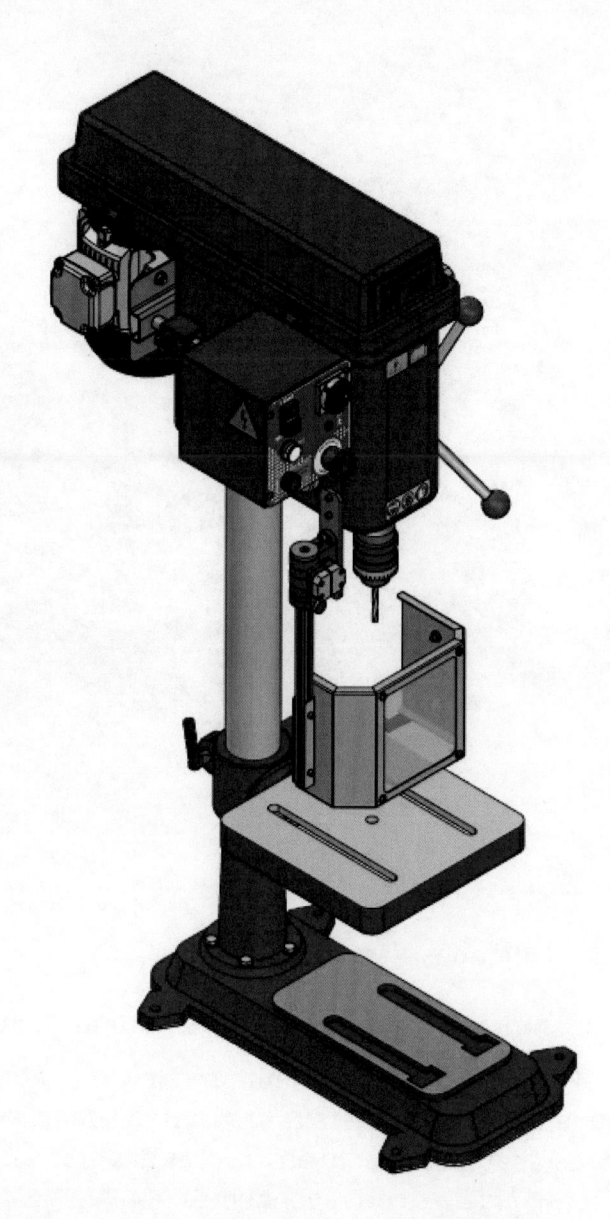

Fonte: autor

Figura 8.8 – Ilustração a partir de Fotografia
(figura ilustrativa)

Fonte: autor

8.3.3.3 Unidades a serem utilizadas

Sempre observar as unidades citadas no texto.

Esse assunto é pertinente e relevante. Por tratar-se de um documento técnico, de alta responsabilidade, o redator técnico deve estar atento quanto aos valores das grandezas, mas também em suas unidades correspondentes.

Pode ocorrer de um determinado valor de uma grandeza estar erroneamente descrita ou de o valor estar certo, mas a unidade ser outra. Erros assim podem gerar riscos, com consequências graves. Por exemplo:

Pressão máxima do sistema hidráulico:
Escrito no manual: 200 psi,
O correto é: 20,0 psi

Capacidade do cabo de aço para içamento da carga:
Escrito no manual: 45 N,
O correto é: 45 kgf (= 441,3 N)

Outro fato significante que demonstra conhecimento técnico é escrever a unidade de forma errada.

Utilizar unidades do Sistema Internacional (SI).

É necessário o redator técnico ter um bom conhecimento sobre esse assunto. Como referência, ele deve se basear na Portaria 590, de 02/12/13 do INMETRO[59], que traz o Quadro Geral de Unidades de Medidas adotados no Brasil, do SI.

Portaria INMETRO 590

OBSERVAR:

1. As unidades que devem ser escritas em letras maiúsculas somente quando for o nome do cientista que a deu. Por exemplo: **N** – Newton, **W** – Watt, **A**- Ampere, **J** – Joule, **K** – Kelvin etc.

---

59 (50) INMETRO. Portaria nº 590, de 02 de dezembro de 2013. 2013. Disponível em: http://www.inmetro.gov.br/legislacao/rtac/pdf/RTAC002050.pdf. Acesso em: maio 2020.

2. **Nunca escrever** a unidade (kg, m, s) do SI em "caixa alta" (maiúsculo). Não escrever M² (metro quadrado) dessa forma, pois é errado e demonstra desconhecimento técnico básico. O correto é **m²**;

3. A única unidade do SI, que pode ser escrita em maiúsculo é o litro, ou seja, **L**. Isso serve para evitar confusão dessa unidade com a letra i maiúscula (I);

4. Para que não haja confusão entre grama (g) e metro (m), adotou-se para os prefixos do SI como Giga (10^9) e Mega (10^6), os símbolos G e M (caixa alta) respectivamente. Outros prefixos também adotam símbolos em maiúsculo, como:

    Y – yotta – 10^{24};

    Z – zetta – 10^{21};

    E – Exa – 10^{18};

    P – peta – 10^{15};

    T – tera – 10^{12}.

5. Observar sempre o sistema adotado, como o Sistema Internacional (SI), imperial (ex. polegada, *psi, BTU* etc.) ou CGS (cm, g, s). Quando a grandeza for valorada em várias unidades dimensionais, fazer uma tabela de conversão. Isso auxilia o usuário e colocá-la na parte introdutória do manual (ver 8.3.1);

6. Nunca escrever o valor da grandeza numa linha e a sua unidade em outra. Ambos devem estar na mesma linha do texto.

    Por exemplo:

ERRADO:

.....m..................5......... ✗

CORRETO:

..........................5 m......... ✓

ou

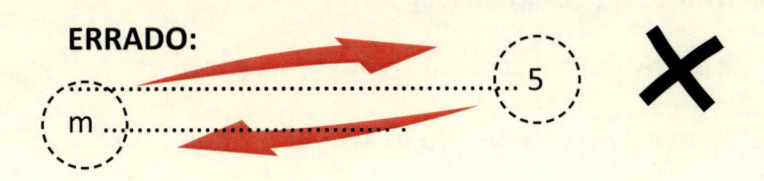

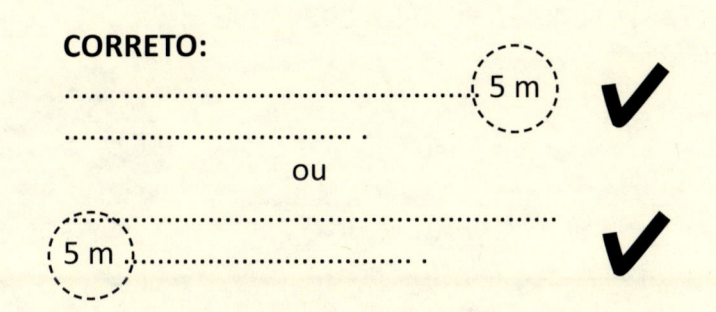

......5 m.......................... ✓

7. Deve haver um espaço entre o valor e a unidade:

$$5 \text{ m} \qquad 25 \text{ kgf}$$

espaço

8. A cada milhar do valor, deve haver um espaço. nunca adotar ponto ou ficar todos os algarismos juntos.

ERRADO: 1245 N ou 1.245 N
CORRETO: 1 245 N

Portanto, na dúvida, esclarecer em livros técnicos de engenharia ou na *internet*.

8.3.3.4 Meios de comunicação e mídia

Uma das perguntas mais recorrentes é:

"Posso entregar o Manual de Instruções em um CD?"

Como parte da resposta, pode-se citar a nota 1 subseção 17.1 da **ABNT NBR IEC 60204-1:2020**, que diz:

> A documentação algumas vezes é fornecida em papel, uma vez que **_não se pode presumir que o usuário tenha acesso aos meios de instruções de leitura fornecidas em formato eletrônico ou disponibilizadas em um site da Internet_**. Entretanto, muitas vezes, é útil que a documentação seja disponibilizada em formato eletrônico e na internet, bem como em papel, uma vez que isso permite ao usuário baixar o arquivo eletrônico se ele assim desejar e recuperar a documentação se a cópia em papel for perdida. Essa prática também facilita a atualização da documentação quando isso for necessário.

Essa posição da **ABNT NBR IEC 60204-1:2020** é clara, pois tudo depende do local e a possibilidade de acesso a mídia e quem é o **grupo-alvo**.

Cabe frisar que os meios de comunicação e mídia devem ser definidos de acordo com o ambiente e os tipos de **grupos-alvo** (incluindo crianças, usuários idosos e com deficiência).

É preciso assegurar aos **grupos-alvo** o acesso fácil e permanente de todas as informações necessárias e relevantes nas circunstâncias previsíveis, principalmente nas condições segurança e situações de emergências, ou seja, durante tudo o ciclo de vida da máquina ou do equipamento.

Portanto é fortemente recomendado uma versão impressa em papel. Meios eletrônicos (*PDF, internet*) não são recomendados. Deve haver um estudo criterioso sobre o assunto, sempre focado no grupo-alvo. Também deve ser verificado se não há restrições legais quanto ao uso desse tipo de mídia.

A Seção 7 – Formas de Publicação, da **ABNT NBR 16746:2019** aborda esse assunto e recomenda as possível formas de publicações a serem apresentadas.

A seguir, estão descritos exemplos de possíveis meios de **comunicação** e **mídia**:

- Meios de comunicação
1. Por símbolos gráficos;
2. Texto, vídeo ou áudio;
3. Uso do sistema braile para grupo-alvo com dificuldades visuais;
4. Manuais ou outros documentos impressos.
- Mídia
1. *Websites* do fabricante, com acesso pelo computador, celular ou *tablet* – uso de **QR CODE** (ver exemplo em 8.3.3.3) para acesso rápido de um *link*;

> **OBSERVAÇÃO:**
>
> Esta forma de mídia, por meio de **QR CODE** deve ser complementar a impressa, pois requer que o **grupo-alvo** possua um celular ou um *tablet* (custo). A impressa deve ser entregue ao usuário no momento da entrega da máquina.

2. Folhetos com texto e ilustrações;
3. Acesso aos arquivos hospedados em "nuvens" (*Dropbox*, *Mega* etc.) e disponibilizado ao **grupo-alvo**;
4. Manuais de instruções para usuários e pessoal de manutenção impresso em papel;
5. Acesso por meio do IHM da máquina, pois o operador é qualificado e capaz de acessar as informações por esse meio eletrônico.

8.3.3.5 Considerações Finais

A **ABNT NBR 16746:2019** traz na sua Seção 6 recomendações de linguagem, formulação e guia de estilo, que devem ser observadas pelo redator técnico.

Convém, antes de iniciar qualquer tipo de redação, que o redator técnico estude e observe todas essas recomendações normativas. Assim, evitará de correções posteriores do seu texto que será redigido.

Convém, também, estudar a subseção 6.4.5.2 da **ABNT NBR ISO 12100:2013,** que aborda considerações quanto à confecção de um manual de instruções.

Esse guia de redação trouxe, até aqui, todas as recomendações necessárias para redação de um bom texto para um manual de instruções.

A partir de agora, inicia-se a fase de redação, cuja atenção deve ser redobrada. É importante ter todas as referências normativas e regulamentadoras em mãos.

8.4   DA REDAÇÃO

8.4.1 Considerações Iniciais

Após a fase de planejamento pela coleta de dados, o redator técnico começa a escrever o seu texto, seguindo a orientação e distribuição feita na fase de planejamento.

A Seção 6 da **ABNT NBR 16746:2019** prescreve algumas recomendações importantes de como redigir textos claros nos manuais de instruções, utilizando de formas de redação e de vocabulários adequados e corretos, com o objetivo de garantir que o **grupo-alvo** consiga entender e captar as informações transmitidas.

Essas informações devem ser consultadas e entendidas diretamente nesta norma, sendo elas:

- Instruções gerais de elaboração;
- Formulação de normas de instruções;
- Redação;
- Descrições;
- Avisos.

A subseção 6.4.5.3 da **ABNT NBR ISO 12100:2013** apresenta algumas observações relevantes a serem consideradas para esse momento, que abordam o "Esboço e edição das informações parra uso".

8.4.2 Da linguagem, formulação e guia de estilo:

O texto deve ser redigido da forma mais completa, clara, precisa, inequívoca, lógica, concisa e simples. Não pode ser prolixo.

Deve ser observado e adotado um estilo de escrita, com vocabulários adequados, a fim de assegurar ao leitor o entendimento da mensagem com facilidade. O **ANEXO B** da **ABNT NBR 16746:2019** adota recomendações de linguagem, com exemplos adequados, no aspecto normativo.

O estilo de escrita deve estar adaptado aos **grupos-alvos** a que se destina o(s) manual(is) de instruções.

INSTRUÇÕES NORMATIVAS:

- Redigir todas as instruções, como procedimentos operacionais e de manutenção, de forma cronológica, desde o início até o final da operação. As frases devem ser numeradas, instruindo com uma única ação e iniciando com o verbo que indica a ação. Mais de uma ação na mesma frase somente se tiverem simultaneidade entre elas.
- Evitar o uso de palavras negativas frequentes;
- Evitar iniciar as frase de instruções com: "em seguida", "depois", "antes", "após";
- Denominar as peças ou conjuntos com termos conhecidos, tecnicamente corretos e em português. **Evitar**

denominar peças com "<u>**apelidos**</u>" de fábrica ou em outro idioma, principalmente quando houver denominação correspondente traduzida. Na dúvida sobre como se escreve uma palavra, procurá-la antes no dicionário ou consultar a internet;
- Utilizar de ilustrações para auxiliar na explicação da redação de uma descrição ou de um procedimentos.

Todas essas instruções normativas estão contidas nas subseções 6.2 e 6.3 da **ABNT NBR 16746:2019**.

A técnica de redação precisa ser auxiliada do uso de dicionários, por livros de gramáticas e, principalmente, pelas normas técnicas e regulamentadoras, como a **NR-12**.

Observar e ler os manuais dos concorrentes.

8.4.3 Redação do conteúdo

Como já abordado na fase de planejamento, em 8.3.2, o Quadro 8.3 traz recomendações normativas que os conteúdos de um manual de instruções deve apresentar. Ela não é exaustiva, podendo o redator técnico acrescentar ou remover esses conteúdos de acordo com o seu planejamento e do tipo de documento que ele pretende desenvolver.

Nas subseções seguintes, serão desenvolvidos cada um desses conteúdos apontados no Quadro 8.3. As informações são recomendatórias, mas algumas apresentam carácter mandatório.

8.4.3.1 Introdução

A **introdução** não é um Capítulo específico, mas um conjunto de elementos e informações selecionadas e relacionas, que auxiliam o leitor do **grupo-alvo**.

A seguir, seguem alguns exemplos desses elementos e informações:

- Página – título ou capa;
- Contracapa;
- Sumário;
- Índice de tabelas e figuras;
- Declaração do direitos autorais;
- Folha de revisão.

(a) PÁGINA – TÍTULO ou CAPA:

Trata-se da primeira página do manual de instruções, a qual reflete a identidade visual da empresa do fabricante e a qualidade do produto. Logo, aconselha-se ter um bom profissional de criação gráfica para produzir uma página harmônica e agradável no seu visual.

Nela deve ser estampada as seguintes informações: o modelo da máquina ou do equipamento, número de série (se necessário ou desejado), identificação do fabricante (razão social, telefone, endereço, *e-mail*, *website*, outras informações exigidas pela legislação vigente), a revisão e data da publicação, e outras informações relevantes e necessárias, mas sucintas.

Como analisado em 8.2.1, se houver vários manuais, como de operação, manutenção, indicar **MANUAL DE OPERAÇÃO**, **MANUAL DE MANUTENÇÃO**, respectivamente. Assim fica identificado o **grupo-alvo** o qual cada manual se destina (ver Figura 8.9).

FIGURA 8.9 – EXEMPLO DA CAPA DE MANUAL DE INSTRUÇÕES

Manual de Instruções

FURADEIRA DE BANCADA

MT 300

Antes de instalar ou efetuar qualquer operação, ler atentamente este Manual de Instruções para o uso desta máquina. Para outras informações ou esclarecimentos, contatar a MANUALTECH.

nº de série:

data:

www.manualtech.com.br

e-mail: contato@manualtech.com.br

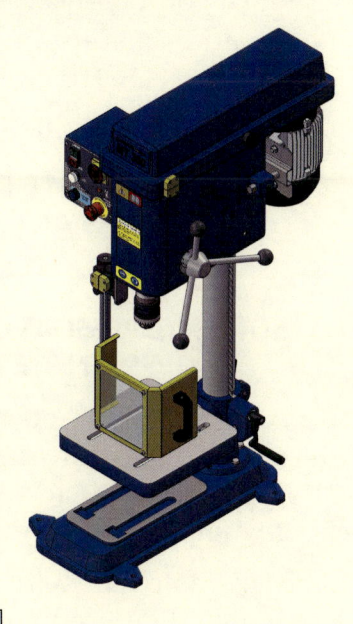

Manualtech
Documentação Técnica
REV. 08 - MAI/20

Fonte: autor

(b) CONTRACAPA (FOLHA DE ROSTO):

A contracapa é a página seguinte da capa, ou seja é a 1ª página, antes do sumário. Nela devem ser apresentadas as **informações iniciais importantes ou relevantes** quanto à **segurança**. Outro título pode ser dado, mas que tenha o mesmo impacto necessário (ver Figura 8.10).

Essas informações podem ser descritas de maneira <u>sucinta</u>, mas de <u>fácil compreensão</u> e <u>clareza de entendimento</u>, porém devendo atrair a atenção do usuário sobre a **segurança** e outras providências iniciais e essenciais.

Por exemplo, avisos como:

LER ATENTAMENTE ESTE MANUAL DE INSTRUÇÕES ANTES DE OPERÁ-LA

ou

SOMENTE PESSOAS CAPACITADAS PODEM OPERAR ESTE EQUIPAMENTO

Outras advertências ou alertas podem ser necessários, sendo destacados na contracapa. Dessa forma, o usuário, ao observá-los, pode agir de forma preventiva antes de qualquer utilização da máquina ou do equipamento.

Como exemplo, consultar o Capítulo 1 (informações iniciais de segurança) do **Manual de Instruções da Furadeira MT-100**, do APÊNDICE A.1 deste guia de redação.

Também, como recomendação normativa, deve ser informada a <u>**finalidade do manual de instruções**</u> <u>**e sua aplicação**</u>, podendo ser em forma de uma nota, devidamente destacada, nessa ou na página seguinte. Assim, fica identificado também o **grupo-alvo** a que o manual se destina. Exemplo:

Este manual de instruções tem a finalidade de instruir todos profissionais capacitados (treinados) e autorizados, que vierem a realizar qualquer intervenção sobre a Furadeira de Coluna MT-100.

Todas informações seguras necessárias para instalar, ajustar, por em operação, realizar manutenções preventivas e corretivas, desmontar e realizar descarte, estão descritas neste manual de instruções, devendo todo profissional ler e entender este documento.

FIGURA 8.10 – EXEMPLO DE INFORMAÇÕES INICIAIS RELEVANTES

1. Informações Iniciais de Seguranças:

**ATENÇÃO!
RISCOS DE ACIDENTES GRAVES:**

É importante que todos os usuários desta máquina leiam atentamente este
MANUAL DE INSTRUÇÕES.

Todas as instruções de operação, de segurança, de instalação e de manutenção, antes de qualquer intervenção sobre esse equipamento, devem ser lidas e compreendidas. A falha de leitura, do entendimento do texto e o não seguimento das instruções dadas neste manual podem resultar em sérios riscos aos usuários e a pessoas que estejam ao redor dela, incluindo lesões graves, choques elétricos e até a morte. OBSERVAR também:

SEGURANÇA: OBSERVAR todas as instruções e recomendações das regras de segurança contidas e descrita, em capítulo específico, neste Manual de Instruções;

TRANSPORTE: OBSERVAR todas as instruções para o manuseio da máquina desde a sua origem até o seu destino final, verificando a idoneidade da empresa transportadora, o descarregamento e a movimentação da máquina. Além disso, PLANEJAR e VERIFICAR todas as recomendações de segurança para esse transporte e manuseio;

INSTALAÇÃO: OBSERVAR todas as instruções contidas neste manual, sempre utilizando-se de profissional qualificado e capacitado para esse fim, e VERIFICAR sempre as normas regulamentadoras vigentes, tais como a NR-10 e NR-12.

Este manual de instruções refere-se ao modelo e ao no de série definida na Capa. A **MANUALTECH** pode alterar e melhorar este modelo de máquina sem a obrigação de notificar previamente a qualquer usuário. Se necessário, a **MANUALTECH** disponibiliza por meio da sua Assistência Técnica, qualquer auxílio para sanar as dúvidas que vier a surgir.

MANUALTECH INDÚSTRIA DE MÁQUINAS S.A.
Rua das Hortências, 1235 - Vila Boa Morada
SÃO JOÃO DAS DORES/RB - BRASIL
tel.: (88) 31234567
www. manualtech.com.br
assistenciatecnica@manualtech.com.br

Fonte: autor

(c) SUMÁRIO:

Define-se como sumário a enumeração de todas as divisões textuais, que podem ser Capítulos, por exemplo, ou Seções das demais partes do trabalho da mesma ordem que se apresentam no texto (Figura 8.11).

Ele deve ser posicionado no início do manual de instruções. VER como referência normativa e subsidiária a **ABNT NBR 6027:2012**, *Informação e documentação — umário — Apresentação*.

Não confundir sumário com **índice**, pois índice é toda uma lista de artigos enumerados dentro do texto, por exemplo, quando no texto se encontra **palavras-chaves** de difícil entendimento (ver 8.4.2.14).

(d) Lista de figuras, tabelas e gráficos:

Nesse mesmo contexto, há outras informações necessárias, as quais precisam ser encontradas com rapidez dentro dos documentos técnicos. Isso ocorre quando há grande quantidade de páginas. Para tanto, aconselha-se a criação, de um lista de figuras, tabelas e gráficos com suas respectivas páginas.

Recomenda-se fortemente que essas informações estejam logo após sumário. Isso pode auxiliar muito o leitor do **grupo-alvo**, durante a busca rápida de informações. Trata-se de uma recomendação e não de uma obrigatoriedade.

FIGURA 8.11 – EXEMPLO DE SUMÁRIO

```
SUMÁRIO:
1. CONSIDERAÇÕES GERAIS..................................................... 1
1.1 INTRODUÇÃO ................................................................... 1
1.2 OBJETIVOS ....................................................................... 2

2. O PROFISSIONAL................................................................. 3
2.1 ROTINA COM DISCIPLINA.................................................. 3
2.2 O AMBIENTE..................................................................... 4
2.3 ASPECTO ERGONÔMICO................................................... 5

3. MANUAIS: REQUISITOS DA NR-12....................................... 9
3.1 BENEFÍCIOS E IMPORTÂNCIA PARA OS FABRICANTES....... 9
3.2 OBSERVAÇÕES DA NR-12 NA ELABORAÇÃO DOS MANUAIS... 10
3.3 REQUISITOS MÍNIMOS DA NR-12 PARA MANUAIS............. 12

4. MARCAÇÃO CE – DIRETIVA 2006/42................................... 14
4.1 CONTEXO HISTÓRICO E A DIRETIVA 2006/42.................... 14
4.2 ESTRUTURA DA DIRETIVA 2006/42................................... 15
4.3 REQUISITOS PARA MANUAIS CONFORME DIRERIVA 2006/42... 16

5. NORMAS TÉCNICAS BRASILEIRAS E ABNT.......................... 20
5.1 AS NORMAS TÉCNICAS BRASILEIRAS E A ABNT................ 20
5.2 PROCESSO E APRECIAÇÃO E REDUÇÃO DE RISCO............. 24

6. CÓDIGO DE DEFESA AO CONSUMIDOR SEGURANÇA JURÍDICA... 26
6.1 CÓDIGO DE DEFESA DO CONSUMIDOR – LEI 8078/90....... 26
6.2 SEGURANÇA JURÍDICA..................................................... 27
```

Fonte: autor

(e) Declaração dos direitos autorais

É uma declaração que pode ser aplicada nas páginas seguintes.

A finalidade é definir a autoria do documento técnico (manual de instruções, por exemplo), tendo todos os seus direitos reservados, a fim de se garantir contra plágios e do uso indevido de parte ou de todo o conteúdo do manual de instruções por terceiros

> "Nenhuma parte desta publicação pode ser reproduzida, arquivada ou transmitida de qualquer modo ou por qualquer outro meio, seja este eletrônico, seja mecânico, seja de fotocópia, seja de gravação, sejam outros, sem prévia autorização, por escrito, da MANUALTECH CONSULTORIA E ASSESSORIA LTDA".
>
> Todos os direitos desta edição estão reservados à
> MANUALTECH CONSULTORIA E ASSESSORIA LTDA.
> Rua Comendador Pedro Stefanini, 346
> 18609-590 – BOTUCATU/SP
> e-mail: comercial@manualtech.com.br
> website: www.manualtech.com.br

(f) Folha de revisão:

É natural que os manuais de instruções sofram revisões, em função de inúmeros motivos.

Para tanto, o redator técnico pode criar uma **folha de controle de revisão**. Esse controle tem como objetivo registrar as páginas que foram revisadas, os motivos e uma breve descrição, se necessária. Essa opção pode advir de uma política da empresa do fabricante.

Esse controle pode fazer parte desta parte introdutória ou, se preferir, ficar à parte, sem estar incorporado ao próprio documento.

Essa recomendação não é normativa, mas uma sugestão do autor, como uma prática que ocorre nos manuais de voo elaborados pela indústria aeronáutica.

8.4.3.2 Segurança

Uma das principais finalidades do manual de instruções é informar e alertar aos integrantes dos **grupos-alvos** das condições seguras durante o manuseio da máquina ou do equipamento e evidenciar todos os riscos a que estão submetidos.

Na subseção 4.11.3 da **ABNT NBR 16746:2019** e em outras referências normativas, definem-se quatro tipos de instruções de segurança:

6. Diretrizes suplementares;
7. Mensagens de segurança agrupadas ou recomendações gerais de segurança;
8. Mensagem de segurança;
9. Mensagem de segurança incorporada.

Desse elenco, ressaltam-se as mensagens de segurança agrupadas ou **recomendações gerais de segurança**, as quais devem ser formatadas em um Capítulo exclusivo. Este Capítulo com essas instruções recomendatórias pode ter sua posição alterada, de acordo com planejamento prévio. Todavia deve-se manter entre os primeiros Capítulos, devido à sua importância.

É recomendado ficar logo após o sumário, de acordo com a **ABNT NBR 16746:2019**, o qual define:

> "São aquelas mensagens que não podem ser direcionadas a um capítulo ou seção específica, ou que são necessárias para várias seções ou capítulos. Estas mensagens devem ser incluídas no início do manual de instruções, pre-

ferencialmente em um capítulo ou seção a parte, listada no sumário. O objetivo das mensagens de segurança agrupadas é evitar constantemente a repetição das mesmas mensagens de segurança e melhorar a legibilidade para o usuário".[60]

Conforme definição, este Capítulo deve contemplar os requisitos de segurança aplicáveis de forma ampla, independentemente de procedimentos específicos, isto é, deve ser aplicado em qualquer condição e situação de manuseio da máquina ou do equipamento.

A redação das **recomendações gerais de segurança** deve seguir as regras recomendadas, conforme relacionadas abaixo. No entanto, essas regras não são exaustivas, porém podem ser complementadas conforme abordado na **ABNT NBR ISO 12100:2013**.

Ler e entender 5.2.2.2 da **ABNT NBR 16746:2019**, antes de qualquer redação.

São as seguintes regras recomendadas:

1. Relacionar e descrever os avisos de advertência dos riscos devido aos perigos e situações perigosas presentes na máquina;
2. Relacionar e descrever os avisos de advertência das consequências do mau uso razoavelmente previsível da máquina;
3. Alertar com avisos claros e objetivos sobre não intervenção na máquina por pessoas sob influência de remédios,

---

[60] Definido na alínea b) da subseção 4.11.3 da ***ABNT NBR 16746:2019***.

de drogas, de álcool, ou outras substâncias nocivas que alterem a sua capacidade motora ou psíquica;

4. Alertar com avisos claros e objetivos do uso de equipamentos de proteção individual (EPI) e coletivos (EPC);

5. Alertar com avisos claros e objetivos sobre o não uso de correntes, anéis, cabelos longos soltos, jalecos de manga compridas, por exemplo, não evitar riscos de enroscamento e de se prender;

6. Alertar com avisos proibindo pessoas portadoras de marca-passos, ou outros aparelhos médicos implantados no corpo, de exercer qualquer tipo de intervenção sobre a máquina, devido a forte potencial de interferência eletromagnética sobre esses dispositivos médicos controlados eletronicamente;

7. Advertir que pessoas não qualificadas, não capacitadas e não autorizadas[61] estão impedidas que realizar quaisquer intervenções em máquinas, como crianças e idosos, ou de pessoas sem qualquer atividade específica no local;

8. Indicar os riscos residuais presentes na máquina (ver 4.12 da **ABNT NBR 16746:2019**);

9. Indicar os métodos e os dispositivos adequados para uso durante o processo de manutenção, por exemplo: uso de

---

61 É importante indicar constantemente os tipos de profissionais que podem intervir na máquina ou equipamento – QUALIFICADAS, CAPACITADAS, HABILITADAS, AUTORIZADAS e AMBIENTADA – As definições encontram-se no GLOSSÁRIO (ANEXO IV) da **NR-12**.
A definição de AMBIENTADA é aquela pessoa que possou por um processo de ambientação na sua nova área de trabalho. Por exemplo: um trabalhador que irá operar um forno. O ambiente é quente e requer condições especiais de trabalho.

equipamentos de elevação e transporte, como pontes rolantes, "paleteiras" e empilhadeira;

10. Indicar os procedimentos em caso de situação de emergência;

11. Indicar a localização e manutenção (limpeza e substituição) dos símbolos de segurança e pictogramas, plaquetas de advertências localizados e fixados sobre a máquina. Ver maiores detalhes no APÊNDICE A.2 deste guia de redação para os avisos de advertências;

⚠️ **ATENÇÃO! RISCO DE ACIDENTES**

É OBRIGATÓRIO UTILIZAR ÓCULOS E BOTAS DE SEGURANÇA, CAPACETE, PROTETORES AURICULARES, APROVADOS (CA) E VÁLIDOS, DURANTE A OPERAÇÃO E MANUTENÇÃO DO EQUIPAMENTO.

NOS PERÍODOS DE CARREGAMENTO E DESCARREGAMENTO DAS BOBINAS DE AÇO. USAR LUVAS DE RASPA DE COURO SOMENTE DURANTE A OPERAÇÃO DE FIXAÇÃO DOS GANCHOS NAS BOBINAS DE AÇO.

12. Indicar as zonas de perigo, os postos de trabalhos e de operação presentes na máquina, ilustrando-os em detalhes (Figuras 8.12 e 8.13).

FIGURA 8.12 – Posto de Operação e de Trabalho

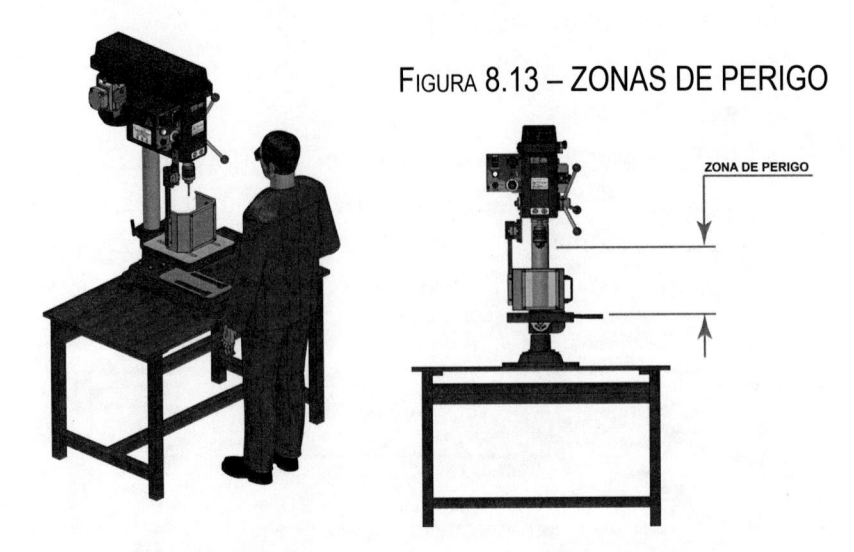

FIGURA 8.13 – ZONAS DE PERIGO

ZONA DE PERIGO

Fonte: autor

13. Indicar as medidas de proteção que devem ser implementadas pelo usuário – por exemplo, proteções de segurança adicionais, distâncias de segurança, sinalizações de segurança e sinalizadores;

14. Indicar os riscos adicionar presentes na máquina e no ambiente de trabalho.

- agentes biológicos ou agentes químicos;
- radiações ionizantes
- radiações não ionizantes
- vibrações;
- ruído;
- calor;
- combustíveis, inflamáveis, explosivos;
- superfícies aquecidas.

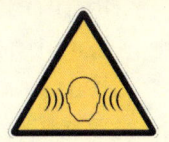

Consultar o Capítulo 2 do **Manual de instruções da Furadeira MT-100** do APÊNDICE A.1 deste guia de redação como exemplo.

Recomendações da linguagem adotada na redação:

- Descrever de forma clara e enfática do que deve e o que não pode ser feito quanto à segurança;

- Enfatizar os verbos no **infinitivo** ou no **imperativo**, como mencionado em 4.4.d) na **ABNT NBR 16746:2019**, quando definir uma ação mandatória e de segurança, como:

  - Fazer ou faça o procedimento de limpeza;
  - Ligar ou ligue o motor;
  - Pressionar ou pressione o botão de emergência;
  - Não usar ou não use cordas para içar a máquina;

- Limpar ou limpe a mesa de corte periodicamente;
- Conectar ou conecte a máquina da rede elétrica.

Ver o **ANEXO B** da **ABNT NBR 16746:2019**.

8.4.3.3 Descrição ou Visão Geral da máquina

A **descrição** ou a **visão geral** da máquina requer uma fase de planejamento bem preparada. Isso significa nível significativo de conhecimento daquilo que será descrito (ver 8.2.1). A subseção 5.2.3 da **ABNT NBR 16746:2019**, traz as recomendações necessárias para esse assunto.

Neste Capítulo, é necessário obter várias informações técnicas que corresponde as principais características do produto ou de uma família de produtos. Essas informações são relevantes e pertinentes, pois podem ser utilizadas em vários momentos pelos **grupos-alvos**.

A visão geral de uma máquina ou equipamento deve ser composto dos elementos abaixo, porém não são exaustivos, podendo ser alterados pelo redator técnico, sem perda de informações relevantes. São elas:

1. Fazer a descrição geral da máquina (ver 8.4.2);
2. Descrever e enfatizar o uso devido[62] da máquina ou do equipamento;
3. Descrever e enfatizar o mau uso razoavelmente previsível[63] – aplicações proibidas;
4. Relacionar as características, dados ou especificações técnicas da máquina, como:

---

[62] **Uso Devido**: uso previsto de uma máquina, de acordo com as informações dadas nas instruções para o uso – definido em 3.23 da **ABNT NBR ISO 12100:2013**.

[63] **Mau uso razoavelmente previsível**: uso de uma máquina de maneira não prevista em projeto, decorrente do comportamento humano instintivo – definido em 3.24 da **ABNT NBR ISO 12100:2013**.

- comprimento, largura e altura (utilizar desenhos com 2 ou 3 vistas) (Figura 8.14);
- principais dados técnicos, por exemplo;

Capacidade máxima de furação	ø 16 mm ou ø 5/8"
Curso máx. do eixo árvore	250 mm
Dimensões (mm)	560 x 854 x 1 162 (alt.)
Tipo de mandril	B16 sem rosca (cônico de pressão)
Rotações (rpm)	350/500/890/1 510/2 580
Rotação do motor	1 140 rpm
Distância da coluna ao eixo árvore	239 mm
Dimensões da mesa	324 x 324 mm
Dimensões da base da máquina	375 x 650 mm
Distância do mandril à base	550 mm
Ângulo de inclinação da mesa	±45°
Potência do motor elétrico	1 500 W
Tensão de operação	127/220 V
Frequência de operação	50/60 Hz
Peso líquido	110 kg
Impedância máx. ôhmica (aterramento)	5 Ω
Temperatura ambiente de trabalho	-20 a 45°C
Corrente máxima de curto circuito	10 kA

- emissão de ruídos;
- emissão de vibração;

Exemplo:

Ruído: [conforme Anexo B da **EN 12717:2009, ISO11688-1 e ISO/TR 11688-2**]:

Pressão Sonora =   79,2 dBA
Potência Sonora =   74,2 dBA

Declaração de Ruído (EN 12717:2009(E) – item 7.3):

"Os valores citados são níveis de emissão e não necessariamente níveis de trabalho seguro. Embora exista uma correlação entre a emissão e os níveis de exposição, não pode ser confiavelmente utilizado para determinar se são necessárias ou não proteções adicionais. Entre os fatores que influenciam no nível atual de exposição dos usuários incluem as caraterísticas do local, outras fontes de ruído etc., isto é, o número de máquinas ou outros processos adjacentes. Além disso os níveis admissíveis de exposição podem variar de país para país. Esta informação, não obstante, permite ao usuário da máquina realizar uma melhor avaliação do perigo e do risco."

Exemplo:

Vibração:

Aceleração presente na **MT-100** é inferior a 2,5m/s², em vazio, com a mão direita sobre a Alavanca de Avanço (13). Este valor foi medido conforme a Norma de Higiene Ocupacional **NHO-10** – *Procedimento Técnico – Avaliação da Exposição Ocupacional a Vibração em Mãos e Braços,* observando os requisitos do anexo nº 8 da **NR-15** e anexo nº 1 da **NR-9**.

A aceleração poderá variar em função do processo de furação aplicado. Cabe ao SESMT do usuário observar e medir a aceleração na condição presente e dominante, seguindo as orientações da **NHO 10**.

Calor:

A **MT-100** não apresenta fontes de calor que possam interferir nas condições ambientais e gerar riscos ao operador. Cabe o SESMT do usuário, verificar as condições ambientais onde este equipamento está instalado, verificando os requisitos do anexo nº 3 da **NR-15**.

- características da alimentação elétrica, do tipo de aterramento recomendável, outras recomendações[64];
- condições de operação especificadas, como temperatura, umidade relativa, impedância ôhmica máxima necessária para aterramento, e pressão atmosférica (Figura 8.15);
- vida útil prevista para a máquina;
- tempo máximo de utilização de componentes, quando relevante;

---

64 Consultar Seção 16 e 17 da **ABNT NBR IEC 60204-1:2020**, Segurança de máquinas — Equipamentos elétricos de máquinas – Parte 1: Requisitos gerais, para outros.

- Requisitos relativos ao ambiente de trabalho no qual a máquina será utilizada (por exemplo, fechado, externo, sala limpa).

5. Ilustrar com desenhos ou fotos as vistas da máquina, podendo ser figuras isométricas, com objetivo de indicar as suas faces (face frontal, face lateral direita, face traseira e face esquerda), para melhor esclarecimento durante a redação da descrição do produto (Figura 8.14).

Requisitos relativos ao ambiente de trabalho no qual a máquina será utilizada (por exemplo, fechado, externo, sala limpa).

FIGURA 8.14 – EXEMPLOS DE VISTAS ISOMÉTRICA, FRONTAL E LATERAL

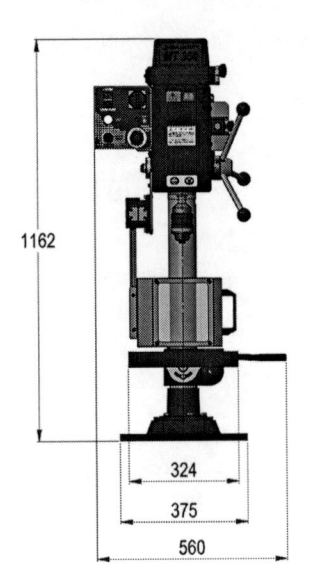

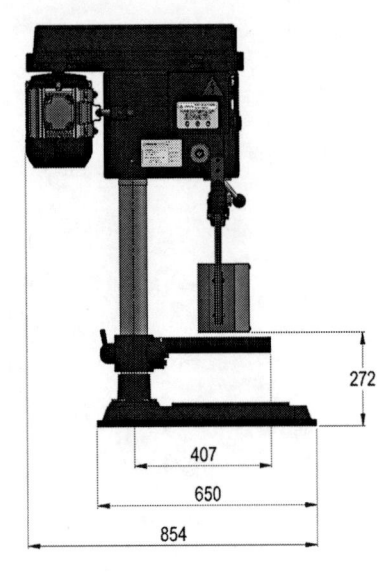

FIGURA 8.15 – REQUISITOS PARA AS CONDIÇÕES DE OPERAÇÃO

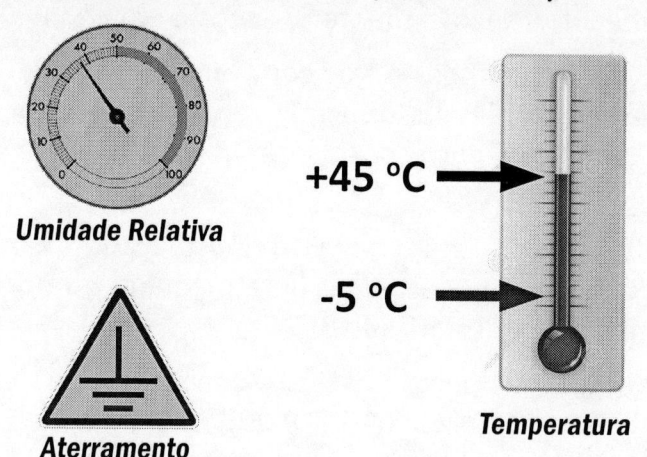

Umidade Relativa

+45 °C

-5 °C

Aterramento

Temperatura

Fonte: autor

Consultar as alíneas "c" e "d" da subseção 6.4.5.1 da **ABNT NBR ISO 12100:2013**, as quais fornecem recomendações quanto ao conteúdo para redação da visão geral da máquina.

Consultar o Capítulo 3 do **Manual de Instruções** da **Furadeira MT-100** do APÊNDICE A.1 deste guia de redação como exemplo.

Recomendações da linguagem adotada na redação:

- Detalhar o funcionamento da máquina, dos seus conjuntos e peças e indicando as suas respectivas funções;
- Descrever as frase de maneira mais curtas. Cada parágrafo deve tratar apenas de um assunto, de forma lógica e clara;
- Redigir o texto de tal maneira que o leitor consiga ter uma visão geral e ampla da máquina ou do equipamento;

- Denominar as peças ou conjuntos como termos conhecidos, tecnicamente corretos e em português;
- Evitar denominar peças com "apelidos" de fábrica ou em outro idioma, principalmente quando houver denominação correspondente traduzida e consagrada tecnicamente;
- Utilizar normas técnicas do tipo **C**, como base para as definições de partes de uma máquina ou do equipamento já normatizados;
- Numerar as peças nas ilustrações (conforme exemplo abaixo e Figuras 8.16 a 8.20), chamada de posição, as quais são indicadas por setas ou retas. Isso auxilia o leitor na posterior interpretação da informação. Essa forma de redigir também auxilia o redator neste processo de descrição. Ver exemplo de texto e ilustrações a seguir:

DESCRIÇÃO:

Inicialmente, este Manual de Instruções tem objetivo descrever de maneira correta e segura de instalar, operar, manter, enfim, todos os manuseios razoavelmente previsíveis, em todas as fases da vida, da furadeira modelo **MT-100**.

Sua capacidade máxima de furação é de 16 mm (5/8"). A utilização deste equipamento é para indústrias metalúrgicas em geral, em oficinas especializadas, ou outros tipos aplicações.

É uma máquina robusta, versátil, de fácil operação, construída dentro de padrões de qualidade, segurança e durabilidade. O tipo de operação é manual.

Este equipamento é constituído por cincos partes principais: Base (01), Coluna (02), Mesa (03), Cabeçote (06) e Motor Elétrico (07) – Figura 8.16.

FIGURA 8.16 – VISÃO GERAL DO EQUIPAMENTO

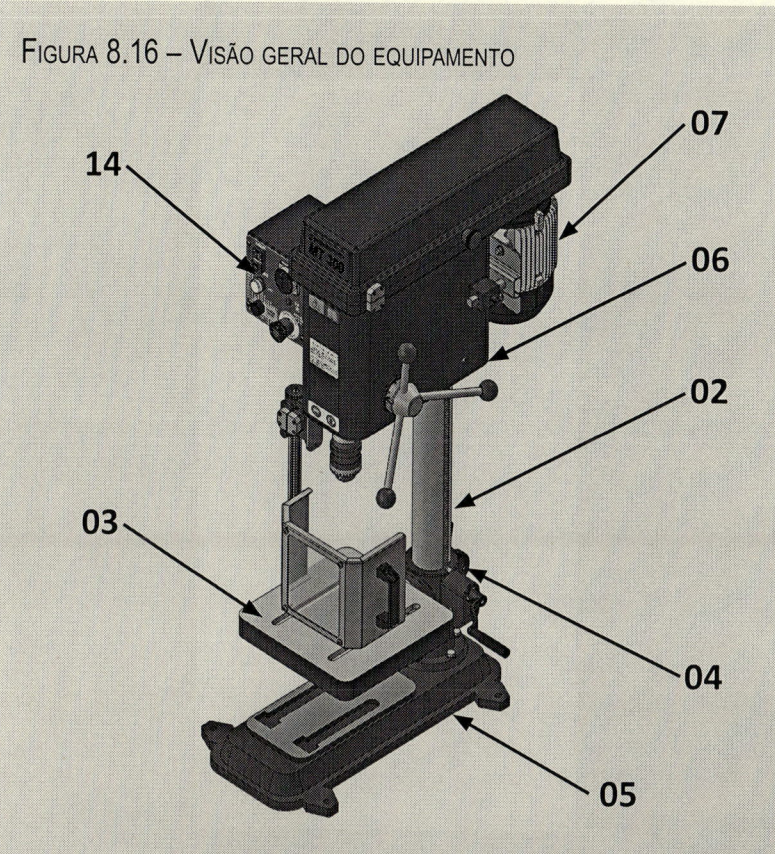

O sistema de acionamento da máquina é composto do Eixo Árvore (27) acionado por um sistema composto da Correia (09), da Polia Motora (10) e Polia do Eixo Árvore (11) – Figura 8.17. Na outra extremidade do Eixo Árvore (27) está o Mandril (12) utilizado para fixação de Brocas e/ou Escareadores.

FIGURA 8.17 – SISTEMA DE TRANSMISSÃO

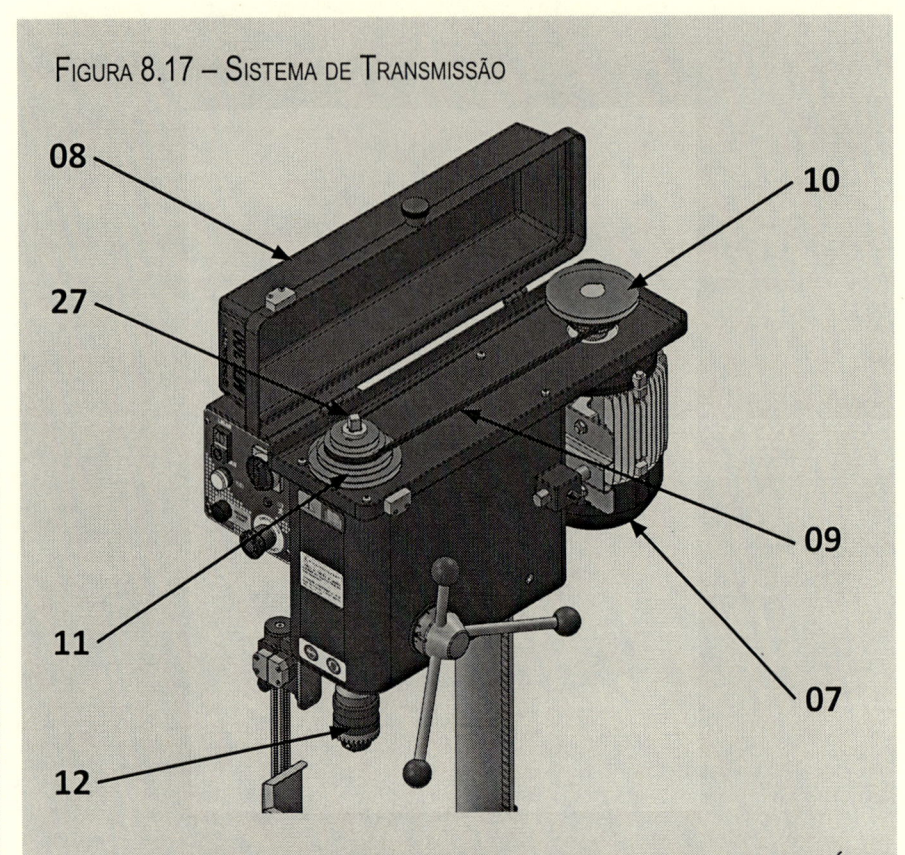

Esse equipamento pode trabalhar com até 5 rotações no Eixo Árvore (27). A mudança de velocidade pode ser realizada pelo ajuste e posicionamento da Correia (09) em V no respectivo estágio das Polias (10) e (11). Este sistema fica protegido por uma Tampa de Proteção (08), de forma que a máquina só funcione com a mesma corretamente fechada, garantindo a segurança do operador e de outras pessoas próximas ao equipamento – Figura 8.17. O procedimento de troca de rotação é descrito no Capítulo MANUTENÇÃO.

O Conjunto do Cabeçote (06) é construído em ferro fundido, formando assim uma estrutura rígida e robusta para este tipo de processo de usinagem.

A Mesa (03) foi projetada para permitir processos de furação ou de escareamento em superfícies inclinadas, para tal, esse conjunto pode inclinar de ±45°. Também, a Mesa (03) pode ser posicionada verticalmente, por meio da Manivela (05) solidária ao Suporte da Mesa (04) (Figura 8.16), tanto para cima como para baixo.

As brocas utilizadas na furadeira **MT-100** são fixadas no Mandril (12), o qual é movimentado verticalmente por meio da Alavanca de Avanço (13) – Figura 8.18.

FIGURA 8.18 – MANDRIL (12) E ALAVANCA DE AVANÇO (13)

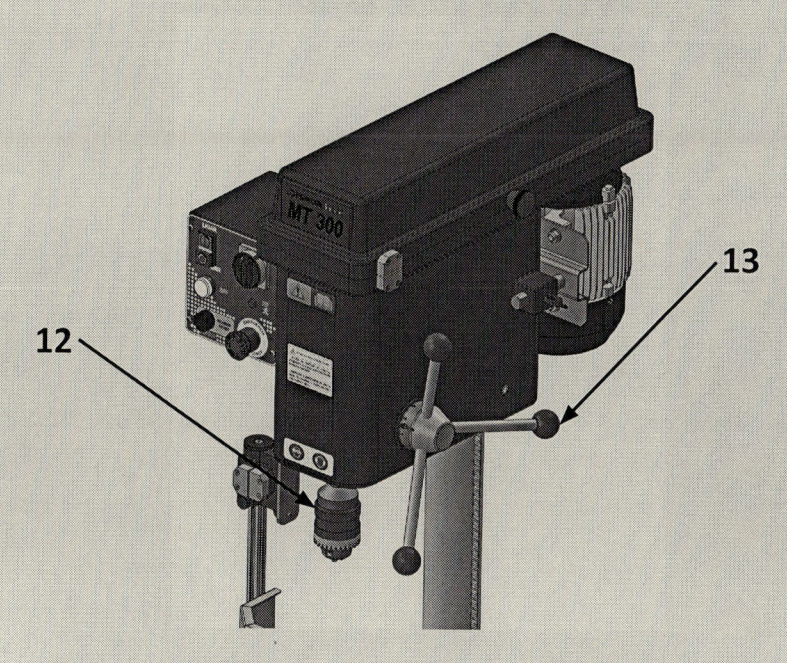

Toda a operação da máquina é realizada no Painel de Comando (14), localizado ao lado do equipamento.

Este Painel de Comando (14) contém (Figura 8.19):

- Botão de PARTIDA (15A);
- Botão de PARADA (15B);

- *Botão de EMERGÊNCIA (16);*
- *Botão de REARME (17);*
- *Sinaleira Piloto – BRANCA 24V (18);*
- *Sinaleira VERMELHA indicando Relé Térmico (19) aberto;*
- *Chave Geral [Disjuntor Motor (20)].*

*Além disso, a furadeira **MT-100** foi desenvolvida dentro de normas técnicas e regulamentadoras aplicáveis brasileiras, possuindo os dispositivos de segurança incorporados:*

- *Botão de EMERGÊNCIA (16) – SB0 instalado no Painel de Comando (14), monitorado por Relé de Segurança (21) – FS1 por duplos canais;*
- *Chave de Segurança Magnética (22) – SQ1 e (23) – SQ2, ambas instaladas na Tampa de Proteção (08) e na Proteção Frontal (24), monitorado por Relé de Segurança (21) – FS1 – Figura 8.20;*
- *Botão de REARME (17) – SB3 instalado sobre o Painel de Comando (14), a fim de atender o item 12.5.3 da **NR-12**;*
- *Relé de Segurança (21) – FS1 para realizar o monitoramento do sistema de segurança;*
- *Disjuntor Motor (20) – QS1 para seccionar todo o sistema elétrico, a fim de garantir a segurança do operador ou qualquer pessoa que venha realizar algum tipo de intervenção no equipamento;*
- *Proteção Frontal (24), tem a função de proteger o operador contra eventuais projeções de cavaco, de broca ou de peças soltas. Este sistema somente permite que a máquina seja ligada, se a proteção estiver fechada, ou seja, na frente do Mandril (12). Esta proteção é composta por um visor articulado, feito em policarbonato de 6 mm. Quando fechado, permite o operador observar todo processo de furação com segurança, sem prejudicar o desempenho da operação. Ao ser aberta, esta Proteção Frontal (24) para a máquina imediatamente;*

FIGURA 8.19 – PAINEL DE COMANDO (14)

- *A operação dos comandos em extra baixa tensão – 24 Vca, por meio do Transformado-TR1.*

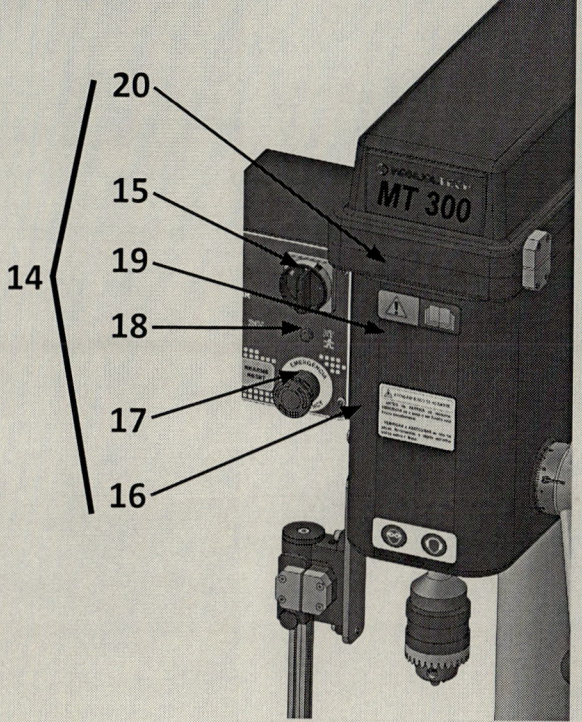

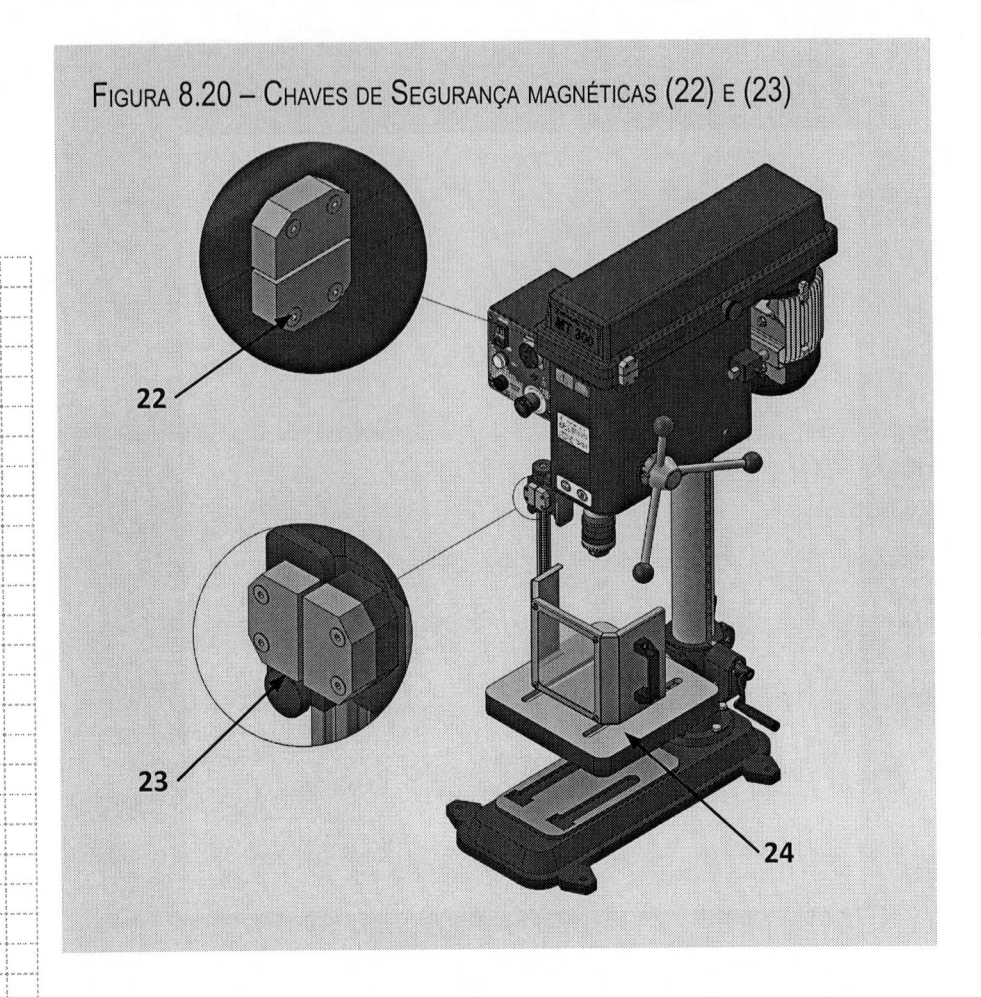

FIGURA 8.20 – CHAVES DE SEGURANÇA MAGNÉTICAS (22) E (23)

- Escrever o texto no *Microsoft Word* na versão mais atualizada, e com a ortografia e a gramática atualizadas;
- Solicitar a revisão final por um terceiro.

8.4.3.5 Transporte, manuseio e armazenagem

Essa fase inicial da vida de uma máquina requer certa atenção, pois o **grupo-alvo** a que se destinam essas informações é específico, diverso dos outros **grupos-alvos** que irão operar e mantê-la. A subseção 5.2.4 da **ABNT NBR 16746:2019** traz as recomendações normativas sobre este assunto.

Convém, dependendo do porte e da complexidade da máquina ou do equipamento, que essas informações <u>sejam entregues antecipadamente ao usuário final pelo fabricante</u>, pois muitas delas dependem de providências antecipadas e podem evitar inconvenientes e reduzir riscos de acidentes pela falta de preparo da operação.

Um **grupo-alvo específico** para essa operação pode ser uma empresa terceirizada, como uma transportadora, que necessitará saber do peso, dimensões e a quantidade de volumes a ser transportados além dos pontos permitidos para fixação da máquina ou do equipamento.

Pode ocorrer que a máquina ao ser entregue necessite um tempo considerável para ser instalada e colocada em funcionamento, devido o ambiente ainda estar em obra (em construção). Isso obriga o usuário a mantê-la armazenada de forma segura, a fim de não danificá-la. Também pode ser necessário durante o armazenamento, que máquina venha a exigir procedimentos de manutenção, como limpeza e lubrificação, para evitar problemas quando ela for colocada "em marcha", ou de evitar oxidações de partes importantes.

Outras informações podem ser incluídas no manual de instruções – pois as apresentadas a seguir não são exaustivas – e podem ser acrescidas pelo fabricante, se forem relevantes, sempre indicando as condições seguras. São elas, por exemplo:

1. Mencionar todas as **recomendações específicas de segurança** para esta fase de transporte, manuseio e armazenagem, indicando todas as medidas de segurança necessárias, tais como uso de EPIs, uso de dispositivos de transporte e elevação (guindaste, paleteria etc.);

2. Caracterizar as dimensões e tipos de embalagens, peso e centro de gravidade e pontos de içamento (Figuras 8.21 e 8.22), e os riscos presentes;

3. Descrever os dispositivos de transporte e elevação necessários (Figura 8.23);

4. Pessoas qualificadas, capacitadas e autorizadas para este tipo de operação;

5. Condições ambientais para armazenagem, como temperatura, umidade relativa e cuidados quanto à exposição direta à luz solar.

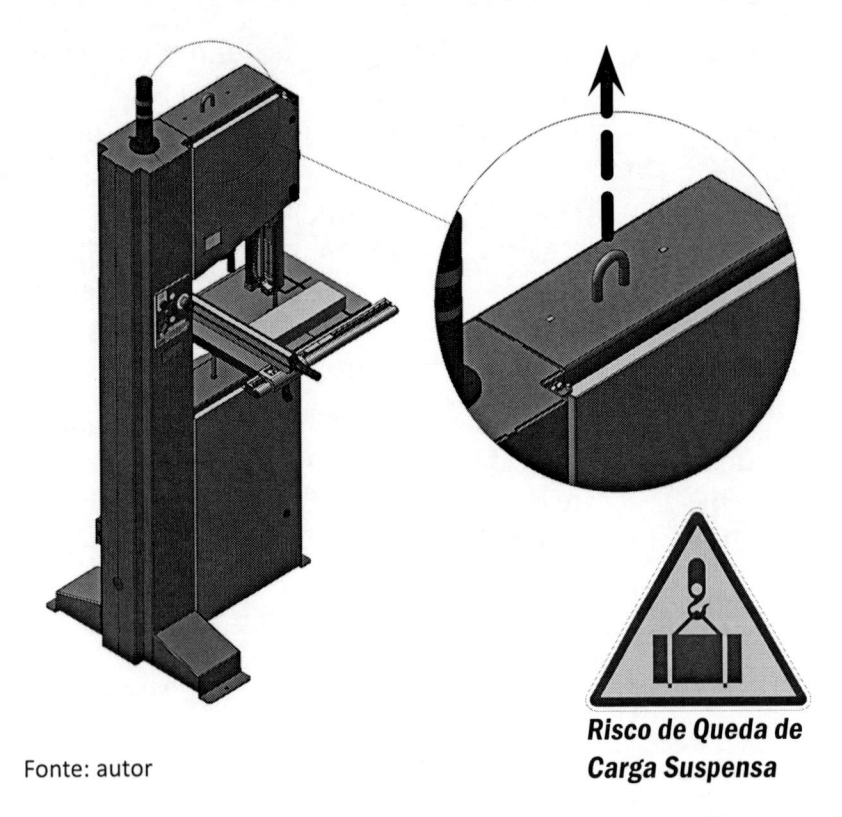

Figura 8.21 – Ponto de Içamento da Carga. (Figura Ilustrativa)

Risco de Queda de Carga Suspensa

Fonte: autor

FIGURA 8.22 – TIPO DE EMBALAGEM. (FIGURA ILUSTRATIVA)

Fonte: autor

FIGURA 8.23 – MEIO DE TRANSPORTE E ELEVAÇÃO SEGURO DA MÁQUINA EMBALADA. (FIGURA ILUSTRATIVA)

Fonte: autor

8.4.3.6 Montagem, Instalação e Comissionamento:

(a) Montagem:

Há duas situações possíveis que devem ser abordadas: a responsabilidade da montagem da máquina realizada pelo:

- **Fabricante**: quando estiver sob responsabilidade do fabricante, convém que as informações de montagem estejam também prescritas no manual de instruções de maneira detalhada e completa. Apesar de essa operação não ser de responsabilidade do usuário, em algum momento, pode ocorrer que esta máquina necessite ser desmontada e montada em outro local pelo usuário. Se essas instruções ou informações estiverem no manual de instruções ele poderá realizar a montagem com sucesso.

- **Usuário**: quando estiver sob a responsabilidade do usuário (proprietário da máquina ou do equipamento), é necessário que o fabricante <u>forneça todas as instruções ou informações</u> sobre a montagem no manual. Essas instruções devem descrever em detalhes toda a sequência da montagem, ou seja, o passo a passo, com ilustrações preferencialmente.

OBSERVAÇÃO:

A insuficiência, inadequação ou omissão das informações sobre a montagem por parte do fabricante, pode levar a operação insegura da máquina ou do equipamento pelo usuário.

Além do risco de acidentes, o fabricante pode ser responsabilizado pelos danos materiais e/ou de fornecer partes da máquina em garantia.

A subseção 5.2.5.1 da **ABNT NBR 16746:2019**, fornece instruções normativas que devem conter no manual de instruções, se aplicáveis, quanto a montagem. Essas instruções ou informações não são exaustivas, mas devem ser complementadas pelo redator técnico, para melhor e clara compreensão da sequência da montagem pelo usuário.

São elas:

1. Mencionar todas as **recomendações específicas de segurança** para essa fase de montagem, indicando todas as medidas de segurança necessárias, tais como uso de EPIs, uso de dispositivos de transporte e elevação (guindaste, paleteria etc.);
2. Indicar os pontos de içamento e meios seguros de movimentar a máquina ou suas partes (Figura 8.21);
3. Indicar o uso de ferramentas necessárias para montagem;
4. Indicar os materiais de insumos a serem utilizados;
5. Informar o melhor meio e legal para o descarte das embalagens.

(b) Instalação:

A montagem pode ocorrer fora do local da instalação definitivo. No entanto, essa fase é posterior ao da montagem, em que todos os sistemas serão conectados à máquina ou ao equipamento para o seu funcionamento.

É importante que o redator técnico prescreva com precisão todas as instruções e requisitos para o cumprimento com sucesso a instalação.

> **OBSERVAÇÃO:**
>
> É fortemente recomendado, em função das dimensões e da complexidade da máquina ou do equipamento, o envio (fornecido) **<u>antecipado</u>** para o usuário (proprietário da máquina) das instruções e especificações necessárias quanto à instalação. Esse procedimento pode evitar problemas durante a instalação, como retrabalhos no piso, na linha de alimentação elétrica, entre outros inconvenientes, além dos atrasos e custos adicionais.
>
> Nessas situações, as instruções e especificações devem ser enviadas a parte ao usuário. Também devem estar reproduzidas fielmente no manual de instruções, para futura necessidade.

O fabricante deve descrever os requisitos mínimos e necessários para posicionar a máquina no local definitivo. Informando, por exemplo:

1. Mencionar as **recomendações específicas de segurança** para essa fase da Instalação, indicando todas as medidas de segurança necessárias, tais como uso de EPIs;
2. Mencionar as dimensões, tipo (concreto, com cerâmica) e capacidade de carga do piso, pontos de apoio, necessidade de estar nivelado, entre outras informações pertinentes (ver Figura 3.2B);
3. Indicar os pontos de entrada da alimentação elétrica (chegada dos cabos de alimentação elétrica), entrada de ar comprimido, de tubulação de água, se for requerido etc.

4. Descrever os meios de fixação da máquina (chumbadores mecânicos ou químicos) ou apoiados por amortecedores elastoméricos (Figura 8.24);

5. Definir distâncias mínimas ao redor da máquina para circulação (ver 12.2.2 da **NR-12** e Figura 3.1).

Figura 8.24 – Exemplo de Fixação da Máquina ao piso – Uso de Chumbadores. (Figura Ilustrativa)

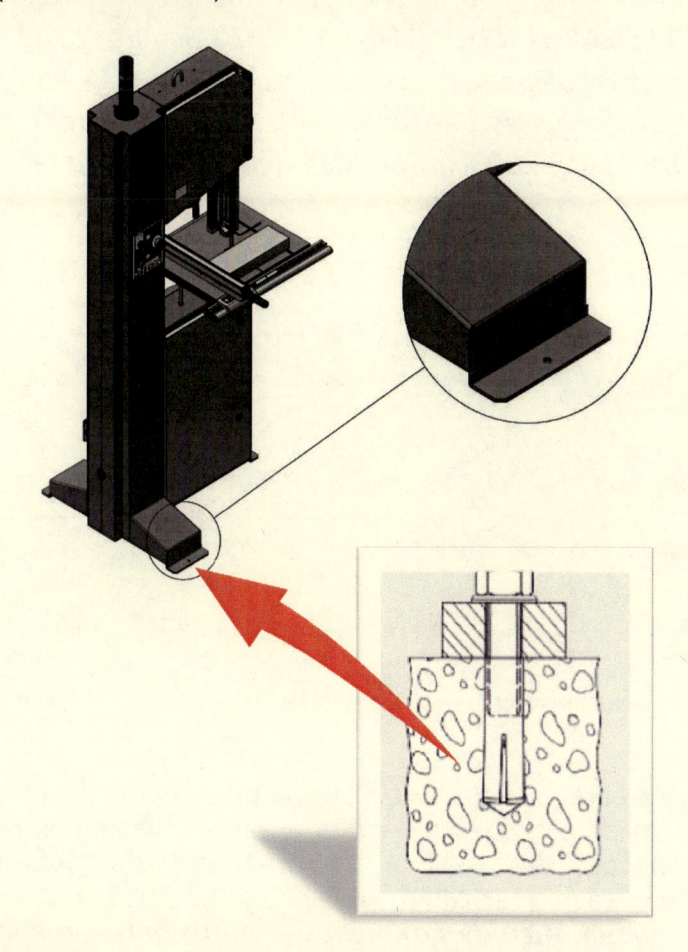

Fonte: autor

Além das informações apresentadas, o fabricante deve fornecer claramente as especificações dos sistemas empregados na máquina ou no equipamento. São elas:

1. As características da alimentação elétrica (tensão de alimentação e tolerância, potência instalada, corrente máxima de curto circuito, sistema de aterramento aconselhado (TT, TN-S, por exemplo) impedância do aterramento, entre outras informações). Recomenda-se utilizar a Seção 17 da **ABNT NBR IEC 60204-1:2020**, *Segurança de máquinas — Equipamentos elétricos de máquinas – Parte 1: Requisitos gerais*, para especificar essas grandezas e a **ABNT NBR 5410:2008**, *Instalações elétricas de baixa tensão*.

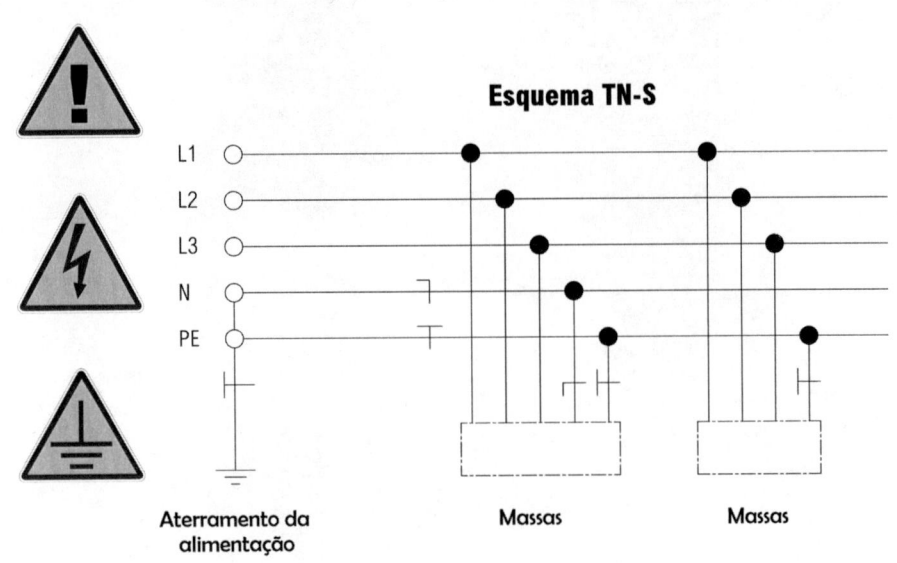

Esquema TN-S

L1
L2
L3
N
PE

Aterramento da alimentação   Massas   Massas

2. As características do sistema pneumático, prescrevendo as pressões e vazões mínimas de ar comprimido necessárias para o funcionamento da máquina, se aplicável (ver **ABNT NBR ISO 4413:2012**, *Transmissão pneumática de potência — Regras gerais e requisitos de segurança para sistemas e seus componentes*)

3. As características dos fluidos necessários, como água potável;
4. Do sistema de captação no caso de exaustão de gases pela máquina ou equipamento.

> **OBSERVAÇÃO**
>
> Após a instalação da máquina e antes de colocá-la "em marcha" (primeira partida), é importante prescrever as informações e instruções necessárias para verificar se a instalação está correta.
>
> O redator técnico deve prescrever no manual de instruções, de forma clara, quais os testes, inspeções, medições necessárias (por exemplo, impedância de aterramento, tensão de alimentação entre fases, fluxo de água, pressão pneumática) para essas verificações.
>
> Em documento apropriado, de preferência no próprio Manual de Instruções, esses procedimentos de verificação devem ser registrados.

(c) Comissionamento:

O comissionamento é um procedimento importante, pois representa a primeira partida da máquina e do equipamento, caracterizado muitas vezes como a entrega técnica. Esse procedimento pode ser realizado pelo fabricante ou não, conforme estabelecido por ele.

Mesmo que realizado pelo fabricante, este deve prescrever todo esse procedimento em detalhe, pois a máquina, algum dia, pode ser transferida para outro local e, por isso, pode ser necessária uma nova instalação, obrigando um novo comissionamento, ou seja, uma nova partida. Nesse momento, o usuário precisará dessas informações e instruções para executar esse procedimento com sucesso.

A subseção 5.2.5.6 da **ABNT NBR 16746:2019** descreve alguns procedimentos normativos, os quais devem complementados pelo redator técnico. São eles:

1. Mencionar as **recomendações específicas de segurança** para fase do comissionamento, indicando todas as medidas de segurança necessárias, tais como uso de EPIs;
2. Descrever todas as providências preliminares, como limpeza da máquina, remoção de embalagens e de graxa de proteção de partes retificadas, películas de proteção, verificação dos sistemas, por exemplo;
3. Prescrever o uso ferramentas e equipamentos necessários;
4. Descrever todos os procedimentos para ajustes, testes e medições necessárias;
5. Definir as inspeções e registro dos relatórios.

8.4.3.7 Operação:

Um dos principais objetivos de um manual de instruções é fornecer informações ao usuário sobre os meios seguros e corretos de operar uma máquina ou equipamento.

Os **grupos-alvos** devem ser identificados com precisão, pois esses serão os responsáveis pela operação da máquina ao longo de sua vida útil.

Os procedimentos devem ser descritos de forma clara, objetiva, evidenciando a sequência operacional passo a passo e os meios seguros durante o processo.

Além disso, devem ser instruídos sobre os avisos, advertências e o significado dos alarmes sonoros e visuais incorporados na máquina, de maneira compreensível e inequívoca.

A subseção 5.2.6 da **ABNT NBR 16746:2019** identifica os requisitos que devem ser considerados na redação deste Capítulo. Esses requisitos não são exaustivos, e devem ser complementados por redator técnico.

É <u>fortemente recomendável</u> utilizar ilustrações detalhadas, para auxiliar a compreensão da descrição de um procedimento.

Durante a fase da coleta (ver 8.2.1), o redator técnico deve fotografar e, se possível, gravar esses procedimentos em várias situações para auxiliá-lo durante na fase de redação. Todas essas imagens servirão como ilustração.

A seguir, estão indicados os requisitos (informações) que devem estar contidos neste Capítulo. São eles:

1. Mencionar as **recomendações específicas de segurança** para essa fase da operação, indicando todas as medidas de segurança necessárias, tais como uso de EPIs, evidenciando acapacitação, a qualificação e a autorização dos operadores, quando necessário;

2. Indicar as condições ambientais seguras e adequadas para operação (iluminado, limpeza etc.);

3. Indicar as ferramentas corretas e adequadas a serem utilizadas durante o processo de operação da máquina;

4. Descrever em detalhes as funções dos comandos da máquina e o respectivo posto de operação e trabalho (Figura 8. 12);

5. Descrever os procedimentos de ajustes necessários que devem ser realizados durante a operação;

6. Evidenciar com precisão e enfaticamente, os riscos específicos que podem ser gerados na utilização de acessórios;

7. Evidenciar os riscos presentes, cujas medidas de segurança são de responsabilidade do usuário para mitigá-los;

8. Informar todas as mensagens de erro do sistema de controle e localização desse erro, assim como o significado dos alarmes sonoros e visuais;

9. Indicar as zonas de perigos presentes na máquina;

10. Descrever o procedimento em forma sequencial (cronológica) da alimentação da máquina com o material a ser processado, os comandos que devem ser acionados e todos os recursos necessários para esta operação de forma segura;

11. Descrever o procedimento em forma sequencial (cronológica) da remoção da máquina do material processado e dos resíduos (cavacos por exemplo), e os comandos que devem ser acionados, e todos os recursos necessários para esta operação de forma segura;

12. Descrever o procedimento em forma sequencial (cronológica) da partida, parada normal e repartida, ilustrando e identificando os comandos que devem ser acionados;

13. Descrever os modos de operação e quando devem ser aplicados;

14. Descrever, se aplicável, todas as funções da interface homem-máquina (IHM), por meio de ilustrações das respectivas telas e a sequência das operações;

15. Descrever em detalhe todo o procedimento de emergência e as providências que devem ser tomadas até a solução total da ocorrência.

OPERAÇÃO NORMAL:

PROCEDIMENTO DE PARTIDA (Máquina de Serra Fita):

1. POSICIONAR Chave Geral (02) na posição LIGADA (**ON**) e o Botão de **EMERGÊNCIA** (03) destravado;
2. VERIFICAR se Botão de **REARME** (03) luminoso (AZUL) está aceso (Figura 8.25);
3. ACIONAR o Botão de **REARME** (03). A Sinaleira AZUL interna deve apagar.
   - Se NÃO apagar, SOLICITAR ajuda do pessoal de manutenção para VERIFICAR o que está ocorrendo, pois pode haver algum problema com a parte elétrico que impede a partida da mesma;
   - Se apagar a Sinaleira AZUL, PRESSIONAR o Botão (04) para acionar a Unidade Hidráulica (40);
4. SUBIR o Arco (05) até a sua posição superior máxima pelo Botão (10);
5. FECHAR a Válvula de Regulagem (20), girando-a no sentido anti-horário, até encontrar resistência ao fechamento. Assim a máquina estará segura antes do manuseio ou ajuste da mesma;
6. ABRIR a Morsa (17) pelo Volante (19) para colocação do material a ser cortado;
7. ENCOSTAR os mordentes da Conjunto da Morsa (17) no material a ser cortado;
8. VOLTAR ¼ volta no Volante (19). Com isso, haverá uma pequena folga suficiente para movimentar longitudinalmente a peça pelo operador. O apertar e o desapertar do Conjunto da Morsa (17) sobre o material será realizado hidraulicamente;
9. PRESSIONAR pelo Botão (40) para fechar o Conjunto da Morsa (17)
10. CERTIFICAR se o material está devidamente fixo e seguro sobre o Conjunto da Morsa (17);
11. SELECIONAR a velocidade de corte utilizando o Potenciômetro

(08), conforme as características do material a ser cortado;
12. MANTER o Arco (05) totalmente na sua posição superior, antes de iniciar qualquer operação de corte;
13. PRESSIONAR o Botão de PARTIDA (09A);
14. ABRIR a Torneira (22) do Distribuidor (23) do líquido refrigerante, se for necessário;
15. ABRIR a Válvula de Avanço do Arco (20);
16. INICIAR o corte do material;
17. OBSERVAR o corte até o seu final;
18. ABRIR o Conjunto da Morsa (17) pelo Botão (41);
19. RETIRAR o material cortado;
20. REPOSICIONAR o material a ser cortado para um novo corte.

OPERAÇÃO DE EMERGÊNCIA:

Caso haja alguma ocorrência, em que exista necessidade de ACIONAR o Botão de **EMERGÊNCIA** (03) no Painel de Comando (06), o operador deve seguir os procedimentos abaixo.

PROCEDIMENTO:

1. EMERGÊNCIA!: PRESSIONAR o Botão de **EMERGÊNCIA** (03) localizado no Painel de Comando (06) (Figura 8.25);
2. DESLIGAR totalmente a máquina pela Chave Geral (02), posicionando-a em DESLIGADA - **OFF**;

<u>**Primeira providência:**</u>

3. PARAR e VERIFICAR o que está ocorrendo;
4. SOLICITAR ajuda a um SUPERVISOR ou outra pessoa QUALIFICADA;
5. VERIFICAR e SANAR a ocorrência;
6. <u>NÃO ACIONAR</u> a máquina sem antes de ter certeza se o motivo da EMERGÊNCIA foi resolvido, e se a máquina está em condições seguras;

Segunda providência:

7. VERIFICAR se o material a ser cortado está devidamente fixado, se a Lâmina de Serra Fita (15) está íntegra e na posição fora do material e segura, e também se não outros riscos eminentes que devem ser removidos;

8. POSICIONAR a Chave Geral (02) em LIGADA - **ON**, assim que sanado o problema e eliminando o perigo ou a situação perigosa presente, se for necessário;

9. VERIFICAR se a Sinaleira Piloto BRANCA 24Vac (09B) localizada no Painel de Comando (06) está acesa;

10. Se a NÃO a Sinaleira Piloto BRANCA 24Vac (09B) mantiver APAGADA, SOLICITAR ajuda do pessoal de manutenção para VERIFICAR o que está ocorrendo, pois pode haver algum problema com no sistema elétrico que impeça a partida da mesma;

11. DAR PARTIDA na máquina e CONTINUAR o trabalho inicial;

12. COMUNICAR e REGISTRAR a ocorrência, se necessário a um supervisor ou superior imediato.

FIGURA 8.25 – PAINEL DE COMANDO.

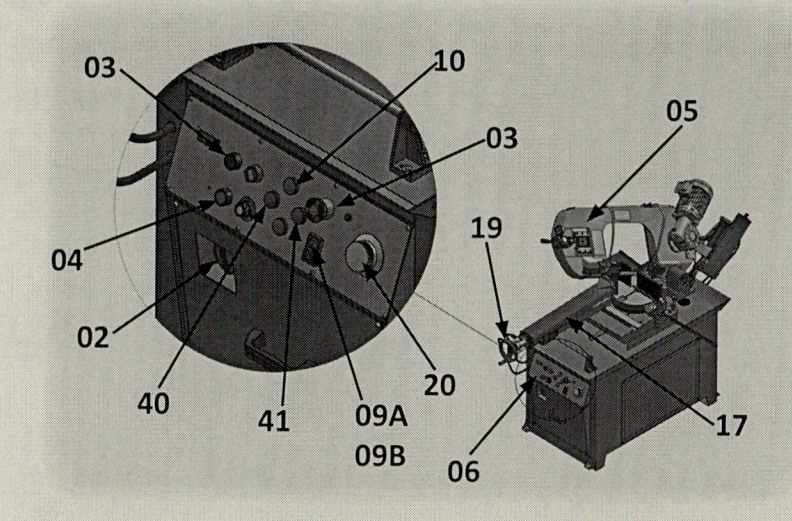

16. Alertar em caso de ocorrência de vibração em máquinas portáteis ou operadas manualmente.

Esses requisitos apresentados, como já mencionado, não são exaustivos e devem ser entendidos nessa fase planejamento.

Não nesse momento, mas após a fase propriamente de redação (ver 8.5), o redator técnico deve submeter o texto ao responsável pelo projeto para verificar se a sequência dos procedimentos está correta. Também deve ser consultado o pessoal da montagem do fabricante, pois este pela suas experiências podem contribuir muito para um texto ficar mais claro e correto.

Recomenda-se consultar:

- as subseções 5.2.7. (*Ajuste original de fábrica do equipamento*) e 5.2.8. (*Mudança de produto ou de capacidade*) da **ABNT NBR 16746:2019**;
- 6.4.5.1 da **ABNT NBR ISO 12100:2013** [*Documentação que acompanha a máquina (em particular, manuais de instrução), Conteúdo*]; e
- **IEC/IEEE 82079-1:2019** – *Preparation of Information for use of products – Part 1: Principles and general requirements.*

8.4.3.8 Manutenção

O Capítulo de manutenção tende a ser o mais volumoso, pois descreve dois cenários:

- O da **manutenção corretiva**, que descreve os procedimentos de troca de componentes, a fim de restabelecer o funcionamento correto da máquina.

- O da **manutenção preventiva**, que desenvolve os procedimentos periódicos de manutenção, como limpeza, troca de óleo, de rolamentos e a substituição de outros componentes, por exemplo.

Há também o cenário da **manutenção preditiva**. Esse tipo de manutenção requer um grau de complexidade incorporado à máquina.

Ela é conhecida como uma manutenção sob condição, caracterizada pela previsibilidade.

Se um determinado componente, vital ao processo e ao desempenho da máquina for importante e implicar em questões de segurança, este passa ser monitorado por meio de medições de alguns parâmetros, como temperatura, vazão, vibração, entre outros.

Durante o funcionamento da máquina, esses parâmetros são analisados e comparados com os padrões preestabelecidos do componente, por meio automático. Ao se desviar desses padrões, o sistema de controle incorporado à máquina avisa o usuário que este componente deve sofrer reparos ou ser substituído.

Como exemplo, a **manutenção preditiva** é utilizada na aviação, e os componentes vitais e críticos podem comprometer a segurança do voo.

O manual de instruções deve descrever esses cenários de manutenções, contendo a maioria das situações possíveis, previsíveis e frequentes, independentemente se esse serviço é executado pela assistência técnica do fabricante ou por terceiros.

Em outras situações, pode haver algum momento em que o usuário necessite dessas informações para ele mesmo execute a manutenção da sua máquina ou equipamento.

Todos os procedimentos de manutenção contidos no manual de instruções, devem ser redigidos de forma sequencial (passo a passo), onde cada linha deve apresentar somente uma tarefa (uma ação).

As subseções 5.2.9 a 5.2.12 da **ABNT NBR 16746:2019** tratam especificamente todas as situações de manutenção, exclusivo a esse **grupo-alvo**.

O manual de instruções deve incluir as informações gerais de manutenção a seguir. Elas não são exaustivas, devendo o redator técnico analisá-las e acrescentar outras relevantes e necessárias. São elas:

1. Mencionar as **recomendações específicas de segurança** nessa fase da manutenção, indicando todas as medidas de segurança necessárias, tais como uso de EPIs, evidenciando a capacitação, a qualificação e a autorização dos profissionais envolvidos, o uso de loto (*lock out e tag-out*) para o controle de bloqueio e sinalização de energias perigosas (Figura 8.28);

2. Indicar as manutenções que precisam ser executadas somente pelo fabricante, quando for necessária, porém devem essas constarem nesse Capítulo, pois podem ser necessárias no futuro;

3. Definir frequência das inspeções das funções de segurança e a forma de executá-las;

4. Descrever todas as ferramentas, dispositivos e equipamentos necessários para qualquer tipo de manutenção;

5. Especificar as peças de reposição a serem usadas, incluindo códigos de referência do fabricante;

6. Mencionar a vida útil estimada dos seus principais componentes, principalmente aqueles que sofrem desgastes continuamente;

OBSERVAÇÃO:

O tempo de vida útil de uma máquina é um dado de difícil determinação. Para tanto, apesar de requisitado na **ABNT NBR 16746:2019** e na **NR-12**, é importante que este tópico seja abordado aqui.

Sabe-se que o tempo de vida de uma máquina ou outro produto depende das condições do uso, da sua manutenção, conservação, entre outros fatores.

Outro requisito prescrito na alínea **p** da 12.13.4 (NR-12) é o tempo de vida útil dos componentes relacionados com à segurança.

O tempo de vida dos componentes relacionados à segurança pode ser determinado pela norma **ABNT NBR ISO 13849-1:2019**, *Segurança de máquinas – Partes de sistemas de comando relacionadas à segurança – Parte 1: Princípios gerais de projeto.*

Por essa norma é possível calcular o tempo de vida dos componentes relacionados à segurança, porém é necessário um profundo conhecimento desta metodologia pelos responsável pelo projeto elétrico.

É importante que essa informação esteja no manual de instruções, mas **nunca se deve adotar ou atribuir valores de tempo aleatoriamente**, pois isso pode gerar riscos graves no futuro. É melhor entrar em contato com o(s) fabricante(s) desses componentes para pedir esclarecimento ▶

▶ e auxílio de como calcular esse(s) valore(s) de tempo de vida útil.

Sabe-se que o requisito 12.13.4 da **NR-12** e suas alíneas são válidos somente para as máquinas fabricadas entre 24 de junho de 2012 a 29 de julho de 2019. Atualmente, o requisito 12.13.3 é o que vigora desde 30 de julho de 2019, que remete para a **ABNT NBR 16746:2019** o requisito de tempo de vida útil.

Logo, em função das prescrições nessa norma e da **NR-12**, recomenda-se, para quando não for possível determinar esse tempo da vida útil da máquina, que o redator técnico descreva da seguinte forma, por exemplo:

*"A **MT-100** foi desenvolvida para um tempo de vida útil longo, possivelmente acima de 50 anos, para as partes mecânicas. Esse tempo pode aumentar consideravelmente se todas as etapas das manutenções preventivas forem cumpridas regularmente, conforme descrito neste Manual de Instruções. Essas manutenções devem ser acompanhadas por um profissional qualificado.*

Esta máquina foi desenvolvida para uso profissional e industrial, num turno de trabalho de 8 h/dia, em média.

<u>Fatores que reduzem o tempo da vida útil</u> da **MT-100** são:

- utilização fora dos limites prescritos na tabela dos dados técnicos, isto é, sem obedecer a capacidade máxima de furação (brocas com Ø ≤ 16 mm). O uso de brocas com Ø > 16 mm, com haste rebaixadas, reduzem o tempo de vida útil do equipamento, degradando os rolamentos do Eixo Árvore e, consequentemente, outras partes mecânicas;

▶

- utilização em operações de fresamento (**mau uso razoavelmente previsível**), com auxílio de mesas coordenadas. Esse tipo de operação degrada drasticamente os rolamentos do EixoÁrvore e também todo este conjunto;
- utilização incompatível de rotação (rpm) com o Ø broca (mm);
- operação com excesso de força de avanço sobre a peça que está sendo furada, proveniente do excesso de força sobre a alavanca de avanço;
- uso constante de brocas com má afiação, o que aumenta a resistência ao corte e desgaste do equipamento, ou uso prolongado de Mandril com defeito ou danificado;
- falta de lubrificação conforme prescrito na manutenção preventiva;
- operação em ambientes agressivos quanto a corrosão e de intempéries não controladas, como ambientes abertos com risco de chuva e poeira;
- outros fatores devido o mau uso do equipamento, sem conhecimento do fabricante".

Os componentes do sistema de comando relacionados à segurança, em geral, são certificados conforme normas **IEC**, tendo um tempo de vida útil elevado, devido a possuírem um $MTTF_D$[65] alto.

Devido à manutenção corretiva ou à vida útil do componente ter se esgotado, recomenda-se que que este seja substi-

---

[65] $MTTF_D$ – Tempo médio até a falha perigosa: expectativa do tempo médio até a falha perigosa (anos) – definido em 3.1.25 da **ABNT NBR ISO 13849-1**, Segurança de máquinas — Partes de sistemas de comando relacionadas à segurança – Parte 1: Princípios gerais de projeto.

> tuído por um outro de mesma marca, mesmo código ou especificação. Se não for possível de qualidade equivalente.
>
> Apenas enfatizando, esse texto é uma recomendação do autor, não normativo, mas mostra os fatores que degradam o tempo de vida útil de uma furadeira, como exemplificado.

7. Descrever as instruções de como realizar com segurança as atividades de manutenção, conforme a seguir:

   - Instruções relacionadas à manutenção, que requerem conhecimento técnico ou capacitação específica e que devam ser executadas apenas por pessoal especializado (por exemplo, pessoal de manutenção na área elétrica, que atenda aos requisitos prescritos na **NR-10**);
   - Instruções relativas às atividades de manutenção (troca de peças, por exemplo) que não requer conhecimentos específicos e que possam ser executadas por outras pessoas (por exemplo, operadores);

8. Anexar os desenhos e diagramas (elétricos, pneumáticos, hidráulicos, eletrônicos etc.) que permitam ao pessoal de manutenção solucionar problemas no caso de intervenções corretivas;

9. Descrever os procedimentos para retomar a operação;

10. Definir o calendário para a manutenção preventiva;

11. Definir a qualificação do pessoal de manutenção;

12. Descrever os riscos específicos e situações perigosas presentes na máquina ou no equipamento quando for realizada a manutenção;

13. Descrever os procedimentos e as condições para limpeza e higienização da máquina ou equipamento (ver 5.2.10 da **ABNT NBR 16746:2019**);
14. Descrever os procedimentos detalhados eventuais manutenções corretivas executadas pelo usuário. Ver exemplo de procedimento de manutenção a seguir:

MANUTENÇÃO:

Toda manutenção dessa máquina DEVE SER realizada por profissionais QUALIFICADOS, CAPACITADOS e AUTORIZADOS para esse tipo de serviço;

*OBSERVAR as recomendações contidas na **NR-12** (versão jul.19) – Capítulo MANUTENÇÃO, INSPEÇÃO, PREPARAÇÃO, AJUSTES e REPAROS, itens 12.11.1 a 12.11.5;*

*CERTIFICAR que a Chave Geral (02) está na posição DESLIGADO **(OFF)**, para evitar riscos de choque elétrico. Em caso de necessidade, BLOQUEAR a Chave Geral (02) com cadeado ou por dispositivo de bloqueio, quando houver riscos de acidentes.*

UTILIZAR Etiqueta de Advertência de Manutenção (Figura 8.28) (TAGOUT) posicionada e/ou fixada na Chave Geral (02) e nos locais onde a manutenção estiver ocorrendo na máquina (procedimento LOTO)

AJUSTES DA CAMBAGEM DO VOLANTE MOVIDO:

A vida útil de uma Lâmina de Serra Fita (10) depende do ajuste com o Volante Movido (13) e com o Volante Motor (14).

A Lâmina de Serra Fita (10) ao rodar sobre o Volante Movido (13) e Motor (14) deve encostar (tocar) levemente no RESSALTO desses Volantes (Figura 8.26).

Ao AJUSTAR a Cambagem do Volante Movido (13) pode aliviar a pressão da Lâmina de Serra Fita (10) sobre o RESSALTO.

FIGURA 8.26 – RESSALTO DOS VOLANTES.

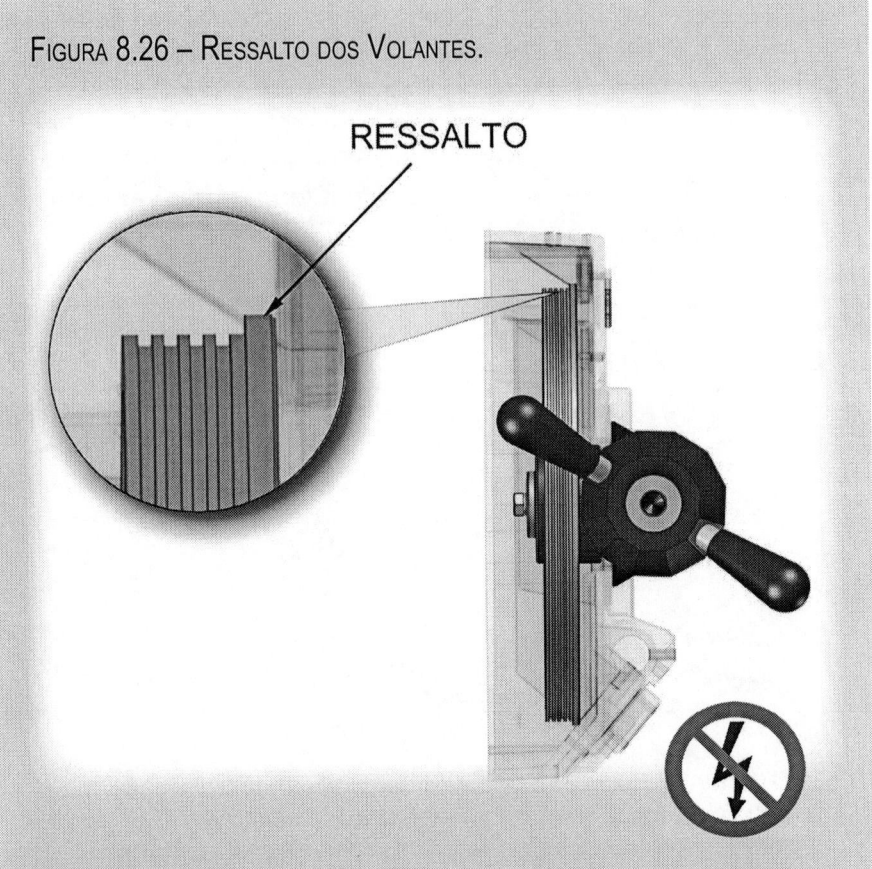

RESSALTO

PROCEDIMENTO:

1. POSICIONAR o Arco (04) na posição máxima superior;
2. FECHAR as Válvulas (12) e (22);
3. VERIFICAR se a Chave Geral (02) está na posição DESLIGADA (OFF) e o Botão de EMERGÊNCIA (03) pressionado;
4. SOLTAR (ALIVIAR o aperto) os Parafusos A, B e C, sem removê-los do Carrinho Tensionador (16), com uma Chave Sextavada Allen (Figura 8.27);

FIGURA 8.27 – POSICIONAMENTO DOS PARAFUSOS DE AJUSTE DA CAMBAGEM.

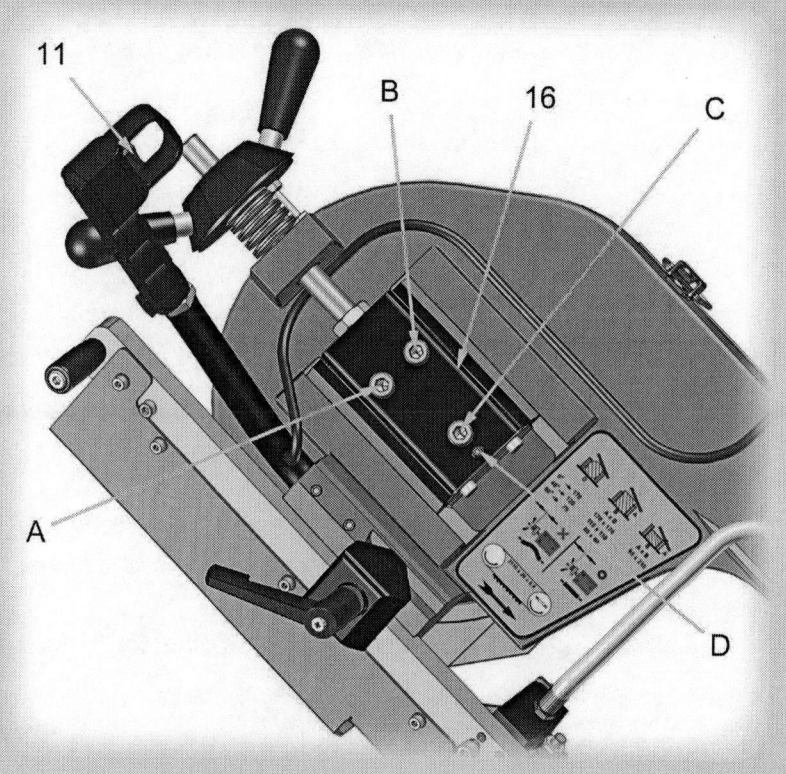

5. AJUSTAR o Parafuso D da cambagem do Volante Movido (13), da seguinte forma:

    - no sentido horário o dorso da Lâmina de Serra Fita (10) encosta no ressalto;
    - no sentido anti-horário o dorso da Lâmina de Serra Fita (10) afasta do ressalto;

    A intensidade do giro do parafuso D deve ser pequena, em torno de 1/4 a 1/3 de volta para cada ajuste, até atingir a condição ideal, ou seja, o dorso da Lâmina de Serra Fita (10) deve ficar de 0,2 a 0,5 mm afastado do dorso do Volantes (13) (14).

6. APERTAR novamente os Parafusos A, B e C
7. POSICIONAR a Chave Comutadora (40) na velocidade 1 e a Chave Seletora (23) no modo MANUAL;
8. LIGAR a máquina, posicionando a Chave Geral (02) em ON;
9. DESTRAVAR o Botão de EMERGÊNCIA (03);
10. VERIFICAR se o tensionamento da Lâmina de Serra Fita (10) está correto;
11. PRESSIONAR o Gatilho (11) com leves toques para girar o Motor (25) da Lâmina de Serra Fita (10);
12. REMOVER o Cárter de Proteção (18) do Arco (04);
13. VERIFICAR a posição do dorso da Lâmina de Serra Fita (10) em relação aos ressaltos dos Volantes (13)(14). Como medida de referência o dorso da serra deve estar 0,2 a 0,5 mm dos ressaltos dos volantes;
14. INSTALAR novamente o Cárter de Proteção (18) e REPETIR o procedimento do item 1 ao 13, <u>caso persista fora essas medidas</u>;
15. INSTALAR o Cárter de Proteção (18) definitivamente, caso a medida esteja conforme os parâmetros do item 13;
16. HABILITAR eletricamente a máquina e DISPONIBILIZAR a mesma para o uso;
17. REALIZAR este procedimento MENSALMENTE ou quando houver problema de ruptura da Lâmina de Serra Fita (10) ou desgaste do ressalto dos volantes.

Outra pesquisa que o redator técnico deve realizar são os possíveis **problemas** (panes – falhas e defeitos), suas **causas e soluções** (consertos e meios de reparos) que podem ocorrer durante o ciclo de vida da máquina.

Logo, o manual de instruções deve conter as seguintes informações gerais sobre a busca dos problemas, causas e soluções (ver 5.2.11 da **ABNT NBR 16746:2019** e tabela a seguir):

1. identificar os possíveis problemas, principalmente os mais frequentes e lógicos, e definir os meios de reparo;
2. construir uma tabela para os problemas, causas e soluções, recomendando listar os problemas de solução mais fácil ou mais comum, ou primeiro as falhas elétricas e depois as falhas mecânicas (por exemplo: elétricos, eletrônicos, mecânicos, eletromecânicos, sistemas pneumático, hidráulico e de vácuo);
3. descrever os procedimentos de restauração da operação, após o reparo da máquina.

Problemas, Causas e Soluções:

PROBLEMAS:	CAUSAS:	SOLUÇÕES:
O Motor não liga.	A máquina não está conectada a rede elétrica.	CONECTAR a máquina à rede elétrica, ou ACIONAR Disjuntores Externos.
	Chave Geral (Disjuntor Motor) posicionado em DESLIGADA - **OFF**.	POSICIONAR a Chave Geral (Disjuntor Motor) em LIGADA - **ON**.
	Fusíveis de entrada ou de saída do Transformador TR1 queimados.	SUBSTITUIR Fusíveis de mesmo valor, realizado por profissional AUTORIZADO e QUALIFICADO.
O Painel de Comando está energizado [Sinaleira BRANCA 24 V está acesa] e o Motor não gira e/ou a Sinaleira AZUL do Botão de REARME não apaga a ser pressionado.	Botão de EMERGÊNCIA pressionado.	SOLTAR o Botão de EMERGÊNCIA.
	Proteção Frontal) ou Tampa de Proteção abertas ou mal ajustadas.	FECHAR ou AJUSTAR as Proteções.

PROBLEMAS:	CAUSAS:	SOLUÇÕES:
Motor não gira, Sinaleira BRANCA 24 V acesa, e a Sinaleira AZUL do Botão de REARME apagou após ser pressionado.	Motor com problema.	VERIFICAR a ocorrência por profissional autorizado e qualificado.
	Motor sem alimentação – problema com cabo de potência.	

Fonte: autor

Finalmente, outra observação importante, que deve estar contida no manual de instruções, são as informações de **desmontagem, desativação** e **descarte** da máquina ou do equipamento.

Quando desativar uma máquina temporariamente, por algum motivo, podem ser exigidos procedimentos específicos ou especiais.

Logo, o manual de instruções deve incluir instruções para desmontagem, desativação e descarte da máquina, como recomendado a seguir:

1. mencionar as **recomendações específicas de segurança** para fase de desmontagem, desativação e descarte, indicando todas as medidas de segurança necessárias, tais como uso de epis, evidenciando a capacitação, a qualificação e a autorização dos operadores, quando necessário precauções e ações técnicas e administrativas;

2. descrever o procedimentos loto (*lock out e tag-out*) para o controle de bloqueio e sinalização de energias perigosas, a respectiva desconexão, seccionamento ou esgotamento dessas energias, por exemplo: energia potencial (massa suspensa, mola estendida ou comprimida), ciné-

tica (massa girando), elétrica, pressão pneumática e hidráulica etc. (Figura 8.28);

FIGURA 8.28 – EXEMPLO DE BLOQUEIO E SINALIZAÇÃO DE ENERGIAS PERIGOSAS – LOTO – *LOCK OUT* E *TAG-OUT*..

(FIGURA ILUSTRATIVA)

Fonte: autor

3. descrever os equipamentos e as ferramentas especiais para este tipo de operação;
4. mencionar as medidas de proteções e de redução de riscos sob responsabilidade do usuário ou do pessoal de manutenção de terceiros;
5. descrever os procedimentos da sequência ou cronologia para a desativação e o destino a ser dado aos principais componentes e insumos, como óleo hidráulico, óleo refrigerante, entre outros.

Os procedimentos do descarte devem prescrever as atividades que o usuário deve executar no fim do ciclo de vida da máquina ou de uma peça, com instruções para desmantelamento, eliminação, reciclagem e/ou descarte, indicando as informações de segurança, para evitar riscos para a saúde e para o meio ambiente.

8.4.3.9 Sistemas elétrico, pneumático, hidráulico e vácuo

Este Capítulo, especificamente, destina-se a descrever em detalhe os sistemas presentes na máquina ou no equipamento. Essa descrição e outras informações complementam o Capítulo de manutenção, principalmente no auxílio da busca de soluções de problemas específicos.

É conveniente que o pessoal de manutenção tenha em mãos as informações dos sistemas, como diagramas, especificações detalhadas e desenhos do arranjo físico (*layout*) dos componentes do sistema descrito (Figuras 8.29 e 8.30), e outras informações relevantes e necessárias.

Nesse sentido, convém que a redação da descrição seja baseada nos respectivos diagramas, como do sistema elétrico, pneumático e/ou hidráulico, por exemplo.

Durante essa fase de planejamento e coleta de informações (ver 8.2.1), é recomendado que seja feita uma lista com os principais componentes do sistema descrito, com as sua especificações, descrição e código do fabricante deles. Em caso de necessidade, o usuário, pode adquirir uma peça substituta e pôr a máquina em marcha de maneira segura rapidamente.

Se houver componentes que mereçam cuidados especiais, como armazenamento em condições ambientais específicas, ou algum tipo de teste preliminar, recomenda-se fornecer esse tipo de informação no manual de instruções.

Resumidamente, essas informações não são exaustivas, mas o redator técnico deve ficar atento para outras informações relevantes sobre esses componentes, as quais devem ser coletadas antecipadamente.

São elas:

1. Diagramas elétrico, hidráulico, pneumático e de vácuo, quando aplicáveis;
2. Listas de peças de reposição;
3. Manual de instruções de componentes de terceiros ou subfornecedores, por exemplo, o manual do inversor de frequência para sua programação e acesso aos significados dos erros apresentados no IHM;
4. Outros documentos ou desenhos relevantes e ilustrativos.

Figura 8.29 – Vista explodida do Painel de Comando.

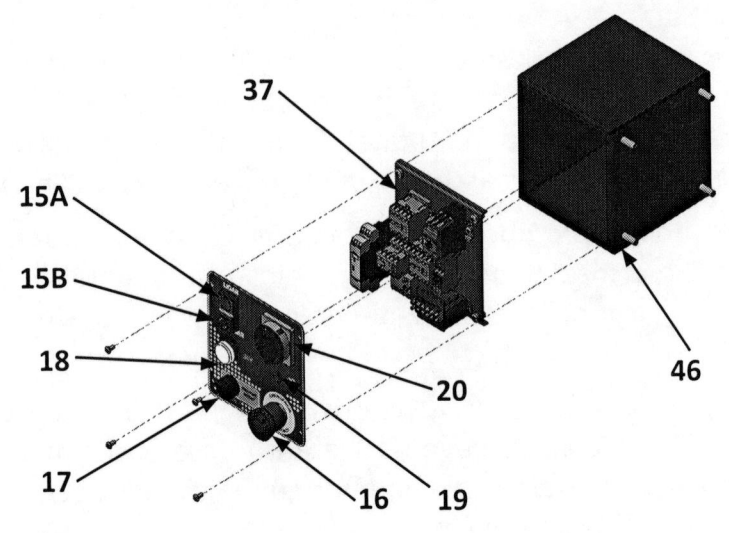

Fonte: autor

FIGURA 8.30 – BANDEJA DE COMPONENTES ELÉTRICOS.

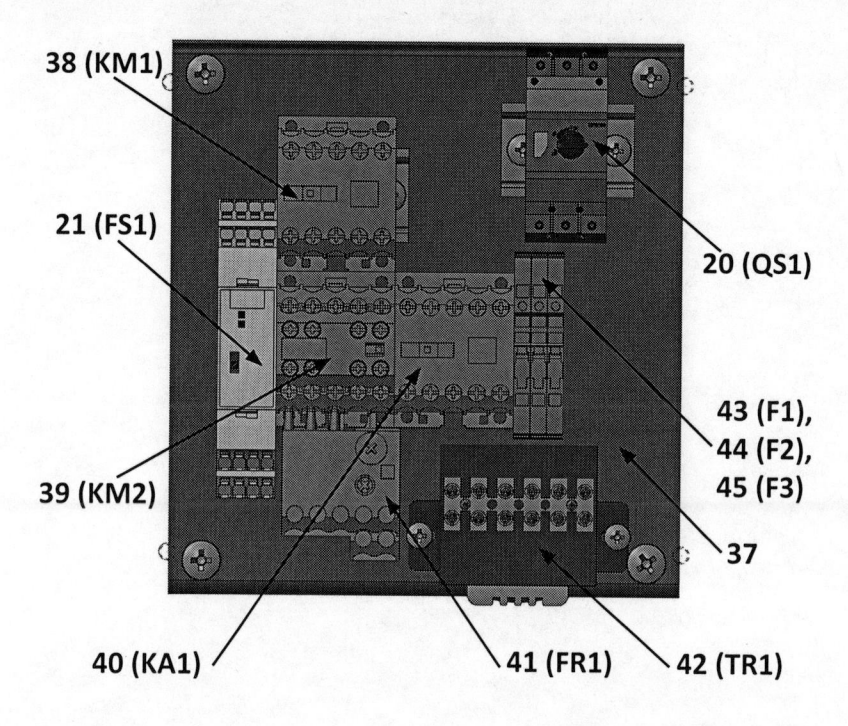

- 38 (KM1)
- 21 (FS1)
- 39 (KM2)
- 40 (KA1)
- 41 (FR1)
- 42 (TR1)
- 20 (QS1)
- 43 (F1),
- 44 (F2),
- 45 (F3)
- 37

(FIGURA ILUSTRATIVA)

Fonte: autor

A seguir há um exemplo da descrição de um sistema elétrico. O mesmo deve ser feito como os sistemas hidráulicos, pneumáticos e de vácuo, se aplicável.

SISTEMA ELÉTRICO:

O sistema elétrico é composto de uma Caixa do Painel de Comando (14), cujo o Grau de Proteção é IP 55 (**ABNT NBR IEC 60529:2005**), o qual abriga todos os componentes elétricos responsáveis pelos comandos da máquina, do sistema de segurança e do Motor (07).

O Painel de Comando (14) possui no seu lado externo os botões e chaves de comando da máquina, conforme observado na Figura 8.27. Nesta Caixa do Painel de Comando (46) inclui:

- Botão de PARTIDA SB2 (15A) (cor VERDE);
- Botão de PARADA SB1 (15B) (cor VERMELHA);
- Botão de REARME SB3 (17) (sinaleira AZUL – HL3);
- Sinaleira 24 V – HL1 (18) (cor BRANCA);
- Sinaleira Relé Sobrecarga – HL2 (19) (cor VERMELHA);
- Botão de EMERGÊNCIA – SB0 (16);
- Disjuntor Motor – QS1 (20).

No interior da Caixa do Painel (46), encontram-se os componentes do circuito de potência e de segurança, sendo eles:

- Contatores do Motor – KM1 (38) e KM2 (39);
- Transformador 220/380 V-24 V – TR1 (41);
- Relé Térmico – FR1 (41);
- Fusíveis de proteção – F1 (43), F2(44) e F3(45);
- Relé de Segurança -FS1 (21).

Também inclui nesse sistema:

- Chave de Segurança da Tampa – SQ1 (22);
- Chave de Segurança da Proteção do Mandril – SQ2 (23).

Este Sistema Elétrico foi desenvolvido em cumprimento dos requisitos aplicáveis da **Norma Regulamentadora 12**, da norma técnica **ABNT NBR IEC 60204-1:2020**.

Adotou-se como CATEGORIA DE SEGURANÇA 3, conforme observado no processo de apreciação de risco, elaborada de acordo com a **ABNT NBR ISO 12100:2013** e **ABNT ISO/TR 14121-2:2019**, tendo como referência os critérios da norma tipo C harmonizada EN em 14.1.1 da **EN 12717:2001+A1:2009(E)** e subsidiariamente pela **ABNT NBR 14153:2013**.

*Também adotou-se como CATEGORIA DE PARADA 0 (ZERO), conforme critérios da 14.1.2. da **EN 12717:2001+A1:2009(E)** e subsidiariamente por 9.2.3.4.2 da **ABNT NBR IEC 60204-1:2020**.*

*A seguir é ilustrado o respectivo diagrama elétrico da **MT-100**. As Figuras 8.29 e 8.30 (anteriormente apresentadas) mostram a distribuição dos componentes no interior da Caixa do Painel (46).*

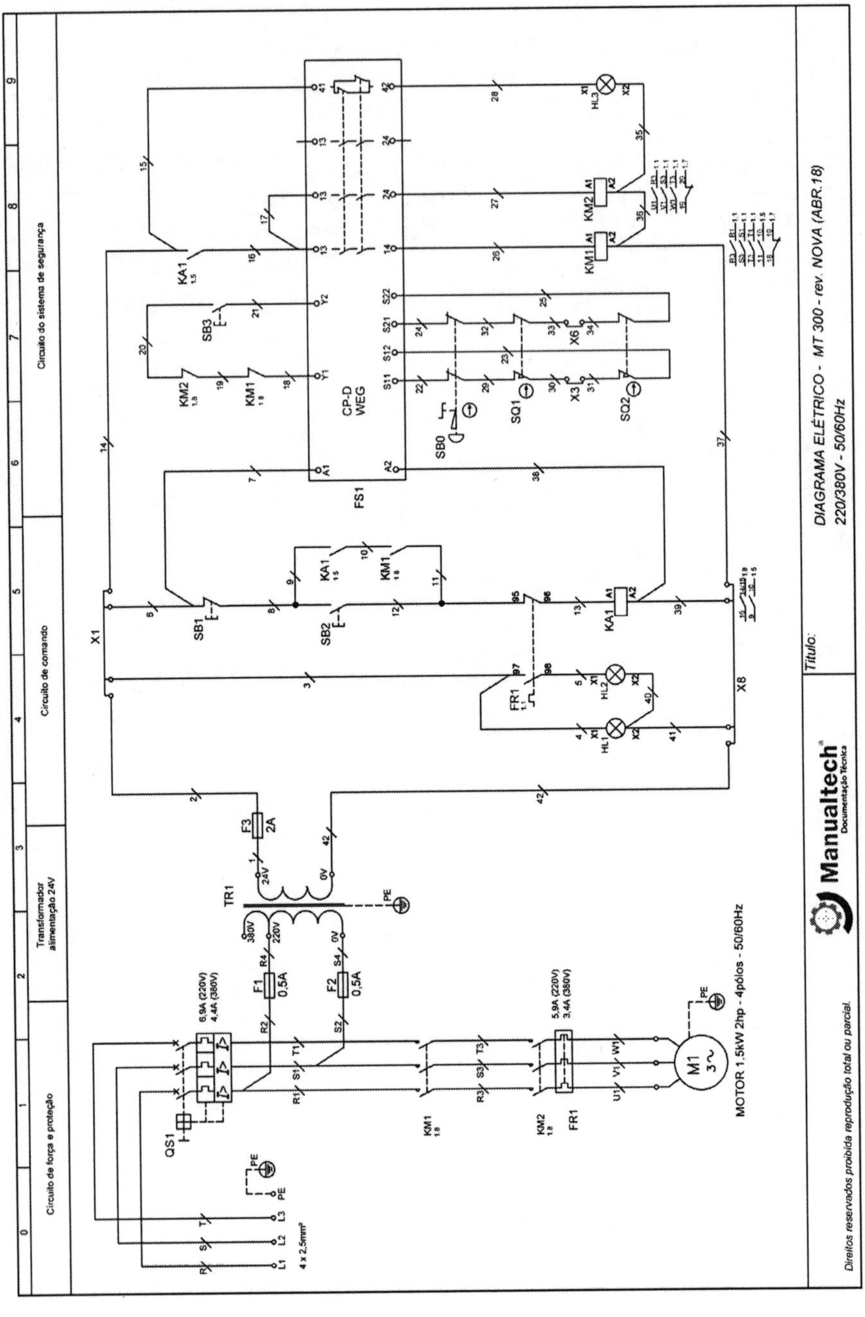
Circuito de força e proteção
Transformador alimentação 24V
Circuito de comando
Circuito do sistema de segurança
MOTOR 1,5kW 2hp - 4pólos - 50/60Hz
Título:
DIAGRAMA ELÉTRICO - MT 300 - rev. NOVA (ABR.18)
220/380V - 50/60Hz
Manualtech®
Documentação Técnica
Direitos reservados proibida reprodução total ou parcial.

Pode ocorrer, em determinadas máquinas ou equipamentos a necessidade de **TESTES** e **INSPEÇÕES** no respectivos Sistemas.

Se for aplicável, o manual de instruções deve incluir informações sobre esses **testes** e **inspeções**. Essas medidas fazem parte do processo de redução de risco que responsabilidade do usuário. Logo, informar:

1. Os procedimentos para os testes e inspeções;
2. A frequência ou periodicidade dos testes e inspeções;
3. As respostas a falhas dos testes;
4. Os documentação do teste.

8.4.3.10 Catálogo de Peças de Reposição

É recomendável haver um catálogo DE PEÇAS DE REPOSIÇÃO com desenhos explodidos, como visualizado e exemplificado na Figura 8.31.

Por esse meio, é possível informar adequadamente ao usuário da máquina ou do equipamento qual o código correto que deve solicitado ao fabricante na aquisição de peças de reposição.

Essas informações são relevantes, pois sem elas uma manutenção corretiva ou preventiva pode ficar paralisada, prejudicando a produção do usuário final, dono da máquina.

Se o fabricante elabora os seus projetos por meio de desenhos eletrônicos da máquina, ou seja, em CAD (*AutoCAD, SolidWorks*, por exemplo), o redator técnico pode utilizá-los para criar as vistas explodidas ou outros desenhos para elaborar o **catálogo de peças de reposição**.

Apesar de não ter esse objetivo específico, um bom catálogo de peças de reposição pode auxiliar numa manutenção de uma máquina, pois as vistas explodidas ilustram alguns detalhes de montagem de componentes e conjuntos. No caso de dúvidas, pode ser muito útil a sua utilização.

Convém que esse Capítulo seja posterior ao de manutenção. No caso de manual em vários volumes, convém que haja um volume exclusivo para peças de reposição, principalmente se a máquina for complexa e de grandes dimensões.

Portanto, durante a fase de planejamento, é importante que o redator técnico procure acessar esses desenhos para esta finalidade.

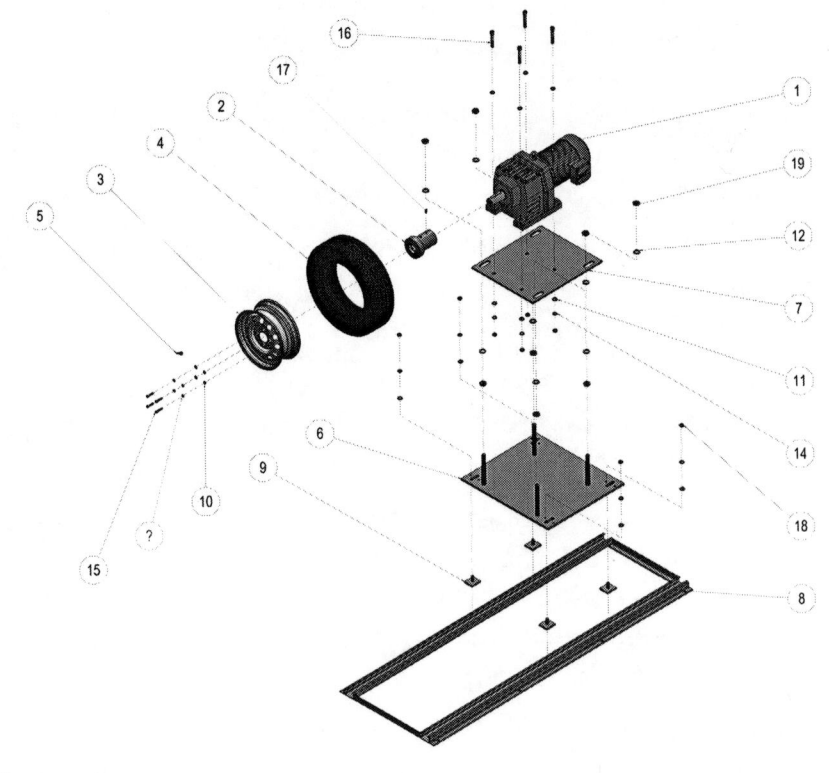

FIGURA 8.31 – VISTA EXPLODIDA DE PEÇAS DE REPOSIÇÃO.

Fonte: autor

TABELA DA FIGURA 8.31 – VISTA EXPLODIDA DE PEÇAS DE REPOSIÇÃO.

POSIÇÃO	DESCRIÇÃO	QTD
1	MOTORREDUTOR	1
2	CUBO DA RODA	1
3	RODA COM PNEU	1
4	PNEU	1
5	BICO DO PNEU	1
6	SAPATA DO MOTORREDUTOR	1
7	BASE DO MOTORREDUTOR	1
8	TRILHO DO MOTORREDUTOR	1
9	BASE TRAVA DO TRILHO	1
10	ARRUELA LISA M10	4
11	ARRUELA LISA M16	4
12	ARRUELA LISA M24	8
13	ARRUELA PRESSÃO M10	4
14	ARRUELA PRESSÃO M16	12
15	PARAFUSO ALLEN CAB. CIL. M10 X 40	4
16	PARAFUSO ALLEN CAB. CIL. M16 X 90	4
17	PARAFUSO ALLEN CAB. CIL. M24 X 40	1
18	PORCA SEXTAVADA M16	8
19	PORCA SEXTAVADA M24	8

Fonte: autor

8.4.3.11 Termos e Condições de Garantia

Este tópico não envolve questões de segurança quanto à operação da máquina.

A segurança descrita e abrangida aqui refere-se a outro tipo. Trata-se da segurança da relação comercial e contratual entre as partes: **fabricante** e o **cliente final** (usuário da máquina).

É fortemente recomendável que os **termos e condições de garantia** estejam contidos no manual de instruções. No entanto, se isso não for possível, é necessário que o fabricante, por alguma forma escrita e formal, apresente esses **termos e condições de garantia** de alguma forma, deixando claro para o comprador final essas cláusulas.

Para o relator técnico ou outro profissional, responsável por redigir esses termos e condições, é importante que ele compreensa alguns pontos sobre esse assunto:

O primeiro aspecto trata-se da legislação que deve ser aplicada nesta relação.

Antes de tudo, é necessário entender o conceito do que é uma **relação de consumo**. Isso é significativo, pois determinará qual legislação deve ser aplicada:

- **Código de Defesa do Consumidor – CDC** ou
- **Código Civil Brasileiro**.

Para tanto, precisa-se definir:

> *Relação de Consumo* é a aquela existente um consumidor, um fornecedor e um produto/serviço interligados entre si. Esta relação é válida somente se houver esses 3 elementos presentes.

O que é **consumidor**, segundo o CDC[66]?

---

66 CDC – Código de Defesa do Consumidor – Lei 8078/90.

> *Art. 2º **Consumidor** é toda pessoa física ou jurídica que adquire ou utiliza produto ou serviço como **destinatário final**.*

O que é **Fornecedor**?

> *Art. 3º **Fornecedor** é toda pessoa física ou jurídica, pública ou privada, nacional ou estrangeira, bem como os entes despersonalizados, que desenvolvem atividade de produção, montagem, criação, construção, transformação, importação, exportação, distribuição ou comercialização de produtos ou prestação de serviços.*

O que é **produto** e **serviço**, segundo o CDC?

> *§ 1º do art. 3º – **Produto** é qualquer bem, móvel ou imóvel, material ou imaterial.*
>
> *§ 2º do art. 3º – **Serviço** é qualquer atividade fornecida no mercado de consumo, mediante remuneração, inclusive as de natureza bancária, financeira, de crédito e securitária, salvo as decorrentes das relações de caráter trabalhista.*

O **CDC** é uma lei sancionada com o objetivo básico de proteger pessoas (físicas ou jurídicas), ditas como **consumidores**, as quais são consideradas como a parte mais fraca de uma relação de consumo. Surge, então, a condição da **hipossuficiência**, que é o desequilíbrio de poder (financeiro, de conhecimento etc.) nessa relação. Por exemplo, pode-se citar um idoso, uma dona de casa, um trabalhador, um adolescente, entre tantos outros tipos de pessoas como consumidores, as quais compram ou contratam serviços de grandes empresas, consideradas **fornecedores**.

> *Do inciso VIII da Art. 6º do CDC:*
>
> *- a facilitação da defesa de seus direitos, inclusive com a inversão do ônus da prova, a seu favor, no processo civil, quando, a critério do juiz, for verossímil a alegação ou quando for ele **hipossuficiente**, segundo as regras ordinárias de experiências;*

Portanto, se houver essas condições presentes pode haver uma relação de consumo, e aplica-se a Lei **8.078/90 – Código de Defesa do Consumidor**. Caso contrário aplica-se o **Código Civil Brasileiro**, Lei **10.406/2002**.

Os exemplos a seguir vão auxiliar no entendimento do que é uma **relação de consumo**.

1. Suponha que uma fabricante **A** (empresa) adquire televisores de um fornecedor **B**, para utilizá-los como um dos componentes da sua máquina. Este televisor servirá de monitor para visualizar os parâmetros de controle do processo de fabricação que o equipamento final executará.

Após instalado o televisor na máquina, e a mesma pronta e embalada, é vendida para outra empresa **C** que irá utilizar esta máquina para produzir algum tipo de produto.

Nesse caso, há duas relações: da empresa **A** x **B** e **A** x **C**.

Em ambos os casos não há uma relação de consumo, devido:

- Ao produto final de cada relação não se destinar a um consumidor final, pois o produto (televisor) é parte integrante da máquina, utilizada num processo industrial;
- A todas as empresas possuírem **suficiência** em especificar, comprar e instalar os referidos produtos. Não há desiquilíbrio entre as partes;
- A todas as empresas possuem *expertise* nos produtos entregues.

Logo, os **termos e condições de garantia** devem ser redigidos com base no **Código Civil Brasileiro**.

2. Suponha que uma empresa **D**, de grande porte, adquire televisores de uma empresa **E**, mas esses produtos serão instalados no refeitório dos funcionários de **D**.

Nessa hipótese há uma relação de consumo devido:

- à empresa **D** ser Consumidora final. O televisor será utilizado para uma o entretenimento dos seus empregos durante as refeições, no restaurante da empresa;
- ao comprador da empresa **D** não precisar ser um engenheiro para comprar um televisor. Ela possui hipossuficiência.

Logo, os **termos e condições de garantia** devem ser redigidos com base no **Código de Defesa do Consumidor**.

O segundo aspecto que deve observado é a questão da **garantia legal** e a **contratual**.

A **garantia legal** é estabelecida no próprio Código de Defesa do Consumidor, isto é, decorre do artigo dessa lei, e independe de termo escrito. Ela é obrigatória, incondicional, irrestringível, irrenunciável e inegociável.

> Art. 24. A ***garantia legal*** *de adequação do produto ou serviço independe de termo expresso, vedada a exoneração contratual do fornecedor.* (CDC)

A **garantia contratual** é estabelecida pela vontade do Fornecedor, por meio dos Termos e Condições da Garantia, de forma expressa. Ela complementa e supera a Garantia Legal, inclusive em termos e prazos.

> Art. 50. A ***garantia contratual é complementar à legal*** *e será conferida mediante termo escrito.*
>
> *Parágrafo único. O termo de garantia ou equivalente deve ser padronizado e esclarecer, de maneira adequada em que consiste a mesma garantia, bem como a forma, o prazo e o lugar em que pode ser exercitada e os ônus a cargo do consumidor, devendo ser-lhe entregue, devidamen-* ▶

> te preenchido pelo fornecedor, no ato do fornecimento, **acompanhado de manual de instrução, de instalação e uso do produto em linguagem didática, com ilustrações.** (CDC)

No final o que interessa ao redator técnico sobre esse assunto?

1. Saber se a máquina a qual será vendida é para um consumidor final ou não.

    Por exemplo:

    se seu produto é uma furadeira de bancada, a qual será adquirida numa loja especializada por um aposentado, para fazer brinquedos para os seus netos (aposentado é consumidor final, considerado como parte fraca da relação. Parte como pressuposto que ele é **hipossuficiente**).

    Ou se o produto fabricado será vendido a uma montadora para estampar peças de veículos. Logo, a montadora não será considerada como consumidora final, pois a máquina destina-se à produção, e ela não é hipossuficiente nessa relação.

    Logo, deve saber a quem e para quê destina o produto o qual está redigindo manual de instruções.

2. Saber qual a legislação deve ser aplicada na redação dos **termos e condições de garantia** em função se há ou não uma relação de consumo: **CDC** ou **Código Civil**.

3. Definir as condições da garantia contratual, como prazos, excludentes de garantias etc.

4. Solicitar auxílio na redação das garantias por um advogado conhecedor do assunto.

Consultar o Capítulo 10 (condições de garantia) do **Manual de Instruções da Furadeira MT-100** do APÊNDICE A.1 deste Guia de Redação.

8.4.3.12 Referências Normativas

As **referências normativas** são documentos técnicos utilizados para fabricação ou construção da máquinas, que compreendem normas regulamentadoras (NRs), normas técnicas (**ABNT NBR, ISO, IEC, EN, ANSI** etc.), legislações pertinentes de órgãos federais, estaduais e/ou municipais (**Anvisa, Cetesb, Ministério da Agricultura**, entre outros), além de normas e documentos próprios da empresa.

É relevante mencionar esses documentos em Capítulo próprio, pois permite dar uma boa visibilidade da conduta do fabricante na condução do projeto da máquina ou do equipamento, quanto aplicação e atendimento aos requisitos legais exigidos.

O atual texto da **NR-12**, como já discutido no Capítulo 3, pelo requisito 12.13.3, a partir de 30/07/2019, remete para as normas técnicas oficiais ou internacionais aplicáveis, a responsabilidade pelos requisitos a redação dos manuais de instruções. Portanto a **ABNT NBR 16746:2019** assumiu essa responsabilidade.

Na **ABNT NBR 16746:2019**, as referências normativas não são mencionadas como requisito, e nem é requisitada na **ISO 20607:2019**.

Nos textos anteriores da **NR-12**, esse requisito era exigido. No entanto, atualmente, esse requisito só é considerado na alínea d) do item 12.13.4, mas somente para as máquinas fabricadas entre 24/06/2012 a 29//07/2019.

Por essas razões, é fortemente recomendado, pois não há uma obrigatoriedade explícita, que o redator técnico faça uma relação dos documentos técnicos utilizados no projeto da máquina. Esse levantamento pode ser feito junto aos responsáveis técnicos do projeto.

Evidentemente, deve ser referenciado somente os documentos mais importantes, e principalmente aqueles relacionados à segurança da máquina ou do equipamento, como as normas **Tipo A, B** e **C**, esta última se existente.

Não é necessário referenciar as normas técnicas quanto a especificações de parafusos ou de matéria prima, por exemplo, pois estas devem ser citadas nos desenhos de peças primárias, de conjuntos e de montagens.

Consultar o Capítulo 11 (referências normativas) do **Manual de Instruções da Furadeira MT-100** do APÊNDICE A.1 deste Guia de Redação.

8.4.3.13 Glossário

Segundo a **ABNT**, o **glossário** é uma informação composta por uma lista de palavras, termos, siglas, em ordem alfabética, citados no texto do manual de instruções de um determinado domínio de conhecimento com a definição destes termos.

Geralmente, pode se encontrar no final do manual de instruções, porém pode ficar a critério do planejamento inicial do redator técnico a sua posição em relação ao manual.

É recomendado, se necessário, incluir os sinônimos dessas palavras ou termos, principalmente quando essas possuem outras denominações, e são conhecidas por outros nomes no mercado. Por exemplo:

- Chave Allen (chave hexagonal).

Outra aplicação do **glossário**, está na definição das unidades das grandezas físicas e químicas utilizadas no texto do manual de instruções, por exemplo:

- **kgf** – quilograma força
- **N** – Newton
- **psi** – *pound square inch*, unidade pressão no Sistema Imperial [multiplicar por 6 894,76 para transformar em Pascal (Pa) (SI)].

Esse requisito é citado em 5.2.16 da **ABNT NBR 16746:2019**.

8.4.3.14. Índice remissivo

Em 5.2.15 da **ABNT NBR 16746:2019**, recomenda-se a criação de um índice remissivo.

O objetivo do índice remissivo é possibilitar e facilitar o encontro de um determinado assunto no manual de instruções, buscando-se por meio de palavras-chaves.

Qual a necessidade do **índice remissivo**?

Num manual eletrônico, cujo arquivo está em *PDF*, o leitor tem recursos de encontrar palavras e termos, utilizando a função *CTRL F*, por exemplo. Isso facilita muito a vida do leitor para pesquisas. É muito rápido!

O problema surge quando o manual está impresso em papel. O leitor tem dificuldade de encontrar algo específico, mesmo consultando e buscando o assunto via sumário. Tem que "ficar folheando" o documento por mais tempo, até encontrar o que deseja.

Se for criado um bom índice remissivo, com palavras-chave adequadas e pertinentes ao assunto, o leitor do **grupo-alvo** facilmente encontrará a informação que necessita. Imagine a hipótese:

> À noite, numa estrada, o pneu do veículo fura.
>
> O motorista, sem estar habituado à troca de pneu e ao uso do macaco, consulta o manual do veículo em busca das informações.
>
> O manual possui muitas páginas e diversos assuntos.
>
> Se o motorista consultar o índice remissivo e procurar pela palavra-chave PNEU, encontrará, possivelmente, as páginas 21, 43 e 67 que tratam sobre PNEU.
>
> A página 21 dá as especificações dos tipos pneus conforme o modelo do veículo.
>
> A página 43 define as pressões ("calibragem") conforme o carregamento (com malas e passageiros ou só o motorista) do veículo e do modelo.
>
> Ao abrir na página 67, o motorista encontrará o assunto procurado rapidamente: informações para substituição do pneu por um substituto.

Logo, o índice remissivo permite essa rapidez necessária nos momentos de emergência, por exemplo.

Hoje, os aplicativos de edição de texto possuem recursos que facilitam a criação de índices remissivos, mas dependerá da capacidade do redator técnico em definir as **palavras-chaves**, **termos** e **sigla** que se encontram no texto do manual de instruções.

Segundo a ABNT, **índice remissivo** é toda uma lista de artigos enumerados dentro do texto, por exemplo, quando no texto se encontra palavras-chave de difícil entendimento. É aquele que organiza em ordem alfabética os assuntos tratados no texto.

O índice remissivo, geralmente, deve estar no final do texto.

Consultar o Capítulo 13 (índice remissivo) do **Manual de Instruções da Furadeira MT-100** do APÊNDICE A.1 deste guia de redação.

8.3.2.15. Anexos/Apêndices

É comum uma máquina ou equipamento ter na sua composição da sua documentação técnica, além do próprio manual de instruções, outros documentos importante oriundos de fornecedores de partes do produto.

Esses documentos são importantes e não devem ficar com o fabricante, mas distribuído a usuário final, que irá operar a máquina.

Como exemplo, pode ser citado o manual instruções do inversor de frequência que equipa a máquina, ou de uma unidade hidráulica, ou de uma bomba centrífuga.

Não há sentido em o fabricante da máquina reproduzir ou copiar esses documentos novamente, pois eles são de responsabilidade desses fornecedores de partes. Apenas recomenda-se citá-los indicando a revisão e a data de cada um deles neste Capítulo, aqui sendo discutido.

Assim, por essa citação, o fabricante evidencia e mostra quais documentos devem fazer parte da coletânea da documentação técnica final da máquina ou do equipamento.

Além dos manuais de terceiros, outras informações podem ser referenciadas ou colocadas nesse Capítulo específico.

No entanto, é importante diferenciar dois conceitos: anexo e apêndice.

Segundo a **ABNT**, apêndice são documentos produzidos pelo redator técnico para complementar algo mencionado nos Capítulos anteriores. O anexo tem o mesmo objetivo, mas é produzido por terceiros.

Pode-se citar como **apêndices**:

1. Tabelas, gráficos, ábacos;
2. Descrição das ferramentas necessárias;
3. Especificações técnicas detalhadas;
4. Lista de peças de substituição, se aplicável;
5. Desenhos e diagramas de montagem de partes ou da máquina;
6. Desenhos dos diagramas pneumáticos, elétrico, hidráulico ou outros diagramas relevantes;
7. Listas de problema, causa e solução ou de ajustes, caso não mencionado em Capítulo anterior pertinente;
8. Declarações legais e certificados de conformidade

Pode-se citar como **anexo**:

1. Manuais de operação de equipamentos periféricos fornecidos por terceiros;
2. Manual de instruções de componentes elétricos fornecidos por terceiros;

3. Desenhos e diagramas de montagem de terceiros;
4. Diagramas pneumáticos, elétrico, hidráulico ou outros diagramas relevantes de terceiros;
5. Catálogos e especificações de componentes fornecidos por outros fabricantes.

A montagem desse Capítulo deve ficar a critério do redator técnico e da equipe de engenharia, quando houver.

8.5 A REVISÃO FINAL

8.5.1 Introdução

Após concluído o trabalho de redação técnica do Manual de Instruções, incluindo toda parte de ilustração e de formatação, deve-se iniciar a fase de revisão final.

Por maior zelo do redator técnico durante a fase de redação, em manter um texto impecável, pode haver erros de digitação, ortográficos e gramaticais, como o de concordância nominal e verbal. Outros erros comuns que ocorrem são na digitação de dados, na formatação, ou de descrições procedimentos, entre outros. Também é comum surgir vícios de linguagem do próprio autor do texto.

Tudo isso é normal e compreensíveis. Porém esses equívocos não podem prosseguir e devem ser sanados.

Para tanto, essa fase é necessária e importante para a qualidade da apresentação do trabalho.

8.5.2 Como revisar

Há algumas formas de trabalhar essa questão.

São elas:

1. **AUTORREVISÃO**. Essa forma compreende o próprio autor revisar o seu texto. No entanto, aconselha-se deixar o texto "em descanso" por dois dias ou um pouco mais. Após esse período, com calma e descansado, o redator técnico deve ler novamente todo o seu texto com cuidado.

   Recomenda-se fazer essa leitura de uma das duas formas:

   a) **Imprimir** o texto e ler no papel. Esse meio permite ver o texto formatado por outra visão. Isso ajuda a observar a redação, além de visualizar melhor os erros de digitação e gramaticais. Conforme a leitura progride e o erros surgem, imediatamente deve ser corrigido no texto original digitado;

   b) **Ampliar** ao máximo (na largura) o texto na tela do computador. Como mencionado em 2.3.4, monitores de 22 polegadas ou maiores permitem uma visualização melhor do texto, das ilustrações e da formatação em si. Isso ajuda a observar os erros, mas o redator deve ler com atenção com cuidado para encontrar essas discrepâncias.

2. **Uso do Word**. Outro meio de revisar um texto, é utilizar o *Word* da *MicroSoft*. Se o manual tiver sido escrito nesse software, ele automaticamente acusará alguns erros de digitação, erros de grafia de palavras, de concordância verbal ou nominal.

   Se não tiver sido redigido no *Word*, apesar do tempo a ser dispendido, copiar o texto (CTRL C) e colar no *Word* (CTRL V). Por esse meio, automaticamente os erros comuns surgirão.

Imediatamente, a cada erro encontrado, o redator técnico deve corrigir o texto principal.

3. **Revisão por terceiros**. É recomendado, após essas revisões citadas, o redator técnico submeter o seu manual de instruções para ser revisado por um profissional conhecedor da máquina ou do equipamento (projetista ou engenheiro responsável pelo projeto). Eventualmente, alguns erros de digitação podem surgir, mas ele podem encontrar e pedir para alterar algumas descrições, tais como procedimentos operacionais ou de manutenção.

Essas formas de revisões são recomendadas e necessárias. Convém que todas essas etapas sejam realizadas.

Finalmente, a cada trabalho realizado pelo redator técnico, a experiência adquirida reduz os erros e melhora a qualidade do seu serviço.

9. TRADUÇÕES

9.1 INTRODUÇÃO

O tema "traduções" requer muita atenção e experiência de um redator técnico.

Quando se traduz de um idioma estrangeiro para o português, o redator precisa verificar o vocabulário da língua estrangeira identificando as possíveis variações em relação ao português.

Como exemplo, há casos que as palavras originais em inglês, como *"bracket"* e *"support"* podem significar a mesma coisa, como suporte. Assim como *"frame"* pode significar carcaça de um motor elétrico ou uma estrutura ou uma treliça de aço. Logo, é evidente que o uso de dicionários técnicos é fundamental nesse momento.

A vantagem de se traduzir do idioma estrangeiro para o português é que o texto final estará no português. Por esse ponto, o redator técnico tem o domínio do idioma e da sua gramática. Isso lhe garante uma maior flexibilidade na redação. A leitura final será em português.

O maior problema ocorre, e a atenção deve ser redobrada, quando a tradução é do português para o idioma estrangeiros, incluindo o português de Portugal.

Nesse tipo de serviço, é importante conhecer o vocabulário técnico do idioma estrangeiro que está sendo traduzido.

Deve-se evitar perdas ou que as informações sejam alteradas o seu entendimento e compreensão.

9.2 DICIONÁRIOS RECOMENDADOS

Nesse caso, é fortemente recomendável utilizar uma empresa ou um profissional comprovadamente especializado no assunto. É importante observar manuais semelhantes, escritos no idioma desejado.

Além dos dicionários técnicos impressos tradicionais, há alguns *websites* muito úteis no processo de tradução. São eles:

a. Iate – InterActive Termilogy for Europe Disponível em: *http://iate.europa.eu*. É uma boa opção para consultar. Ele permite a tradução de palavras de vários idiomas para outras línguas, conforme visualizado a seguir.

IATE

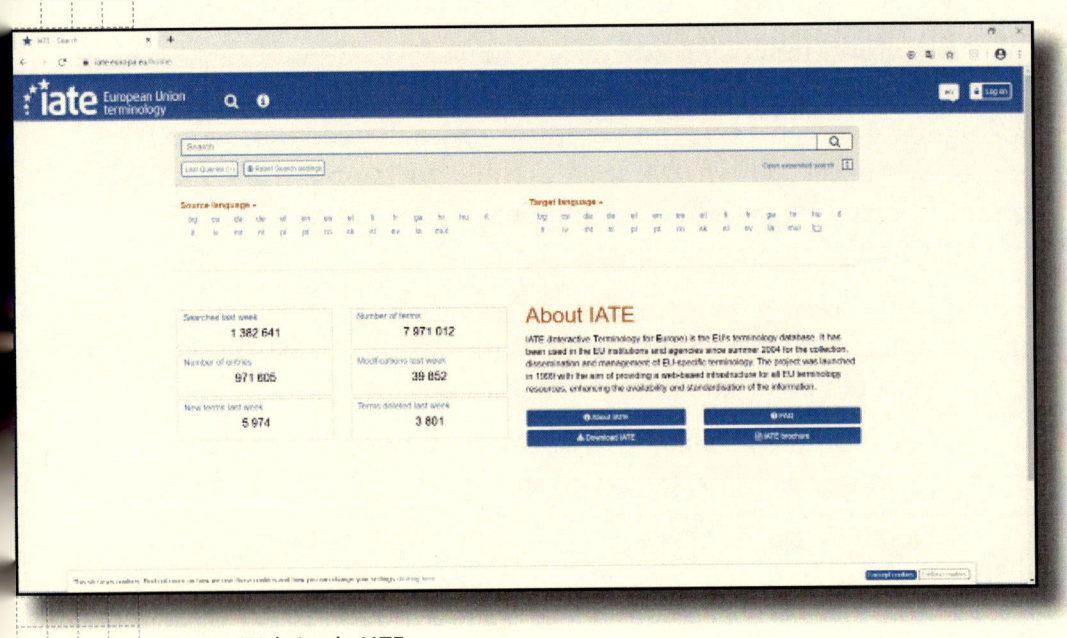

Fonte: *Website* do IATE

b. Linguee – Está disponível gratuitamente na *internet* em *www.linguee.com.br*. Outra boa opção, pois pode aceitar palavras compostas, mas com maior eficácia para palavras únicas. Ele oferece exemplos de frases. Opções nos idiomas espanhol, inglês, alemão, francês, italianos, holandês e polonês até fevereiro de 2021.

LINGUEE

ATENÇÃO!

Alguns tradutores gratuitos na *internet* são muito úteis, rápidos e oferecem muitas opções, inclusive com áudio.

Também são capazes de traduzir frases e parágrafos completos. Realmente são grandes instrumentos, principalmente para traduções simples e sem muita responsabilidade.

Todavia há necessidade de tomar cuidado com esse tipo de ferramenta.

Em traduções técnicas, com alta responsabilidade, deve haver restrições quanto ao uso indiscriminado desses tradutores eletrônicos. Deve-se observar as sutilezas que este tipo de tradução requer, principalmente quanto ao vocabulário empregado.

Dependendo do idioma, ao traduzir frases longas pode gerar traduções confusas e sem sentidos. Não aplicar a tradução com o tradutor eletrônico sugere. Tem que ter cuidado e revisar.

O responsável por esse serviço deve conhecer o idioma que esta sendo traduzido.

9.3 *SOFTWARE* PARA TRADUÇÃO

Existem no mercado *softwares* que auxiliam no processo de tradução de texto.

Esses softwares são úteis e rentáveis, principalmente para textos com conteúdos semelhantes entre si. Por exemplo: no caso de manuais de instruções de um fabricante para uma família de máquinas, com fresadoras. Nesse caso, cada modelo de máquina possui o seu próprio manual, mas há entre os manuais Capítulos idênticos, semelhantes entre si. O que diferencia um do outro seriam Capítulos de ordem operacional e de manutenção.

Para esses casos, esses softwares, se utilizados, permitem rapidez no processo de tradução, além de uma redução de tempo (custo) significativa.

Eles <u>não são dicionários</u> e <u>nem tradutores de textos gratuitos encontrados na internet</u>. Na realidade, são um grande banco de dados que "coleciona" traduções de frases e palavras. Quanto maior esse banco de dados se tornar, maior a quantidade de informações disponíveis para reutilização.

No caso hipotético apresentado, o tradutor "insere" nesse software o arquivo original, redigido em um editor de texto como o *Microsoft Word* ou *Adobe InDesign*, formatado e em português.

O *software* transforma esse arquivo numa linguagem própria (um arquivo), no qual divide e separa cada frase do texto original a ser traduzido.

Em seguida, o *software* abre uma tela (Figura 9.1), com dois campos. O primeiro (superior) apresenta todas as frases do texto original em português, numeradas uma a uma. O segundo campo (inferior) apresenta a mesma configuração que a anterior.

Ao iniciar o seu trabalho, o tradutor começa a traduzir as frases do campo inferior para o idioma desejado, como exemplo, o inglês.

Cada frase em português do campo inferior é substituída pela frase correspondente em inglês.

Assim, exemplificando, ao confirmar que a frase # 182 do campo inferior (inglês) é a tradução da frase # 182 do campo superior (português), o software grava esta tradução no seu banco de dados próprio.

E assim o trabalho evolui (sendo traduzido) até a última linha.

Ao finalizar esse processo de tradução de todas as frases separadas pelo software, o tradutor encerra o trabalho com um comando. Após alguns processos do software, o tradutor retorna o texto traduzido para o inglês no formato original em *Microsoft Word* ou *Adobe InDesign* e preservando o *layout* original.

A grande vantagem em se utilizar esse tipo de software está na tradução de um segundo manual do mesmo tipo, que no caso hipotético apresentado, seria um manual de uma outra fresadora da mesma família.

O arquivo original em português do segundo manual é "inserido" no programa, mas referenciando (utilizando) o banco de dados da primeira tradução.

Ao iniciar o novo processo de tradução, todas as frases e algumas palavras traduzidas no primeiro trabalho, e que são idênticas neste novo manual, já estarão traduzidas automaticamente.

Por um sistema de contagem do próprio software, antes de iniciar a tradução, o tradutor pode saber o percentual a ser traduzido. Logo, o tempo de tradução será menor em relação ao primeiro, podendo ser reduzido ainda mais em outros manuais da mesma família.

Enfim, esse processo é vantajoso e reduz tempo.

Como recomendação deste autor, a **Manualtech** utiliza em seus serviços de tradução, o software conhecido por *Transit* de origem alemã, representado no Brasil pela:

STAR do Brasil Localização e Tecnologia Ltda.
Rua Restinga, 113 – salas 1107 e 1108
03065-020 • Tatuapé • São Paulo-SP
Tel +55 11 2294-8345 ou +55 11 2098-0848
saopaulo@star-group.net
www.star-group.net

star-group.net

FIGURA 9.1 – TELA DO TRANSIT

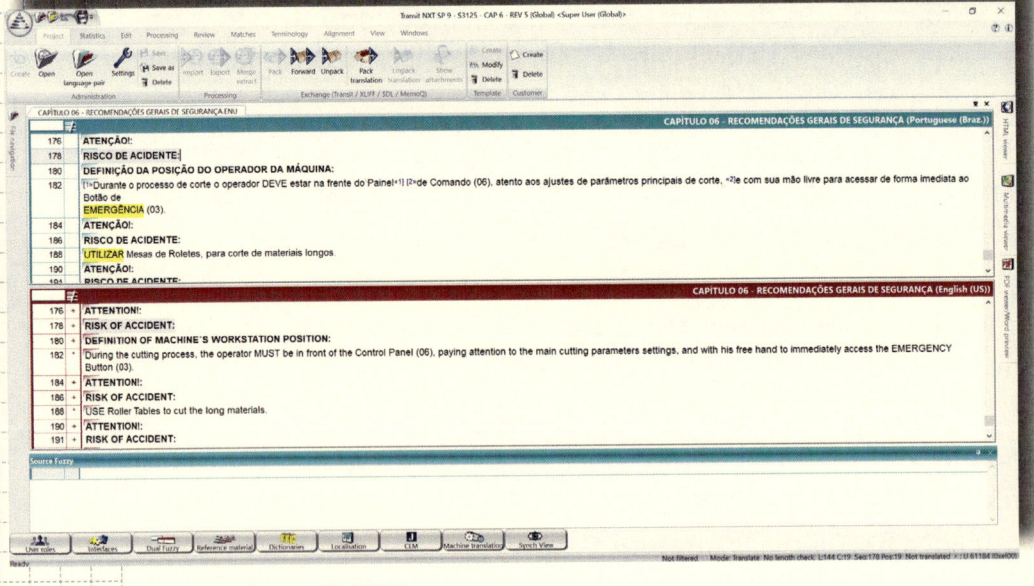

Fonte: Software TRANSIT

10. DOCUMENTAÇÃO TÉCNICA

10.1 INTRODUÇÃO

Esse tema é muito importante, mas é pouco ou quase nada abordado na **NR-12**.

Alguns documentos normativos, como a Seção 7 da **ABNT NBR ISO 12100:2013**, tratam especificamente da *documentação relativa à apreciação de riscos e redução de riscos*.

Outra referência normativa relevante, que também traz no seu conteúdo a questão documentação, é a Seção 17 da **ABNT NBR IEC 60204-1:2020**, destacando-se para *as informações necessárias, para identificação, transporte, instalação, uso, manutenção, colocação em serviço e descarte do equipamento elétrico,* as quais devem ser fornecidas (ver 3.2).

Além disso, as normas **Tipo C** destacam a questão documentação e o seu conteúdo necessário a ser apresentado com a máquina.

Porém a documentação técnica mencionada são conteúdos normativos para serem inclusos nos manuais de instruções de máquinas ou de equipamentos, ou outro documento pertinente.

O conceito de documentação técnica é mais bem compreendido na **Diretiva 2006/42/CE**, especificamente no seu **ANEXO VII** (ver Capítulo 5).

No entanto, qual deve ser o objetivo de uma documentação técnica?

Conceitualmente, *"a Documentação Técnica tem a finalidade de produzir e resgistrar as evidências de conformidade para a legislação pertinente"*.

Ela pode desempenhar um papel vital na proteção de uma empresa, pois ela reterá informações sobre como o produto foi desenvolvido e como ele evoluiu durante a produção, além de fornecer evidências dos esforços realizados para garantir que o produto continue em conformidade.

A **NR-12**, apesar de mencionar documentação no item 12.18.2, não prevê uma formatação específica, definida ou prescrita nela mesma ou em uma norma técnica específica e adequada.

Nas versões anteriores da **NR-12** mencionava-se a necessidade de haver uma documentação técnica, como em 12.55.1 e 12.154, na versão de dezembro de 2018. Esses dois itens nunca definiram ou esclareceram do que se tratava essa documentação técnica.

> 12.18.2 Toda a **documentação** referida nesta NR deve ficar disponível para CIPA ou Comissão Interna de Prevenção de Acidentes na Mineração – CIPAMIN, sindicatos representantes da categoria profissional e Auditoria Fiscal do Trabalho, apresentado em formato digital ou meio físico.

Mas o que é conformidade?

Conformidade é "o atendimento de requisitos especificados", definida em:

- 3.5 da **IEC 82079-1:2012**, *Preparation of instructions for use — Structuring, content and presentation Part 1: General principles and detailed requirements*;

- IEV ref. 192-01-15 da **IEC 60050**, *Electropedia: The world´s online electrotechnical vocabulary*;
- 3.6.1 da **ABNT NBR ISO 9000:2015**, *Sistemas de gestão da qualidade – Fundamentos e vocabulário*.

Essa definição ajuda a se completar e alinhar com a de redução de risco adequada, aquela é *"redução do risco **que atenda ao menos as exigências legais**, utilizando as melhores tecnologias disponíveis e consagradas"*, definida em 3.18 na **ABNT NBR ISO 12100:2013**.

Com essas duas definições, verifica-se que há necessidade de se comprovar que uma máquina, ao ser projetada ou passar por uma processo de redução de risco, deve haver uma documentação técnica que registre e comprove que os requisitos aplicáveis, tanto legais como normativos foram cumpridos.

Concluindo, **documentção técnica** é uma coletânea de documentos que comprovam ou evidenciam que uma máquina ou equipamento está ou não em conformidade.

Mas qual deve ser o conteúdo de uma documentação técnica?

Esse conteúdo pode variar de acordo com o tipo de máquina ou de equipamento. Depende das dimensões, da complxidade, funções, entre outros parâmentros. No entanto, todas as documentações devem atingir o mesmo objetivo.

Como já mencionado, não há nenhum disposição legal oficial ou normativo que regule o conteúdo de uma documentação técnica de conformidade.

A única referência adequada, regulamentada e difundida, como dito, é o ANEXO VII da **Diretiva 2006/42/CE**, a Diretiva de Máquinas aplica na União Europeia.

De forma sucinta, o ANEXO VII aborda sobre o conteúdo de uma Documentação Técnica:

- por uma descrição geral da máquina;
- pelo desenho de conjunto da máquina e pelos desenhos dos circuitos de comando, bem como pelas descrições e explicações pertinentes necessárias para a compreensão do funcionamento da máquina;
- pelos desenhos de pormenor e completos, eventualmente acompanhados de notas de cálculo, resultados de ensaios, certificados etc., que permitam verificar a conformidade da máquina com os requisitos essenciais de saúde e de segurança;
- pela documentação relativa à avaliação dos riscos, que deverá demonstrar o procedimento seguido e incluir:

    i) uma lista dos requisitos essenciais de saúde e de segurança aplicáveis à máquina,

    ii) a descrição das medidas de proteção implementadas para eliminar os perigos identificados ou reduzir os mesmos e, se for caso disso, uma indicação dos riscos residuais associados à máquina;

- pelas normas e outras especificações técnicas que tenham sido utilizadas, acompanhadas da enumeração dos requisitos essenciais de saúde e de segurança abrangidos por essas normas;
- por qualquer relatório técnico que forneça os resultados dos ensaios efetuados pelo fabricante ou por um organismo escolhido pelo fabricante ou pelo seu mandatário;
- por um exemplar do manual de instruções da máquina;

Diretiva 2006/42/CE

- Declaração CE de conformidade.

Cabe ressaltar que ANEXO VII da **Diretiva 2006/42** não tem base legal nacional para ser aplicado diretamente no Brasil, junto, por exemplo, com a NR-12. Trata-se de uma legislação europeia, aplicada por eles.

Com base no ANEXO VII, este autor sugere, a título de contribuição, apresentar uma lista que pode compor uma boa documentação técnica, a qual registre e comprove que uma máquina ou equipamento está em conformidade. Parte dessa sugestão foi baseada na Seção 10 da **ABNT ISO/TR 14121:2018**, *Segurança de máquinas — Apreciação de riscos -Parte 2: Guia prático e exemplos de métodos* e na **ABNT NBR ISO 12100:2013**.

Conteúdo sugerido:

1. **Relatório técnico de conformidade** contendo todo o processo de redução de riscos – este documento deve ser apresentado em forma de relatório de engenharia, onde é discutido os perigos e situações perigosas presentes na máquina em todas as fases de utiização, e quais as medidas de segurança adotadas para cada um deles, com uma nova estimativa de riscos após o processo de redução de riscos;

2. **Processo completo de apreciação de riscos** – este documento deve ser apresentado em forma de uma planilha, com todos os perigos, situações e eventos peri-

gosos, tendo como referência normativa a **ABNT NBR ISO 12100:2013**, o ANEXO A da **ABNT NBR 14009:1997** (cancelada, mas sendo uma excelente referência) e as normas **Tipo C** em geral (ver formatação na **ABNT ISO/TR 14121-2:2018**);

3. **Lista de conformidade com a NR-12** e outras NRs se aplicáveis – este documento deve ser apresentado em forma de uma planilha como todos os requisitos contidos na versão mais atualizada desta NR – todos os requisitos devem ser avaliados, mesmo que não sejam aplicáveis (NA);
4. **Manual de instruções** atualizado;
5. **Desenhos gerais do produto e das proteções fixas e móveis**, diagramas de circuitos, fotos, ilustrações, catálogo de peças;
6. **Cálculos, resultados de testes** etc.;
7. **Outras documentações técnicas** aplicadas como parte do processo de conformidade;
8. **Documentação de conformidade para componentes críticos do produto**;
9. **Catálogo de componentes** elétricos, hidráulicos e pneumáticos;
10. **Declaração de conformidade do fabricante** (recomendável);
11. **ART** do(s) profissional(is) habilitado(s).

A Figura 10.1 ilustra o conteúdo sugerido de uma documentação técnica de conformidade, seus documentos pertinentes.

FIGURA 10.1 – CONJUNTO DE DOCUMENTOS DA DOCUMENTAÇÃO TÉCNICA DE CONFORMIDADE

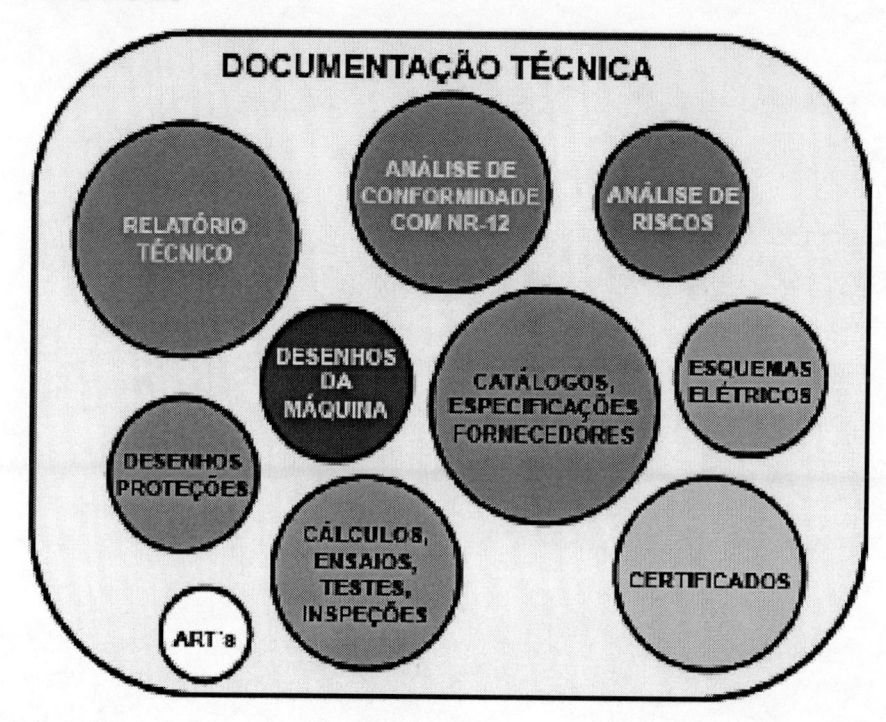

Fonte: autor

11. APLICATIVOS RECOMENDADOS

Para elaborar um manual de instruções é conveniente que durante a fase de planejamento, ou bem antes, seja escolhido o software editor de texto e o de formatação.

Muitas são as opções. Todo o processo pode ser feito utilizando um único software como editor e de formatação.

Quem deve decidir é o redator técnico, em função dos seus recursos e de sua habilidade de trabalhar com ele.

A **Manualtech** recomenda utilizar os softwares indicados na Tabela 11.1, devido a sua experiência de mais de 10 anos. Eles apresentarem características interessantes conforme a sua aplicação.

Cabe observar, que cada um deles, executam funções distintas, como o *PhotoShop*, por ser um editor de imagens consagrado e de fácil manuseio.

Outro detalhe importante que deve ser levado em conta, se houver investimentos para aquisição de softwares, diz respeito a escolher os que tenham os seus fabricantes presentes no Brasil. Isso é importante, pois sempre ocorre a necessidade de precisar de assistência técnica aqui no Brasil. Se for um software "baixado" na internet ou importado, essa dificuldade aumentará.

TABELA 11.1 – LISTA DE SOFTWARES RECOMENDADOS

1. Word da Microsoft (versão em português): para redação do texto. Já neste momento utilizar as fontes escolhidas e em suas dimensões;
2. Excel da Microsoft (versão em português): utilizar para criação de Tabelas e gráficos em geral. De fácil "conversação" com o Word;

3. Publisher da Microsoft (versão em português): utilizar para diagramação eletrônica, como elaborações de layouts com textos, gráficos, fotografias e outros elementos;

4. Corel Draw da Corel Coporation (versão em português): utilizado para design gráfico, permitindo fazer desenhos artisticos e ilustrações para os manuais.

5. InDesign da Adobe (versão em português): aplicativo indicado para editoração do texto proveniente do Word. Possibilita a manipulação do texto e ilustrações com muita facilidade. Possui vários recursos gráficos. Pode fazer links com outros arquivos, o que permite revisões automáticas;

6. Illustrator da Adobe (versão em português): aplicativo muito semelhante ao Corel Draw, porém pode conversar diretamente com o InDesign. É utilizado para elaborar ilustrações, desenhos provenientes do SolidWorks, com capacidade manipular arquivos em PDFs, além de outros recursos;

7. Photoshop da Adobe (versão em português): aplicativo para editar fotos. Muitas vezes, as fotos obtidas no campo necessitam de serem manipuladas para melhorar a sua qualidade, como limpeza do fundo da figura, alteração de cores, clareamento etc. também conversa diretamente com o InDesign;

8. Acrobat da Adobe (versão em português): aplicativo que permite unir vários PDFs formando um só. Ele é fundamental no final dos trabalhos. Em determinados trabalhos, o manual de instruções pode ser construído em vários arquivos, de acordo com a escolha do redator técnico. Como exemplo unir a capa com o índice, com o texto principal e no final com um catálogo;

7. SolidWorks da Dassault (versão em português): são aplicativos para desenhos técnicos, mas auxiliam na elaboração de imagens das máquinas e de suas peças. Excelentes para ilustrar o Capítulo de peças de reposição apresentando vistas explodidas, além da respectiva lista de peças.

12. REFERÊNCIAS

REF. 01:
IIDA, I. **Ergonomia:** projeto e produção. 2. ed. São Paulo: Blucher, 2005.

REF. 02:
BRASIL. Ministério do Trabalho e Emprego. **NR-12** – Segurança no Trabalho em Máquinas e Equipamentos. Brasília, 2019. Disponível em: https://sit.trabalho.gov.br/portal/images/SST/SST_normas_regulamentadoras/NR-12.pdf. Acesso: abr. 2020.

REF. 03:
ASSOCIAÇÃO BRASILEIRA DE NORMAS TÉCNICAS. **ABNT NBR 16746:2019**. Segurança de máquinas – Manual de instruções – Princípios gerais de elaboração. Rio de Janeiro, 2019. 29 p.

REF. 04:
BRASIL. Presidência da República. **Código Defesa do Consumidor** – Lei 8078/90. Brasília, 1990. Disponível em: http://www.planalto.gov.br/ccivil_03/leis/L8078.htm. Acesso em: abr. 2020.

REF. 05:
ASSOCIAÇÃO BRASILEIRA DE NORMAS TÉCNICAS. **DIRETIVA 2: 2017**, Regras para estrutura e redação de Documentos Técnicos ABNT. Rio de Janeiro, 2019. 67 p.

REF. 06:
ASSOCIAÇÃO BRASILEIRA DE NORMAS TÉCNICAS. **DIRETIVA 3: 2017**, Adoção de Documentos Técnicos Internacionais. Rio de Janeiro, 2019. 16 p.

REF. 07:
INTERNATIONAL STANDARDIZATION ORGANIZATION. **ISO/TR 22100-1:2015**, Safety of machinery — Relationship with ISO 12100 — Part 1: How ISO 12100 relates to type-B and type-C standards. Genebra, Suiça, 2015. 16 p

REF. 08:
ASSOCIAÇÃO BRASILEIRA DE NORMAS TÉCNICAS. **ABNT NBR ISO 12100:2013**, Segurança de Máquinas – Princípios Gerais de Projeto – Apreciação e Redução de riscos. Rio de Janeiro: ABNT, 2013. 93 p.

REF. 09:
BRASIL. Presidência da República. **Código Civil** – Lei 10406/2002. Brasília, 2002. Disponível em: http://www.planalto.gov.br/ccivil_03/leis/2002/l10406.htm. Acessado: abr. 2020

REF. 10:
BRASIL. Presidência da República. **Código Penal** – Lei 2848/40. Brasília, 1940. Disponível em: http://www.planalto.gov.br/ccivil_03/decreto-lei/Del2848compilado.htm. Acessado: abr. 2020

REF.11
INTERNATIONAL STANDARDIZATION ORGANIZATION. **IEC/IEE 82079-1:2019**, Preparation of Information for use of products – Part 1: Principles and general requeriments.Genebra, Suiça, 2019. 130 p

REF.12
INTERNATIONAL STANDARDIZATION ORGANIZATION. **ISO 20607:2019**, Safety of machinery — Instruction handbook — General drafting principlesstandards . Genebra, Suiça, 2019. 24 p

REF. 13:
COMUNIDADE EUROPEIA. Directiva 2006/42/CE do Parlamento e do Conselho de 17 de Maio de 2006. **Jornal Oficial da União Europeia**, 2006. Disponível em: http://eur-lex.europa.eu/LexUriServ/LexUriServ.do?uri=OJ:L:2006:157:0024:0086:pt:PDF. Acessado: abr. 2020

REF. 14:
COMUNIDADE EUROPEIA. Directiva 98/37/CE do Parlamento Europeu e do Conselho de 22 de Junho de 1998. **Jornal Oficial das Comunidades Europeias** L 207/1, 1998. Disponível em: http://eur-lex.europa.eu/LexUriServ/LexUriServ.do?uri=OJ:L:1998:207:0001:0046:PT:PDF. Acessado: abr. 2020

REF. 15:
FUNDACENTRO. **Segurança de máquinas e normas.** São Paulo, 2012. Disponível em: http://pt.slideshare.net/Heiseldasilva/normas--aplicadas-a-maquinas-fundacentro. Acessado: abr. 2020

REF. 16:
ASSOCIAÇÃO BRASILEIRA DE NORMAS TÉCNICAS. **Conheça a ABNT**. Rio de Janeiro: ABNT, 2015. Disponível em:http://www.abnt.org.br/abnt/conheca-a-abnt. Acessado: abr. 2020

REF. 17:
ALMEIDA, L.C.D. **NR-12**: Como enfrentá-la? Estudo da metodologia de Apreciação e Redução de Riscos aplicada em máquinas laminadoras verticais para corte de blocos de espuma. Pós Graduação em Engenharia de Segurança do Trabalho – Faculdade de Engenharia de Bauru, UNESP, Bauru. 2015. 120 f.

REF. 18:
ASSOCIAÇÃO BRASILEIRA DE NORMAS TÉCNICAS. **ABNT NBR ISO 3864:2013**, Símbolos gráficos — Cores e sinais de segurança – Parte 1: Princípios de design para sinais e marcações de segurança. Rio de Janeiro: ABNT, 2013. 18 p.

REF. 19:
INTERNATIONAL STANDARDIZATION ORGANIZATION. **ISO 3864-2:2016**, Graphical symbols — Safety colours and safety signs — Part 2: Design principles for product safety labels.Genebra, Suiça, 2019. 19 p.

REF. 20:
INTERNATION ELECTROTECHNICAL COMMISSION. **IEC 82079-1:2012**, Preparation of instructions for use – Structuring, content and presentation – Part 1: General principles and detailed requirements. Genebra, Suiça, 2019. 54 p.

13. ÍNDICE REMISSIVO

A

ABNT	57
AMBIENTE:	
- TRABALHO	11
- QUENTE	13
- TRANQUILO	11
- ILUMINADO	13
ANEXO	227
APÊNDICE	227
ARMAZENAGEM	176

C

CAPA	151
CARACTERE:	
- POR LINHA	127
- ESPAÇAMENTO	129
CATÁLOGO PEÇAS REPOSIÇÃO	213
CAUSA	203
CÓDIGO:	
- CIVIL	101
- CONSUMIDOR (CDC)	99, 216

- PENAL	102
COLETA DE DADOS	112
COMISSIONAMENTO	180, 185
COMUNICAÇÃO	144
CONFORMIDADE	241
CONTRA CAPA	152

D

DIRETIVA 2006/42/CE	85
DANO	95
DIREITO	99
DIREITOS AUTORAIS	156
DEVER	99
DOCUMENTAÇÃO	110, 239

E

EMERGÊNCIA	106, 135, 145, 190, 203
ERGONOMIA:	
-POSTURA	14
-CADEIRA	15

-MESA	17
-MONITOR	19
ESTADO DA TÉCNICA	3, 10
ESTILO	131, 148
ESTRUTURAÇÃO	134
EVENTO PERIGOSO	95

F

FOLHA DE ROSTO	152, 157
FONTES:	
- ESCOLHA	121
- *SAN SERIF*	122
- SERIFADAS	122
- TAMANHO	124
FORMATO DE PAPEL	114

G

GARANTIA	215
GLOSSÁRIO	223
GUIA DE REDAÇÃO:	
- OBJETIVO	6
GRUPO-ALVO	12, 106

I

ILUSTRAÇÃO	137
ÍNDICE REMISSIVO	224
INFORMAÇÕES PARA USO	26, 107
INSTALAÇÃO	181
ISO	61

L

LEGIBILIDADE	119
LINGUAGEM	148, 163
LOTO	205

M

MANUAL:	
- DE VOO	3
- NORMAS PARA	57
- IMPORTÂNCIA	3
- DE INSTRUÇÕES	3, 23, 27, 44
- RECONSTITUIÇÃO	52
- DE MÁQUINAS USADAS	48
MANUTENÇÃO	193
MAU USO RAZOAVELMENTE PREVISÍVEL	164
MEDIDAS DE PROTEÇÃO	95

MÍDIA	144
MONTAGEM	180

N

NEGLIGÊNCIA	101
NORMAS:	
- PARA MANUAIS	57, 69
- PRODUÇÃO DE	61
- TIPOS DE	63
- PESQUISA DE	72
- DIRETIVAS &	75
NR-12	10, 23, 27

O

OPERAÇÃO	186

P

PATENTES	103
PÁGINA:	
- MESTRE	114, 116
- TÍTULO	150
PERIGO:	95
- SIGNIFICATIVO	68

- ZONA DE	95, 161
PESSOAS:	
- AMBIENTADA	160
- AUTORIZADA	160, 178
- CAPACITADA	152, 160, 178
- HABILITADA	160
- QUALIFICADA	160, 178
PLANEJAMENTO	110, 133, 136
POSTO :	
- DE TRABALHO	14, 34, 160
- DE OPERAÇÃO	14, 34, 160
PROBLEMA	203

R

RECONSTITUIÇÃO DE MANUAIS	50, 52
REDAÇÃO:	
- DO CONTEÚDO	149
- TÉCNICA	133, 149
REFERÊNCIAS:	
- BIBLIOGRÁFICAS	247
- NORMATIVAS	23, 222
REQUISITOS:	

- NR-12		23, 54, 109
- MANUAIS		23, 43

RISCO:

- ADICIONAIS	164
- ANÁLISE DE	69
- APRECIAÇÃO DE	93
- REDUÇÃO DE	94
- ELEMENTOS DO	94
- AVALIAÇÃO	94
- RESIDUAL	95
- REDUÇÃO DE RISCO ADEQUADA	95
- ESTIMATIVA DE	95

REVISÃO	230
RUÍDO	166

S

SECURITY	1
SAFETY	1
SEGURANÇA	1, 159
SEGURANÇA JURÍDICA	101
SESMT	5
SÍMBOLOS	130

SISTEMA:

- ELÉTRICO	206

- PNEUMÁTICO	206
- HIDRÁULICO	206
- VÁCUO	206
SITUAÇÃO PERIGOSA	68, 95
SOFTWARE	234, 245
SOLUÇÃO	203

T

TÉCNICA:	
- ELABORAÇÃO DE MANUAIS	105
- DOCUMENTAÇÃO	110
TRABALHO	9
TRADUÇÃO	234
TRANSPORTE	176

U

UNIDADES	140
USO DEVIDO	164

V

VIDA ÚTIL	195

APÊNDICE A.1

MANUAL DE INSTRUÇÕES
FURADEIRA MT 100

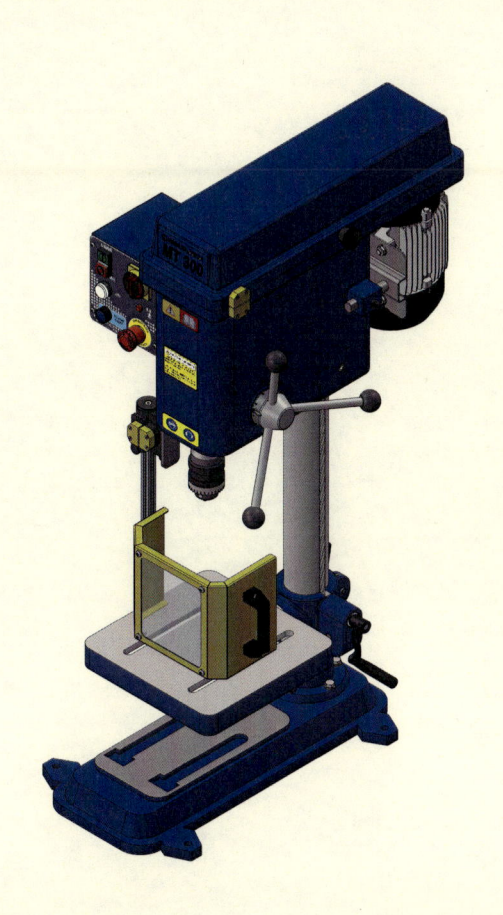

Fonte: autor

Manual de Instruções

Furadeira de Coluna

MT 100

Nº de Série:

data:

Antes de instalar ou efetuar qualquer operação, ler atentamente este Manual de Instruções para o uso desta máquina. Para outras informações ou esclarecimentos, contatar a MANUALTECH.

www.manualtech.com.br

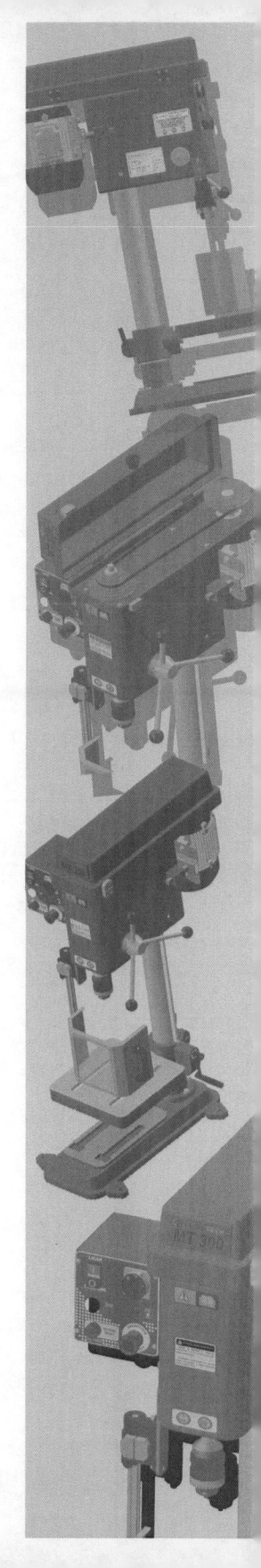

Nenhuma parte desta publicação pode ser reproduzida, arquivada ou transmitida de qualquer modo ou por qualquer outro meio, seja este eletrônico, seja mecânico, seja de fotocópia, seja de gravação, sejam outros, sem prévia autorização, por escrito, da **MANUALTECH CONSULTORIA E ASSESSORIA LTDA**.

Esta publicação trata-se de um exemplo de Manual de Instruções, para fins didático, de uma máquina fictícia, em conformidade com a Norma Regulamentadora 12 e com normas técnicas aplicáveis ABNT NBR, ISO e IEC. Qualquer semelhança com alguma máquina, é mera coincidência.

Todos os direitos desta edição estão reservados à
MANUALTECH CONSULTORIA E ASSESSORIA LTDA.
Rua Comendador Pedro Stefanini, 346
18609-590 - BOTUCATU/SP
e-mail: comercial@manualtech.com.br
web site: www.manualtech.com.br

Sumário

1. Observações Iniciais de Seguranças: 7

    1.1 Recomendações Iniciais: 7

2. Notas de Segurança: 9

    2.1 Medidas de Segurança Gerais e Obrigatórias: 9

    2.2 Medidas de segurança a serem adotadas pelo usuário: 12

    2.3 Riscos Adicionais presentes: 14

    2.4 Riscos que estão expostos os operadores: 15

    2.5 Riscos pelo mau uso razoavelmente previsível: 15

    2.6 Avisos de Advertências presente na máquina: 16

    2.7 Medidas de Segurança durante o processo de furação: 18

3. Características Técnicas: 19

    3.1 Descrição: 19

    3.2 Dados Técnicos: 24

    3.3 Tempo de Vida Útil: 27

4. Identificação da Máquina: 29

5. Transporte, Instalação e Desmontagem: 31

5.1 Transporte: 31

5.2 Instalação e Ajustes Gerais: 32

5.3 Limpeza e Lubrificação: 33

5.4 Instalação Elétrica: 34

5.5 Desativação e Desmontagem: 34

5.5.1 Desativação: 34

5.5.2 Desmontagem: 35

6. Procedimento de Operação: 37

6.1 Procedimentos preliminares obrigatórios: 37

6.2 Procedimento seguro da operação de furação: 38

6.3 Ajuste da altura Mesa (03): 41

6.4 Ajuste do ângulo da Mesa (03): 42

6.5 Troca das Velocidades de Furação: 45

6.6 PARADA de EMERGÊNCIA: 47

7. Manutenção: 49

7.1 Manutenção Preventiva: 49

7.2 Manutenção Corretiva: 52

7.3 Problemas, Causas e Soluções: 58

8. Sistema Elétrico: 59

9. Peças de Reposição: 63

9.1 Conjunto Geral: 63

9.2 Conjunto da Estrutura: 64

9.3 Conjunto do Motor: 66

9.4 Conjunto do Painel: 67

9.5 Conjunto da Proteção Frontal: 69

9.6 Conjunto do Mandril: 71

9.7 Conjunto da Mesa: 73

10. Condições de Garantias: 75

10.1 Condições Iniciais: 75

10.2 Da Concessão da Garantia: 75

10.3 Cancelamento da Garantia: 77

10.4 Itens não Cobertos pela Garantia: 79

10.5 Disposições Finais: 80

10.6 Nota Final: 82

11. Referências Normativas: 83

12. Glossário: 85

13. Índice Remissivo: 87

NOTAS: 89

1. Observações Iniciais de Seguranças:

> **⚠ ATENÇÃO! RISCOS DE ACIDENTES GRAVES:**

É importante que todos os usuários desta máquina **leiam atentamente este MANUAL DE INSTRUÇÕES**.

1.1 Recomendações Iniciais:

Todas as instruções de operação, de segurança, de instalação e de manutenção, antes de qualquer intervenção sobre esse equipamento, devem ser lidas e compreendidas. A falha de leitura, do entendimento do texto e o não seguimento das instruções dadas neste manual podem resultar em sérios riscos aos usuários e a pessoas que estejam ao redor dela, incluindo lesões graves, choques elétricos e até a morte. OBSERVAR também:

- **SEGURANÇA**: OBSERVAR todas as instruções e recomendações das regras de segurança contidas e descrita, em capítulo específico, neste Manual de Instruções;
- **TRANSPORTE**: OBSERVAR todas as instruções para o manuseio da máquina desde a sua origem até o seu destino final, verificando a idoneidade da empresa transportadora, o descarregamento e a movimentação da máquina. Além disso, PLANEJAR e VERIFICAR todas as recomendações de segurança para esse transporte e manuseio;
- **INSTALAÇÃO**: OBSERVAR todas as instruções contidas neste manual, sempre utilizando-se de profissional qualificado e capacitado para esse fim, e VERIFICAR sempre as normas regulamentadoras vigentes, tais como a NR-10 e NR-12;
- **SINALIZAÇÃO**: NUNCA REMOVER nenhuma sinalização da máquina, pois

ela representa segurança para o operador. Todas as sinalizações devem ser entendidas pelo operador.

Cabe a cada usuário (**grupo-alvo** deste documento) e proprietário da máquina, DEFINIR e OBSERVAR as condições de segurança, os riscos e perigos que ela pode causar, em função do contexto da sua instalação. Também é de sua responsabilidade, a capacitação de TODOS os operadores e o devido registro de tais eventos, além da verificação do cumprimento do uso de EPIs.

Este manual de instruções refere-se ao modelo e ao n.º de série definido a seguir. Este fabricante poderá alterar e melhorar o modelo de máquina sem a obrigação de notificar previamente qualquer usuário.

Havendo necessidade, a **MANUALTECH** disponibiliza, por meio da sua Assistência Técnica, qualquer auxílio para sanar as dúvidas que vier a surgir.

2. Notas de Segurança:

2.1 Medidas de Segurança Gerais e Obrigatórias:

1. É proibida qualquer modificação na máquina ou usar de maneira para a qual não foi projetada. Em caso de dúvida em relação à sua aplicação, entrar em contato com Assistência Técnica da **MANUALTECH**;

2. Por se tratar de uso profissional e/ou industrial, essa máquina NUNCA pode ser operada por crianças, adolescentes e pessoas idosas, e nem podem estar próximas a esse equipamento visitantes e/ou pessoas totalmente estranhas ao local de trabalho. Pessoa portadora de marca-passo também está impedida de operar a máquina;

3. LER todas as instruções contidas neste Manual de Instruções e osAVISOS DE ADVERTÊNCIA fixadas na máquina, antes de utilizar;

4. MANTER a área de trabalho organizada. NUNCA MANTER ferramentas sobre a máquina;

5. NÃO UTILIZAR a máquina em locais úmidos ou molhados;

6. MANTER o local de trabalho bem iluminado;

7. NÃO UTILIZAR a máquina próximo de líquidos ou gases inflamáveis onde haja risco de explosões;

8. NÃO ENTRAR em contato com qualquer parte do corpo em superfícies móveis da máquina, quando esta estiver em operação;

9. MANTER o equipamento longe de pessoas não autorizadas;

10. CUIDAR do equipamento após o uso, limpando-o, removendo cavacos, peças furadas ou não, sujeiras e lubrificando-o;

11. Durante o processo de furação, NÃO FORÇAR em demasia a Alavanca de Avanço (13) do Avanço do Eixo Árvore, a fim de não forçar o Mandril

(12) sobre o material a ser trabalhado, pois pode causar dano ao equipamento, quebra de broca e também gerar algum tipo de acidente;

12. SEMPRE, durante qualquer operação de furação, a Proteção Frontal (24) deve estar posicionada para permitir o funcionamento da máquina. Logo, JAMAIS deve ser removido ou burlado esse dispositivo de segurança, por se tratar de uma PROTEÇÃO COLETIVA. A burla ou desativação desse dispositivo de segurança por parte do operador e/ou do proprietário da máquina responsabilizará ambos, civil e criminalmente, por quaisquer tipos de injúrias, acidentes ou lesões, graves e/ou leves, causadas a qualquer pessoa decorrente dessa ação. Também serão responsabilizados pelas ações e sanções impostas do Sistema de Fiscalização Federal do Trabalho e de quaisquer outros órgãos fiscalizatórios, como sindicatos e CIPA;

13. NÃO USAR roupas largas, joias, gravata, cabelos compridos e soltos, corrente no pescoço, pois esses podem ser agarrados por partes em movimento da máquina;

14. USAR protetor para cabelos compridos ou amarrados;

15. O operador NUNCA deve operar esse equipamento sob efeito de remédios, álcool ou drogas, ou outra substância que diminua a sua capacidade e que influencie no sistema nervoso central;

16. UTILIZAR Botas de Segurança aprovadas para esse fim, do tipo antiderrapante;

17. UTILIZAR SEMPRE Protetor Auricular e Óculos ou Máscara Transparente de Segurança em qualquer operação de furação e de manutenção, pois há riscos de lançamento de cavaco;

18. USAR máscara de poeira aprovadas para esse fim, se a operação de furação criar pó ou poeira;

19. NUNCA UTILIZAR nenhum tipo de luva quando a máquina estiver em operação. O uso de luvas de couro só é permitido para movimentação de peças com arestas cortante;

20. MANTER a ferramenta de furação (broca) SEMPRE em boas condições de uso (as arestas de corte NÃO podem estar cegas) para o melhor desempenho do equipamento;

21. SEGUIR as instruções de manutenção preventiva e corretiva, lubrificação periódica e troca de acessórios, quando necessário, contidas neste Manual de Instruções;

22. INSPECIONAR periodicamente o cabo de alimentação, painel e os rolamentos, e se estiverem danificados, REPARAR imediatamente por um serviço autorizado;

23. NUNCA DESCONECTAR a máquina da rede elétrica externa puxando o cabo de alimentação se ela estiver conectada dessa forma, porém a NÃO mais correta – VER INSTRUÇÃO DE INSTALAÇÃO contida neste Manual de Instruções;

24. NÃO FORÇAR o cabo de alimentação elétrico, e MANTÊ-LO distante de bordas cortantes, fontes de calor, de graxas e óleos e materiais inflamáveis;

25. CERTIFICAR se a tensão (220 ou 380 V) e a frequência da rede (50 ou 60Hz) estão corretas, e se a rede elétrica suporta a carga dessa máquina. VERIFICAR se ATERRAMENTO está conforme as normas **ABNT NBR IEC 60204-1**, **ABNT NBR 5410**, **ABNT NBR 5419-1** e **NR-10**;

ATERRAMENTO

26. SEMPRE DESCONECTAR o equipamento da rede elétrica externa nos casos de manutenção ou quando não estiver em uso por um longo período. MANTER o Botão de EMERGÊNCIA (16) pressionado;

27. O operador NÃO deve operar a máquina por longos períodos de trabalho, sem descanso regulamentar previsto em leis e por acordos coletivos, o que diminui o desempenho de operar o equipamento com segurança;

28. A máquina deve operar em conformidade com as normas de segurança pertinentes e vigentes, tais como a **NR-10** e **NR-12** - CONSULTAR um téc-

nico ou engenheiro de segurança para auxiliar, para CERTIFICAR se a instalação está em conformidade e se o operador está apto e devidamente capacitado a operar essa máquina;

29. Reparos, manutenção, desmontagem e desativação devem ser realizados por pessoas qualificadas e capacitadas - CONSULTAR um técnico ou engenheiro de segurança para auxiliar;

30. UTILIZAR somente peças originais, caso contrário, isso pode resultar em perigo ao operador e/ou ao equipamento;

31. SEMPRE que necessário manusear líquido refrigerante, se for o caso, o operador deve OBSERVAR as instruções do fornecedor do óleo de refrigeração;

32. NUNCA DESCARTAR a mistura refrigerante no meio ambiente, se utilizada, pois ela pode ser reciclada por empresas especializadas;

33. SEMPRE USAR óculos de segurança e luvas de proteção somente para manusear e preparar o líquido refrigerante.

2.2 Medidas de segurança a serem adotadas pelo usuário:

Além das medidas de segurança coletivas e individuais descritas, DEVEM SER adotadas as seguintes medidas de segurança pelo usuário:

- MANTER a furadeira **MT-100** sobre uma bancada rígida e estável, cuja altura deve estar entre 70 a 90 cm do piso (Figuras 01A e 01B), conforme determinação do técnico e/ou engenheiro de segurança e/ou do SESMT, para que sejam observadas as melhores condições ergonômicas para operador;

- FIXAR por meio de fixadores mecânicos adequados e seguros a **MT-100** sobre a bancada;

- MANTER uma área livre de 0,8 m, no mínimo, de cada lado da **MT-100** sobre a bancada (Figura 01C), para permitir a colocação de peças, ferramentas e dispositivos a serem utilizados;

- OBSERVAR a **ZONA DE PERIGO** (Figura 01C) e ALERTAR o operador sobre os riscos nesta zona.

Figura 01B – Alturas recomendadas da bancada e da Mesa (03)

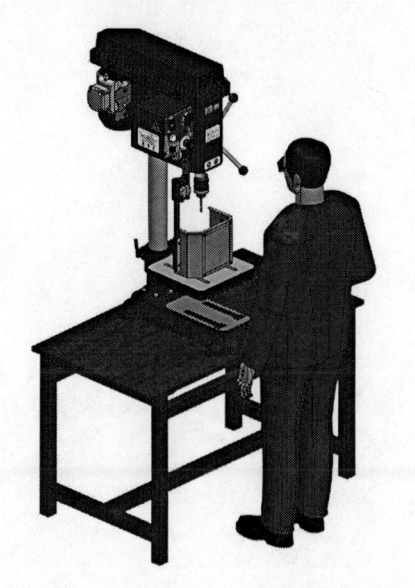

Figura 01A – POSTO DE OPERAÇÃO e DE TRABALHO

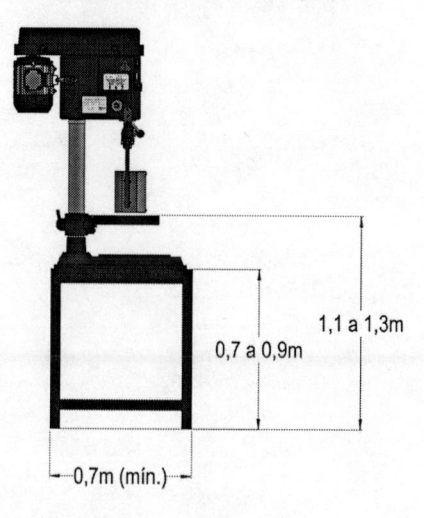

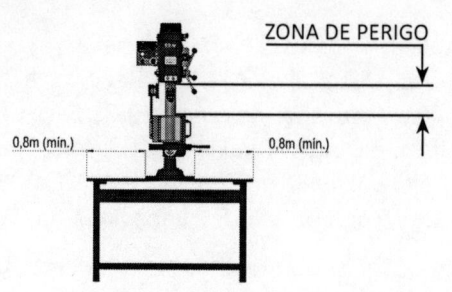

Figura 01C – Largura mínima recomendada da bancada nas laterais da MT 100 e ZONA DE PERIGO

2.3 Riscos Adicionais presentes:

- **Ruído:**

    (conforme Anexo B da **EN 12717:2009** (E), **ISO 11688-1** e **ISO/TR 11688-2**):
    Pressão Sonora =   79,2 dBA
    Potência Sonora = 74,2 dBA

> **Declaração de Ruído (EN 12717:2009(E) – subseção 7.3):**
>
> *"Os valores citados são níveis de emissão e não necessariamente níveis de trabalho seguro. Embora exista uma correlação entre a emissão e os níveis de exposição, não pode ser confiavelmente utilizado para determinar se são necessárias ou não proteções adicionais. Entre os fatores que influenciam no nível atual de exposição dos usuários incluem as caraterísticas do local, outras fontes de ruído, etc., isto é, o número de máquinas ou outros processos adjacentes. Além disso os níveis admissíveis de exposição podem variar de país para país. Esta informação, não obstante, permite ao usuário da máquina realizar uma melhor avaliação do perigo e do risco."*

- **Vibração:**

    Aceleração presente na **MT-100** é inferior a 2,5 m/s², em vazio, com a mão direita sobre a Alavanca de Avanço (13). Esse valor foi medido conforme a Norma de Higiene Ocupacional **NHO-10** - *Procedimento Técnico - Avaliação da Exposição Ocupacional a Vibração em Mãos e Braços,* observando os requisitos do anexo nº 8 da NR-15 e anexo nº 1 da NR-9

    A aceleração poderá variar em função do processo de furação aplicado. Cabe ao SESMT do usuário observar e medir a aceleração na condição presente e dominante, seguindo as orientações da **NHO 10**.

- **Calor:**

    A **MT 100** não apresenta fontes de calor que possam interferir nas condições ambientais e gerar riscos ao operador. Cabe ao SESMT do usuário verificar as condições ambientais onde o equipamento está instalado, verificando os requisitos do anexo nº 3 da NR-15.

2.4 Riscos que estão expostos os operadores:

Qualquer dispositivo de segurança presente na **MT 100**, de acordo com a descrição na subseção 1.1 deste documento, ao ser adulterado, burlado, ou anulado, GERA riscos ao operador e às pessoas ao redor da máquina.

A remoção, burla ou anulação das Chaves de Segurança Magnéticas (22) e (23) (Figura 07) aumenta o risco de acidentes com lesões graves a qualquer pessoa próxima ao equipamento. Falhas no sistema de controle de segurança DEVEM SER imediatamente reparadas por profissionais CAPACITADOS, QUALIFICADOS e AUTORIZADOS.

2.5 Riscos pelo mau uso razoavelmente previsível:

A **MT 100** foi concebida para ser utilizada como máquina capaz de executar furação com brocas helicoidais, devidamente afiadas e íntegras, em superfícies metálicas planas, com dureza compatível e inferior a ferramenta de corte, operada por profissionais capacitados e autorizados pelo proprietário da máquina.

O uso não previsto, conforme definido, GERA RISCOS decorrente pelo mau uso do equipamento.

Qualquer alteração desse produto pelo seu usuário, a **MANUALTECH** DEVE SER comunicada por escrito, para que oriente no uso correto e seguro do equipamento, tratando-se, nesse momento, de um projeto especial.

Portanto, qualquer uso da **MT 100** NÃO previsto neste documento, será considerado como PERIGO SIGNIFICATIVO ou RELEVANTE (**ABNT NBR ISO 12100:2013**) NÃO identificado pela **EN 12717:2009** ou por qualquer apreciação de risco prévia, ficando o proprietário da máquina sob total responsabilidade, civil e criminal, por qualquer tipo de dano sobre pessoas e objetos, isentando a **MANUALTECH** de qualquer responsabilidade.

2.6 Avisos de Advertências presente na máquina:

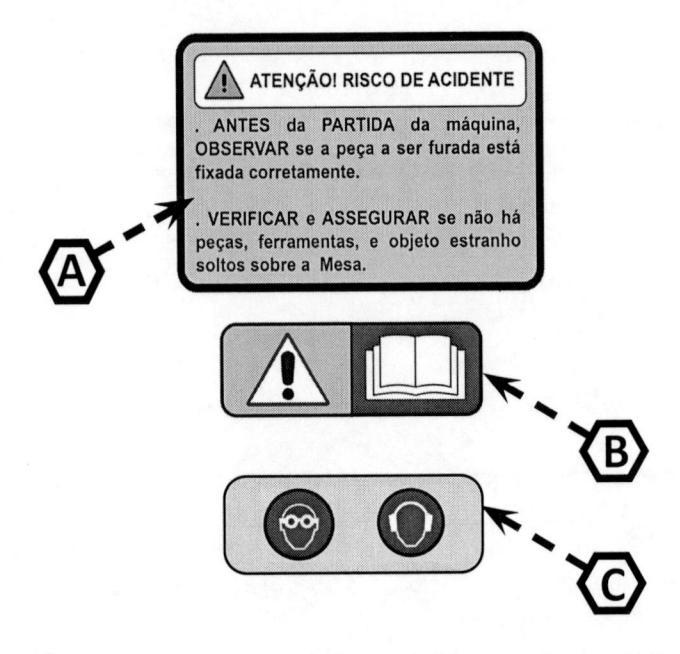

A → **ATENÇÃO! RISCO DE ACIDENTE**
. ANTES da PARTIDA da máquina, OBSERVAR se a peça a ser furada está fixada corretamente.

. VERIFICAR e ASSEGURAR se não há peças, ferramentas, e objeto estranho soltos sobre a Mesa.

B → (símbolo de atenção e manual)

C → (símbolo de óculos e protetor auricular)

LOCALIZAÇÃO: todas acima estão fixadas em frente do Cabeçote (06) (VER FIGURA 02)

ATENÇÃO! RISCO DE ACIDENTE E LESÃO GRAVE !

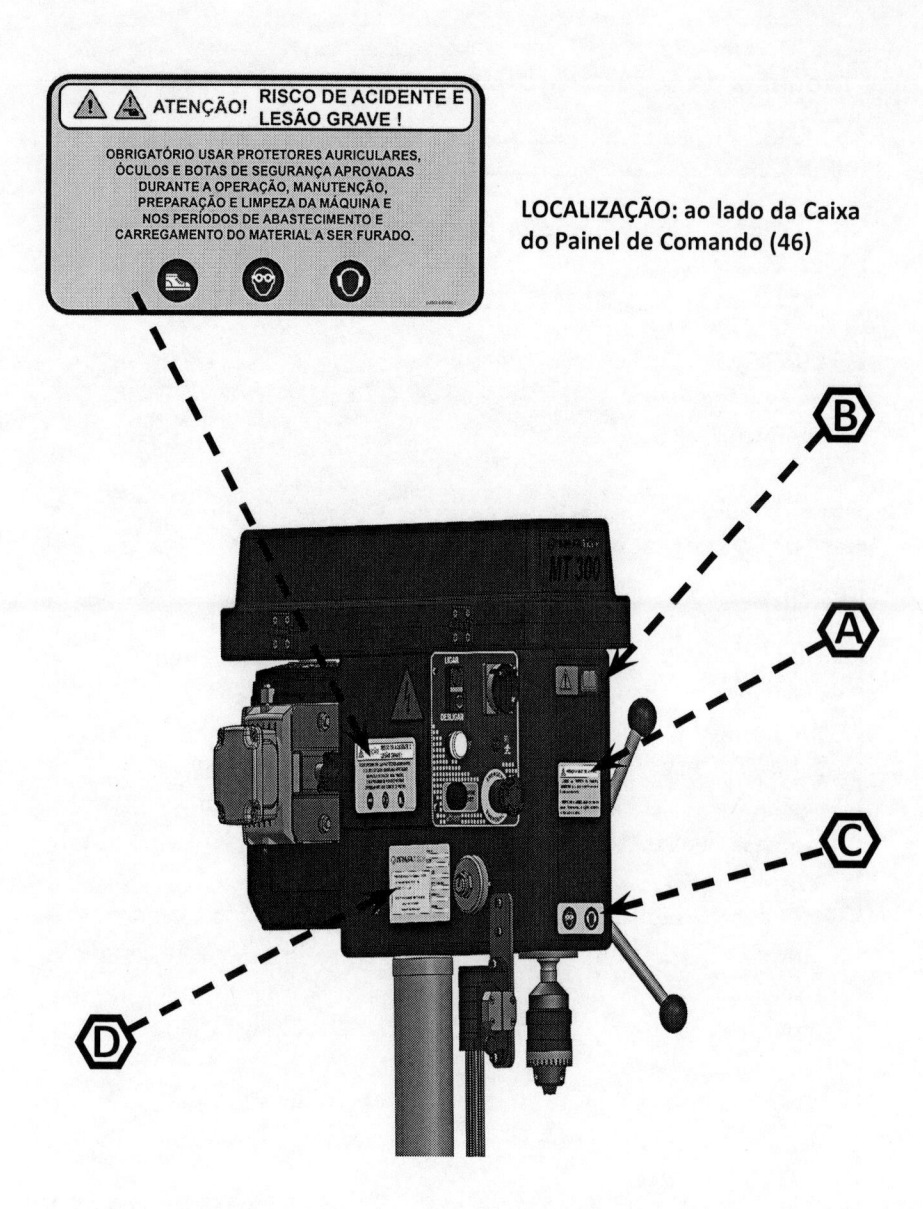

OBRIGATÓRIO USAR PROTETORES AURICULARES, ÓCULOS E BOTAS DE SEGURANÇA APROVADAS DURANTE A OPERAÇÃO, MANUTENÇÃO, PREPARAÇÃO E LIMPEZA DA MÁQUINA E NOS PERÍODOS DE ABASTECIMENTO E CARREGAMENTO DO MATERIAL A SER FURADO.

LOCALIZAÇÃO: ao lado da Caixa do Painel de Comando (46)

Figura 02 – Localização dos Avisos de Advertências presentes na **MT-100**

2.7 Medidas de Segurança durante o processo de furação:

> **⚠ ATENÇÃO! RISCOS DE ACIDENTES GRAVES:**
>
> **NUNCA MANTER** a máquina funcionando com o Mandril (12) girando sem que o operador esteja no seu POSTO DE OPERAÇÃO (POSTO DE TRABALHO).
>
> **CERTIFICAR** que a máquina esteja parada e desligada ao afastar-se do POSTO DE OPERAÇÃO (em frente a máquina) (VER Figura 01A);
>
> Em caso de substituição da broca, **NUNCA SE ESQUECER** de **REMOVER** a CHAVE DO MANDRIL e colocá-la em local seguro, antes de ligar a máquina;
>
> **SEMPRE VERIFICAR** se a peça a ser furada está devidamente fixada e segura, antes de iniciar qualquer operação. É obrigação do operador fazer essa operação a cada operação de furação e/ou rosqueamento;
>
> Em caso de ruído ou vibração estranha ao tipo de operação, quebra de qualquer componente, <u>**PARAR** e **DESLIGAR** a máquina imediatamente</u> e solicitar auxílio do pessoal de manutenção, a fim que seja sanado o problema observado;
>
> O operador sempre deve ficar na frente do equipamento, observando as condições de trabalho e alcance do Botão de **EMERGÊNCIA** (16) - VER Figura 01A;
>
> O operador deve OBSERVAR SEMPRE as rotações de furação (uso de brocas) recomendados pelo fabricante da ferramenta.

3. Características Técnicas:

3.1 Descrição:

Inicialmente, este Manual de Instruções tem o objetivo de descrever a maneira correta e segura de instalar, operar, manter, enfim, todos os manuseios razoavelmente previsíveis, em todas as fases da vida, da furadeira modelo **MT100**.

Trata-se de uma máquina cujo uso devido é para processos de furação e escareamento de materiais ferrosos e não ferrosos, obedecendo as CARACTERÍSTICAS TÉCNICAS definidas na Tabela 01.

Sua capacidade máxima de furação é de 16 mm (5/8"). A utilização desse equipamento é para indústrias metalúrgicas em geral, em oficinas especializadas, ou outros tipos aplicações.

É uma máquina robusta, versátil, de fácil operação, construída dentro de padrões de qualidade, segurança e durabilidade. O tipo de operação é manual.

Também, esse equipamento obedece e atende à **Norma Regulamentadora NR-12** do Governo Federal brasileiro. Além disso, também incorporam-se no projeto dessa máquina normas técnicas ABNT NBR e internacionais ISO e IEC, aplicadas a esse tipo de produto.

A presente Descrição visa informar qualquer pessoa, envolvida ou não, direta e/ou indiretamente com esse modelo de máquina, que deseja conhecer em detalhes o seu devido e correto funcionamento, nos mais diversos propósitos.

Para tanto, é importante que o usuário desse equipamento leia e entenda este Manual de Instruções, para que o manuseio da máquina seja o mais seguro, observando inclusive as normas de segurança adotadas pela empresa proprietária.

Este equipamento é constituído por cincos partes principais: Base (01), Coluna (02), Mesa (03), Cabeçote (06) e Motor Elétrico (07) – Figura 03.

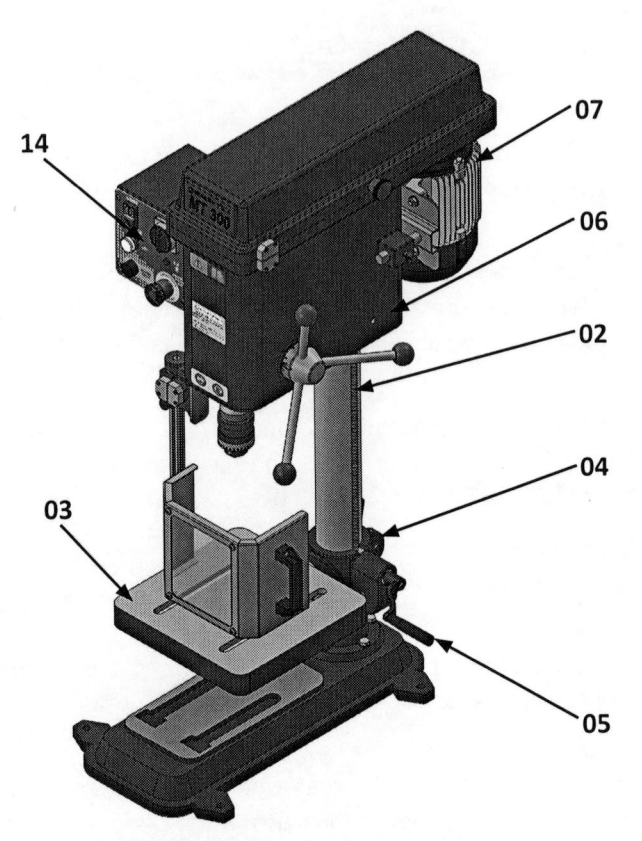

Figura 03 – Visão geral do equipamento

O sistema de acionamento da máquina é composto do Eixo Árvore (27) (Figuras 04 e 21) acionado por um sistema composto da Correia (09), da Polia Motora (10) e Polia do Eixo Árvore (11) - Figura 04. Na outra extremidade do Eixo Árvore (27) está o Mandril (12) utilizado para fixação de Brocas e/ou Escareadores.

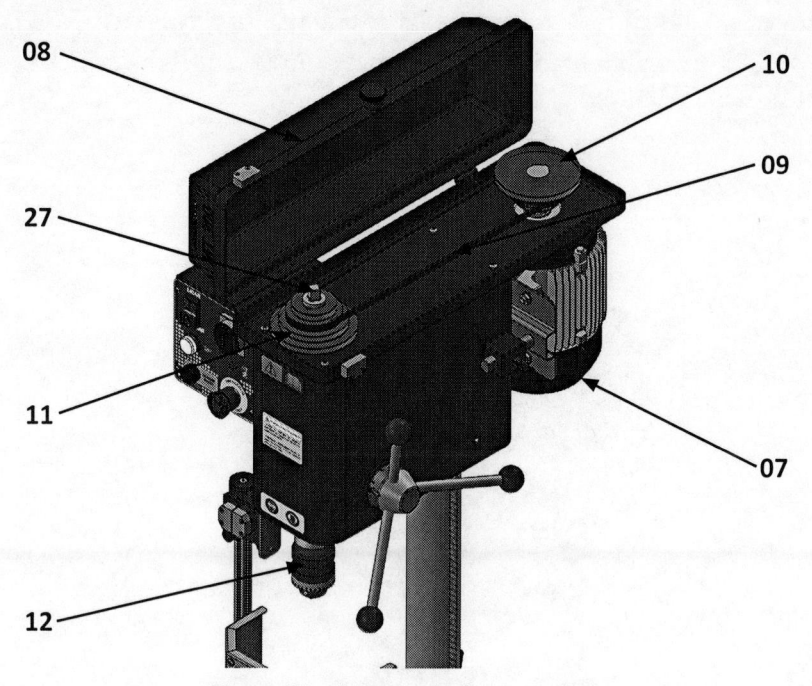

Figura 04 – Sistema de Transmissão

Este equipamento pode trabalhar com até 5 rotações no Eixo Árvore (27). A mudança de velocidade pode ser realizada pelo ajuste e posicionamento da Correia (09) em V no respectivo estágio das Polias (10) e (11). Esse sistema fica protegido por uma Tampa de Proteção (08), de forma que a máquina só funcione com essa tampa corretamente fechada, garantindo a segurança do operador e de outras pessoas próximas ao equipamento – Figura 04. O procedimento de troca de rotação é descrito em 4.5.

O Conjunto do Cabeçote (06) é construído em ferro fundido, formando, assim, uma estrutura rígida e robusta para esse tipo de processo de usinagem.

A Mesa (03) foi projetada para permitir processos de furação ou de escareamento em superfícies inclinadas, para tal, esse conjunto pode inclinar de ± 45°. Também, a Mesa (03) pode ser posicionada verticalmente, por meio da Manivela (05) solidária ao Suporte da Mesa (04) (Figura 03), tanto para cima como para baixo. O procedimento de posicionamento desse componente é descrito no item 4.3 deste manual.

As brocas utilizadas na furadeira **MT 100** são fixadas no Mandril (12), o qual é movimentado verticalmente por meio da Alavanca de Avanço (13) – Figura 05.

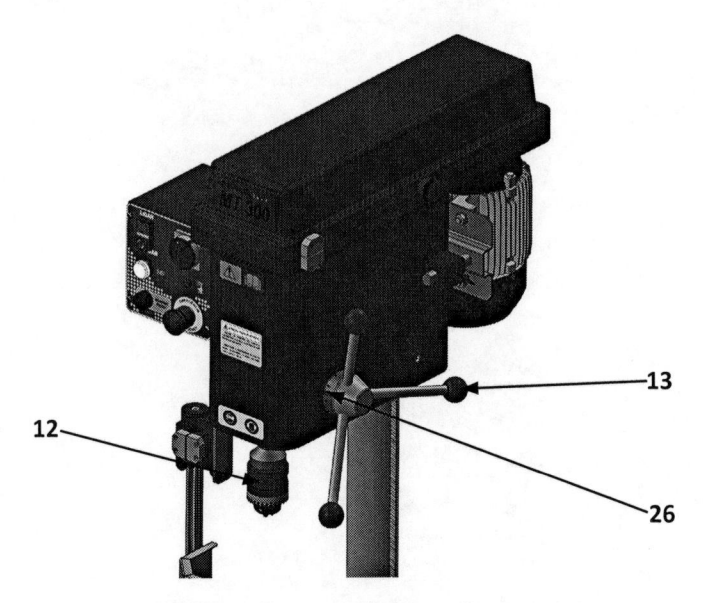

Figura 05 – Mandril (12) e Alavanca de Avanço (13)

Toda a operação da máquina é realizada no Painel de Comando (14), localizado ao lado do equipamento – Figura 04. Esse Painel de Comando (14) contém um Botão de PARTIDA (15A), um Botão de PARADA (15B), um Botão de EMERGÊNCIA (16), um Botão de REARME (17), uma Sinaleira BRANCA 24 V (18), uma Sinaleira Indicadora do Relé Térmico (19) e do Disjuntor Motor - Chave Geral (20) – Figura 06.

Além disso, a furadeira **MT100** foi desenvolvida dentro de normas técnicas e regulamentadoras aplicáveis brasileiras. Com isso, essa máquina possui o seguinte sistema de segurança incorporado:

- Botão de EMERGÊNCIA (16) - SB0 instalado no Painel de Comando (14), monitorado por Relé de Segurança (21) - FS1 por duplos canais;
- Chave de Segurança Magnética (22) - SQ1 e (23) - SQ2, ambas instaladas na Tampa de Proteção (08) e na Proteção Frontal (24), monitorado por Relé de Segurança (21) - FS1 – Figura 07;

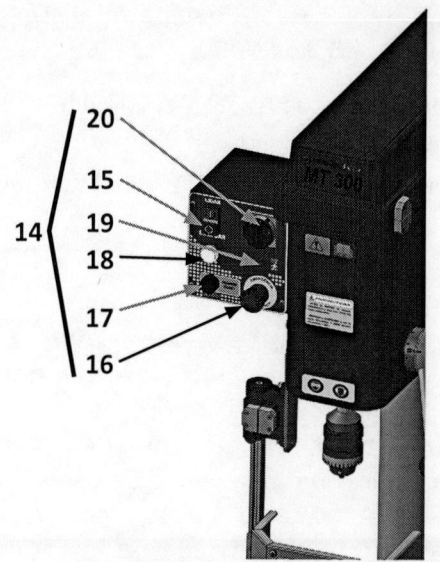

Figura 06 – Painel de Comando (14)

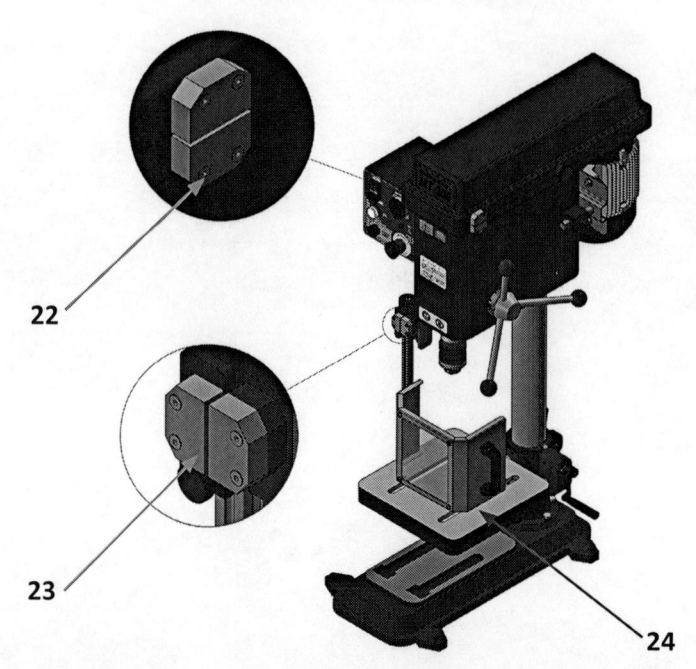

Figura 07 – Chaves de Segurança magnéticas (22) e (23)

- Botão de REARME (17) - SB3 instalado sobre o Painel de Comando (14), a fim de atender ao item 12.5.3 da NR-12;
- Relé de Segurança (21) - FS1 para realizar o monitoramento do sistema de segurança;
- Disjuntor Motor - Chave Geral (20) - QS1 para seccionar todo o sistema elétrico, a fim de garantir a segurança do operador ou qualquer pessoa que venha realizar algum tipo de intervenção no equipamento;
- Proteção Frontal (24), proteger o operador contra eventuais projeções de cavaco, de broca ou de peças soltas. Esse sistema somente permite que a máquina seja ligada se a proteção estiver fechada, ou seja, na frente do Mandril (12). Por meio de um visor, feito em policarbonato de 6 mm, permite ao operador observar todo processo de usinagem com segurança, sem prejudicar o desempenho da operação. Ao ser aberto, ou seja, posicionada lateralmente, essa Proteção Frontal (24) vai parar imediatamente a máquina, sem que haja possibilidade dela voltar a funcionar. Apenas com o procedimento de REARME é que máquina pode ser habilitada a funcionar novamente;
- A operação dos comandos em extra baixa tensão – 24 Vca, por meio do Transformado-TR1.

3.2 Dados Técnicos:

As principais características técnicas da furadeira **MT100** estão representadas na Tabela 01 e na Figura 08, a seguir:

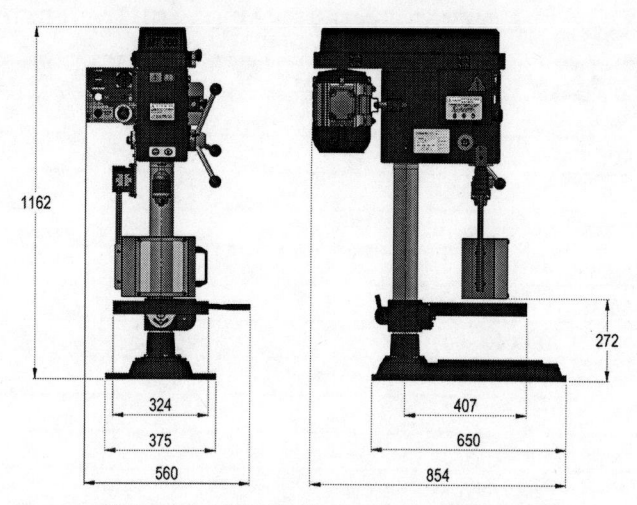

Figura 08 – Principais dimensões da **MT 100**

Tabela 01 – Principais Características técnicas da furadeira MT100

Capacidade máxima de furação	16 mm ou 5/8"
Curso Máx. do Eixo Árvore (27)	250 mm
Tipo de MANDRIL	B16 sem rosca (cônico de pressão)
Velocidades (rpm)	350/500/890/1510/2580
Rotação do motor	1140 rpm
Distância da Coluna ao centro do Eixo Árvore	239 mm
Dimensões da Mesa (03)	324 x 324 mm
Dimensões da Base (01) da máquina	375 x 650 mm
Distância do Eixo Árvore (27) até a Mesa (03)	550 mm
Ângulo de inclinação da Mesa (03)	±45°
Potência do Motor Elétrico (07)	1500 W
Tensão de Operação	110/220 V
Frequência de Operação	50/60 Hz
Peso líquido	110 kg
Impedância ôhmica (aterramento)	5 Ω
Temperatura ambiente de trabalho	-20 a 45 °C
Corrente máxima de curto circuito	10 kA

RELAÇÃO DE PARTES E COMPONENTES RELACIONADOS NO TEXTO

POS.	DESCRIÇÃO
01	BASE
02	COLUNA
03	MESA
04	SUPORTE DA MESA
05	MANIVELA
06	CABEÇOTE
07	MOTOR ELÉTRICO
08	TAMPA DE PROTEÇÃO
09	CORREIA
10	POLIA MOTORA
11	POLIA DO EIXO ÁRVORE
12	MANDRIL
13	ALAVANCA DE AVANÇO
14	PAINEL DE COMANDO
15A	BOTÃO DE PARTIDA - SB2
15B	BOTÃO DE PARADA - SB1
16	BOTÃO DE EMERGÊNCIA - SB0
17	BOTÃO DE REARME E SINALEIRA - SB3/HL3
18	SINALEIRA BRANCA 24V - HL1
19	SINALEIRA INDICADORA DO RELÉ TÉRMICO - HL2
20	DISJUNTOR MOTOR - CHAVE GERAL - QS1
21	RELÉ DE SEGURANÇA - FS1
22	CHAVE E SEGURANÇA MAGNÉTICA DA TAMPA DE PROTEÇÃO - SQ1
23	CHAVE E SEGURANÇA MAGNÉTICA DA PROTEÇÃO - SQ2
24	PROTEÇÃO FRONTAL
25	CHAVE DE MANDRIL
26	ESCALA DE MEDIDA
27	EIXO ÁRVORE
28	ALAVANCA DE TRAVA MESA
29	ESCALA ANGULAR
30	PARAFUSO SEXTAVADO
31	PARAFUSO SEXTAVADO

POS.	DESCRIÇÃO
32	MANÍPULO DE APERTO
33	ROLAMENTO 6306
34	ROLAMENTO 6304
35	LUVA DO EIXO
36	CUBO DENTADO
37	CONJUNTO DA BANDEJA DE COMPONENTES ELÉTRICOS
38	CONTATOR - KM1
39	CONTATOR - KM2
40	CONTATOR AUXILIAR - KA1
41	RELÉ DE SOBRECARGA (RELÉ TÉRMICO) - FR1
42	TRANSFORMADOR 220/380V-24V - TR1
43	FUSÍVEL DE ENTRADA DO TRANSFORMADOR - F1
44	FUSÍVEL DE ENTRADA DO TRANSFORMADOR - F2
45	FUSÍVEL DE SAÍDA DO TRANSFORMADOR - F3
46	CAIXA DO PAINEL DE COMANDO
47	PORCA DE FIXAÇÃO
48	PROTEÇÃO DA MOLA
49	MOLA
50	ROLAMENTO
51	ANEL ELÁSTICO
52	ROLAMENTO
53	CONJUNTO DO EIXO ÁRVORE
54	ANEL ELÁSTICO
55	ANEL ELÁSTICO
56	CREMALHEIRA DA COLUNA
57	CREMALHEIRA DO EIXO ÁRVORE
58	CREMALHEIRA DA ALAVANCA DE AVANÇO

3.3 Tempo de Vida Útil:

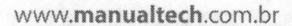

A **MT 100** foi desenvolvida para um tempo de vida útil longo, acima de 50 anos, para as partes mecânicas, porém esse tempo pode aumentar consideravelmente se todas as etapas das manutenções preventivas forem cumpridas constantemente, de acordo com o que está descrito neste Manual de Instruções, mas devendo ser acompanhado por uma supervisão de um profissional legalmente habilitado.

Essa máquina foi desenvolvida para uso profissional e industrial, num turno de trabalho de 8 h/dia, em média.

Outros fatores, não exaustivos, que reduzem o tempo da vida útil da **MT 100** são:

- utilização fora dos LIMITES prescritos na Tabela 01, isto é, sem obedecer a capacidade máxima de furação (brocas com Ø igual ou inferior a 16 mm). O uso de brocas com Ø > 16 mm, com haste rebaixadas, reduzem o tempo de vida útil do equipamento, degradando os rolamentos do Eixo Árvore (27) e, consequentemente, outras partes mecânicas;

- utilização em operações de fresamento (mau uso razoavelmente previsível), com auxílio de mesas coordenadas. Esse tipo de operação degrada drasticamente os rolamentos do Eixo Árvore (27) e também todo este conjunto:

- utilização incompatível de rotação (rpm) x Ø broca (mm);

- operação com excesso de força de avanço sobre a peça que está sendo furada, proveniente do excesso de força sobre a Alavanca de Avanço (13);

- uso constante de brocas má afiadas, o que aumenta a resistência ao corte e o desgaste do equipamento, ou uso prolongado de Mandril (12) com defeito ou danificado;

- falta de lubrificação conforme prescrito na manutenção preventiva;

- operação em ambientes agressivos quanto à corrosão e de intempéries não controladas, como ambientes abertos com risco de chuva e poeira;

- outros fatores devido ao mau uso do equipamento, sem conhecimento do fabricante.

4. Identificação da Máquina:

Toda máquina **MANUALTECH** é identificada com uma Placa de Identificação, exclusiva de cada exemplar, ficando proibida a sua remoção sob hipótese alguma. Nela podem-se encontrar as principais caracterizas técnicas, tais como, potência, tensão e peso (Figura 09).

Toda solicitação à Assistência Técnica **MANUALTECH**, o nº de série deve ser fornecido para que o equipamento possa ser identificado com rapidez e auxiliar na solução do problema com brevidade.

A seguir, ilustra-se uma placa de identificação da máquina, fixada no corpo do Cabeçote (06).

D VER Figura 02

Manualtech
Documentação Técnica

MANUALTECH Máquinas e Equipamentos Ltda.
Rua: Pedro Stefanini, 346 - Vila Carmelo
18609-590 - Botucatu / SP
CNPJ: 11.376.826/0001-76 - CREA/SP 0000000
www.manualtech.com.br
astecnica@manualtech.com.br

MODELO:
nº SÉRIE:
ANO:
POTÊNCIA (kW/hp):
TENSÃO (V):
PESO (kg):

Figura 09 – Plaqueta

5. Transporte, Instalação e Desmontagem:

⚠ ATENÇÃO! RISCO DE ACIDENTE:

- Toda movimentação da máquina deve ser feita por pessoas CAPACITADAS e AUTORIZADAS para esse tipo de serviço;

- **OBSERVAR** todas as condições de segurança e uso de EPI, tais como sapatos e óculos de segurança e luvas;

- Os cabos de elevação, se necessário, devem ter capacidade de carga e suportar, no mínimo, 3 vezes o peso da máquina. VER o peso do respectivo modelo em CARACTERÍSTICAS TÉCNICAS.

5.1 Transporte:

As máquinas da **MANUALTECH** são transportadas em caixas de madeira dimensionada para esse fim, protegendo-as contra impactos durante o transporte.

Ao chegar ao seu destino final, a máquina deve ser colocada próximo ao local de instalação definitiva.

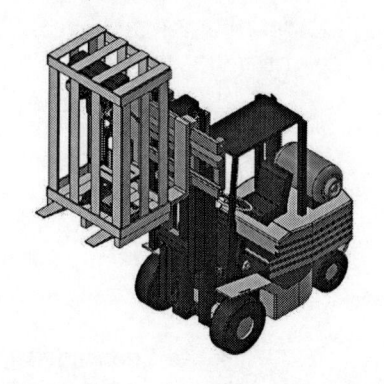

Com auxílio de um dispositivo de elevação, tais como ponte rolante, grua, talha, empilhadeira ou outro equipamento destinado a essa finalidade, ELEVAR a máquina até a sua posição definitiva sobre uma bancada, cuja altura permita o operador trabalhar de maneira ergonômica, cuidado observando SEMPRE as condições de segurança, como recomendado em 3.2.

5.2 Instalação e Ajustes Gerais:

> ⚠️ **ATENÇÃO! RISCO DE ACIDENTE:**
>
> - A instalação dessa máquina requer um profissional na área elétrica, devidamente QUALIFICADO, CAPACITADO e AUTORIZADO para essa função, conforme **ABNT NBR 5410** e **NR-10**;
>
> - O posicionamento (ARRANJO FÍSICO) e a instalação da máquina devem estar conforme itens 12.2.1 ao 12.3.10 da **NR-12** (versão jul/19), em local iluminado adequadamente, onde NÃO haja umidade ou piso molhado;
>
> - **NUNCA INSTALAR** essa máquina onde haja perigo de explosão ou material inflamável ou agente corrosivo;
>
> - **POSICIONAR** o equipamento sobre uma bancada rígida e nivelada, capaz de suportar peso da máquina (VER recomendações em 2.2);
>
> - **OBSERVAR** as condições da rede elétrica do usuário final, e **VERIFICAR** a tensão (Volts) e frequência (Hz);
>
> - **ATERRAR** a máquina conforme as normas **ABNT NBR IEC 60204-1** e **ABNT NBR 5410** e **NR-10**.

A instalação deve seguir o seguinte procedimento:

1. FIXAR a Base (01) pelos 4 furos de fixação sobre a bancada (ver recomendações em 3.2), com parafusos M12 para tal função, procurando mantê-la SEMPRE nivelada e segura durante a sua operação – Figura 10;

2. VERIFICAR se a bancada suporta o peso da máquina e se ela está rigidamente fixada (VER Características Técnicas).

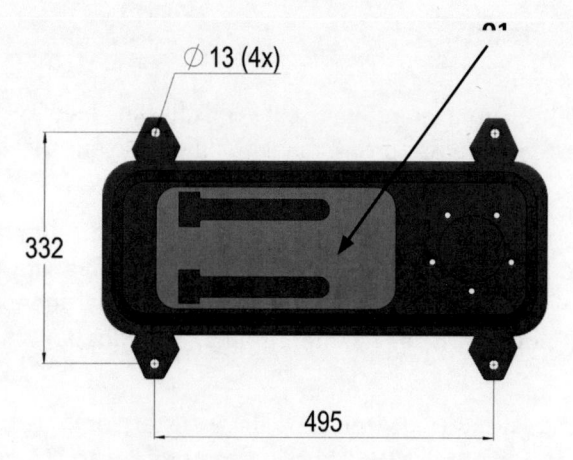

Figura 10 – Pontos de Fixação da Base da Máquina

5.3 Limpeza e Lubrificação:

1. A máquina foi revestida com uma camada de graxa densa para proteger no embarque. Essa proteção deve ser totalmente removida antes de colocar a máquina em operação.

    - UTILIZAR desengraxante a base de água, apropriado para remover a graxa da máquina, o qual DEVE SER aprovado pelo SESMT da empresa proprietária da máquina.

    - NÃO UTILIZAR produtos como *thinner*, a base hidrocarbonetos aromáticos, que são inflamáveis e prejudicam a saúde da pessoa que a utiliza.

    - EVITAR passar qualquer tipo de solvente na Correia (09) ou outras partes emborrachadas;

2. COBRIR após a limpeza todas as partes usinadas com óleo lubrificante. LUBRIFICAR o Conjunto do Eixo Árvore (53) e Mandril (12) com Micro-Óleo desengripante.

5.4 Instalação Elétrica:

A **MT100** é uma máquina, cuja instalação elétrica é simples, porém deve ser realizada por profissional qualificado e autorizado para esse tipo de serviço.

Inicialmente, recomenda-se conectá-la diretamente num Quadro Elétrico próprio, instalado o mais próximo da máquina, cujos cabos elétricos devem estar conectados a um disjuntor tripolar independente e a um diferencial tripolar (DDR), devidamente dimensionados por um profissional habilitado.

O sistema de ATERRAMENTO deve estar em conformidade com a **ABNT NBR 5410**. O cabo de ligação TERRA deve estar conectado corretamente para esta função. A resistência ôhmica de aterramento recomendada deve estar conforme a Tabela 01.

UTILIZAR cabos elétricos PP de 4 vias de 2,5 mm^2, fabricados conforme norma **ABNT NBR 13249** - *Cabos e cordões flexíveis para tensões até 750V.*

> **PERIGO! RISCO DE CHOQUE ELÉTRICO:**
>
> A instalação elétrica dessa máquina requer um profissional na área elétrica, devidamente CAPACITADO e QUALIFICADO e AUTORIZADO para essa função, conforme **ABNT NBR 5410** e **NR-10**.

5.5 Desativação e Desmontagem:

5.5.1 Desativação:

No caso de haver necessidade da desativação da **MT 100** por algum motivo, alguns cuidados devem ser tomados:

SOMENTE pessoas devidamente qualificadas e autorizadas podem DESATIVAR e REMOVER a máquina, as quais comprovem experiência e competência para esse tipo de trabalho. **UTILIZAR Óculos de Segurança e Protetor Auricular.**

PROCEDIMENTO:

1. DESCONECTAR total e corretamente da rede elétrica do usuário todos os cabos de energia, de forma segura, certificando-se que ela está desativada eletricamente;

2. REMOVER a Correia (09) e GUARDAR esse componente em ambiente seco e arejado;

3. LIMPAR totalmente a máquina, utilizando panos secos e/ou pincéis, podendo utilizar desengrantes a base de água;

4. UNTAR de graxa e/ou óleo de proteção as partes sujeitas a oxidação e expostas a intempéries, a fim de protegê-las, em especial as partes usinadas.

5.5.2 Desmontagem:

No caso da necessidade de desmontar a máquina, SEGUIR os procedimentos e OBSERVAR as Notas de Seguranças e de Advertências a seguir.

SOMENTE pessoas devidamente qualificadas e autorizadas podem DESMONTAR essa máquina, as quais comprovem experiência e competência para esse tipo de trabalho. **UTILIZAR Óculos de Segurança e Protetor Auricular, e outros EPI´S conforme indicação do SESMT.**

EVITAR o contato direto com o óleo de corte e outros lubrificantes, e NÃO JOGAR nenhum tipo de óleo lubrificante e/ou graxa no meio ambiente.

Para a movimentação dessa máquina e/ou de suas partes, OBSERVAR as instruções contidas no Capítulo Manutenção.

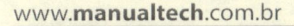

PROCEDIMENTO:

1. PROCEDER por uma sequência de desmontagem, a qual permita, posteriormente, montá-la corretamente. ANOTAR a sequência neste manual;

2. LIMPAR cada componete desmontado, utilizando desengrantes a base de água;

3. UNTAR de graxa e/ou óleo de proteção as partes sujeitas a oxidação e expostas a intempéries, a fim de protegê-las, em especial as partes usinadas.

6. Procedimento de Operação:

Para operar a furadeira **MT100** com segurança, o operador deve observar todas as **NOTAS DE SEGURANÇA** previstas anteriormente. Esse operador DEVE SER capacitado e autorizado para essa operação pela empresa proprietária, conforme instruções contidas na **NR-12**.

6.1 Procedimentos preliminares obrigatórios:

Antes de iniciar qualquer intervenção na máquina, o operador deve PLANEJAR todas as etapas de operação.

1. POSICIONAR o Disjuntor Motor - Chave-Geral (20) em **OFF**;

2. Em função das dimensões, forma e tipo de material, DEFINIR:

    (a) a broca correta para a profundidade a ser executada;

    (b) VER as rotações na Tabela 01- Especificações Técnicas;

    (c) o uso de líquido refrigerante, se necessário;

    (d) equipamentos auxiliares necessários à mesa de apoio, caçamba para depositar material trabalhado etc.

3. PREPARAR o material a ser furado movimentando-o, se necessário, com auxílio de dispositivo de elevação e transporte;

4. AJUSTAR a altura da Mesa (03) para que o operador opere de maneira ergonômica e confortável;

5. **UTILIZAR dispositivos adequados, rígidos e confiáveis para FIXAR a peça a ser furada com segurança e que não se solte de forma alguma, a fim de evitar acidentes;**

6. MANTER aproximadamente uma distância de 15 a 20 mm entre o material a ser trabalhado e a ponta da ferramenta;

7. VERIFICAR a integridade da Mandril (12) e das brocas que serão utilizadas. UTILIZAR brocas sempre bem afiadas;

8. GIRAR o anel roscado do Mandril (12), de modo a abrir as pinças suficientemente para fixar o corpo da broca;

9. FECHAR as pinças do Mandril (12);

10. APERTAR a broca corretamente com a Chave de Mandril (25);

11. VERIFICAR se a broca gira centrada;

12. REMOVER a Chave de Mandril (25) do próprio Mandril (12);

13. RETIRAR objetos estranhos da Mesa (03) e outros tipos ferramentas;

14. VERIFICAR se tudo está pronto para o uso.

6.2 Procedimento seguro da operação de furação:

Antes de iniciar qualquer intervenção sobre a máquina, o operador deve PLANEJAR o seu trabalho de maneira segura, fixando a peça a ser furada com **dispositivo de fixação adequado e rígido**, utilizando ferramentas novas, afiadas e próprias para o serviço a ser executado.

⚠️ ATENÇÃO! RISCO DE ACIDENTE:

1. Antes de intervenção sobre a máquina, **LER** atentamente este Manual de Instruções, principalmente as Notas de Segurança, já descritas;

2. Antes de ligar a máquina, **LUBRIFICAR** adequadamente com óleo, e VERIFICAR se o Eixo Árvore está se movendo com suavidade. VERIFICAR se as partes elétricas estão em boas condições e íntegras;

3. **NUNCA POSICIONAR** os dedos onde possam encostar-se com a broca quando a máquina estiver ligada;

4. **NUNCA UTILIZAR NENHUM** tipo de luva, sob qualquer pretexto, durante qualquer operação quando a máquina estiver ligada e girando;

5. **NÃO PUXAR** o cabo de alimentação pela mão;

6. **NUNCA DEIXAR** a máquina desacompanhada, até que tenha parado completamente;

7. **NÃO EXECUTAR** nenhum outro trabalho na Mesa (03) ou Base (01) se a máquina estiver em funcionamento;

8. Ao instalar ou remover a ferramenta de corte, **ASSEGURAR** que ela não caia;

9. **NUNCA SEGURAR** a Morsa ou Dispositivo de Fixação com as mãos. Esses SEMPRE devem estar fixados por parafusos ou fixadores destinados para tal função.

PROCEDIMENTO:

1. USAR óculos de segurança e protetor auricular.

   NÃO UTILIZAR luvas sob hipótese alguma;

2. POSICIONAR o Disjuntor Motor - Chave Geral (20) em LIGADO (**ON**);
3. OBSERVAR se a Sinaleira 24 V (18) (cor BRANCA) e do Botão de REARME (17) (cor AZUL) estão iluminados;
4. FECHAR a Proteção Frontal (24);
5. VERIFICAR se a Tampa (08) está devidamente fechada;
6. **VERIFICAR e ASSEGURAR que a peça a ser furada está devidamente fixada, como planejado.**
7. PRESSIONAR o Botão de REARME (17): a Sinaleira AZUL deve apagar.

   Caso a Sinaleira AZUL se mantiver iluminada (acesa):

   - VERIFICAR se a Proteção Frontal (24) está aberta, ou se a Tampa (08) também está aberta ou mal encaixada ou se o Botão de EMERGÊNCIA (18) está pressionado (Figuras 06 e 07).

   - VERIFICAR se uma das opções está ocorrendo e CORRIGIR o problema, posicionando esses elementos de segurança corretamente em suas respectivas posições seguras.

   - PRESSIONAR novamente o Botão de REARME (17). A Sinaleira AZUL deve apagar. Se continuar o problema (iluminada), PARAR esse procedimento e ACIONAR o pessoal de manutenção QUALIFICADO e AUTORIZADO para corrigir o problema.

   - Se a sinaleira AZUL apagar, PROSSEGUIR com o procedimento seguinte.

8. PRESSIONAR o Botão de PARTIDA (15A) (cor VERDE);

9. GIRAR a Alavanca de Avanço (13) com a mão direita, observando o processo de furação, até a profundidade desejada. CONTROLAR a profundidade de corte por meio da Escala de Medida (26) – Figura 05;

10. Após a furação, PRESSIONAR o Botão de PARADA (15B) (cor VERMELHA);

11. ABRIR a Proteção Frontal (24) e RETIRAR a peça;

12. LIMPAR a máquina com pano seco e LUBRIFICAR as partes usinadas, caso não haja mais peças a serem furadas,;

13. PROTEGER o equipamento com uma capa ou um pedaço de pano limpo;

14. POSICIONAR o Disjuntor Motor - Chave Geral (20) em **OFF**;

15. RETIRAR a broca do Mandril (12).

6.3 Ajuste da altura Mesa (03):

Para AJUSTAR a altura de trabalho de Mesa (03), o seguinte procedimento deve ser seguido – Figura 11:

PROCEDIMENTO:

1. SOLTAR a Alavanca de Trava Mesa (28);

2. POSICIONAR a Mesa (03) até a posição desejada pela Manivela (05);

3. TRAVAR a Alavanca de Trava Mesa (28).

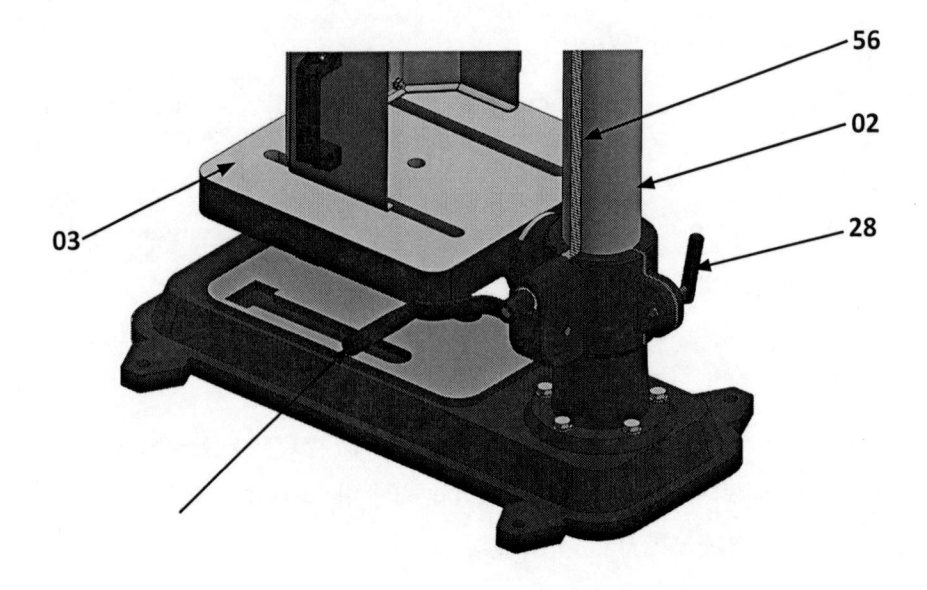

Figura 11 – Ajuste da altura da Mesa (03)

6.4 Ajuste do ângulo da Mesa (03):

Para AJUSTAR o ângulo da Mesa (03), o operador deve seguir o procedimento a seguir:

PROCEDIMENTO:

1. Antes de qualquer operação de ajuste, o operador deve escolher o sentido e o ângulo desejado, o qual pode variar entre - 45° (para esquerda) a + 45° (para direita), podendo ser visualizado na Escala Angular (29) – Figura 12;

2. SOLTAR o Parafuso Sextavado (30) e AFROUXAR o Parafuso Sextavado (31) – Figura 13;

3. POSICIONAR o ângulo e lado de giro, a Mesa (03) – Figura 14;

4. APERTAR novamente os Parafuso (30) e (31);

5. VERIFICAR se o posicionamento está correto da Mesa de (03), conforme planejado.

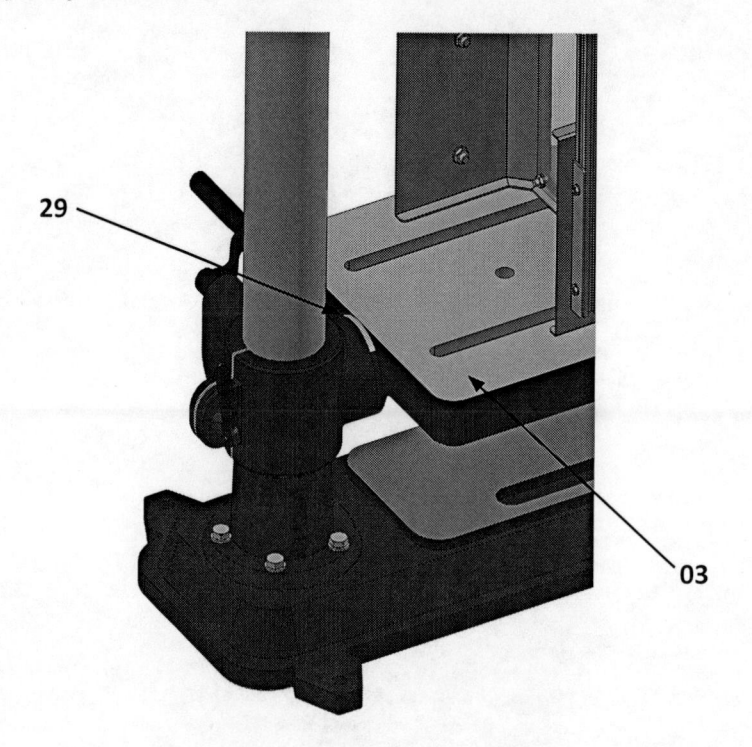

Figura 12 – Escala Angular (29)

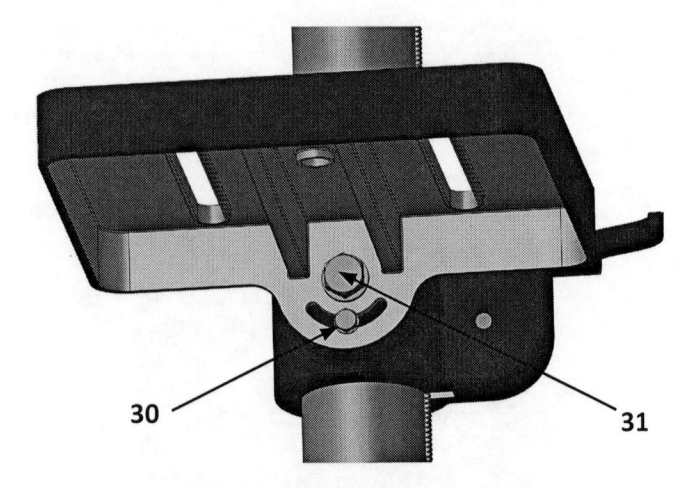

Figura 13 – Parafusos de fixação da Mesa (03)

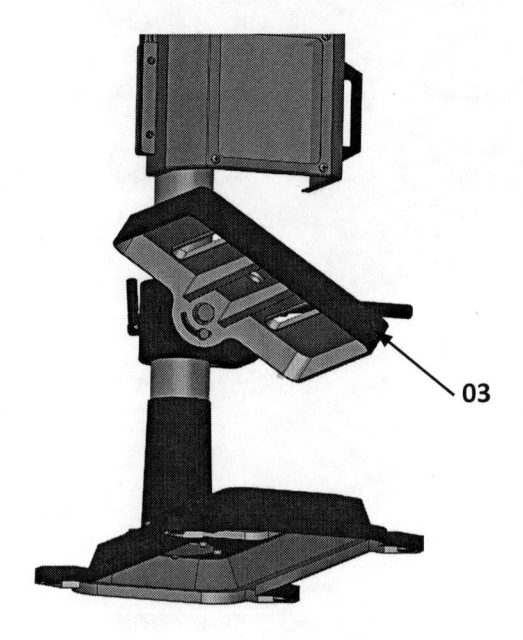

Figura 14 – Mesa (03) inclinada

6.5 Troca das Velocidades de Furação:

Para a troca das velocidades de furação, o operador deve seguir este procedimento:

PROCEDIMENTO:

1. Com a máquina desligada, POSICIONAR o Disjuntor Motor - Chave Geral (20) em **OFF**;

2. ABRIR a Tampa de Proteção (08) e AFROUXAR o Manípulo de Aperto (32) – Figura 15;

3. MOVIMENTAR o Motor para frente (07) de forma a aliviar a tensão da Correia (09) – VER indicação do sentido de alívio de tensão na Figura 15;

4. POSICIONAR a Correia (09) nos canais das Polias (10) e (11), de acordo com a conFiguração de velocidade desejada;

5. MOVIMENTAR para trás o Motor (07) de forma a tensionar a Correia (09) e TRAVAR o Manípulo de Aperto (32);

6. FECHAR a Tampa de Proteção (08) e POSICIONAR o Disjuntor Motor - Chave Geral (20) em **ON**.

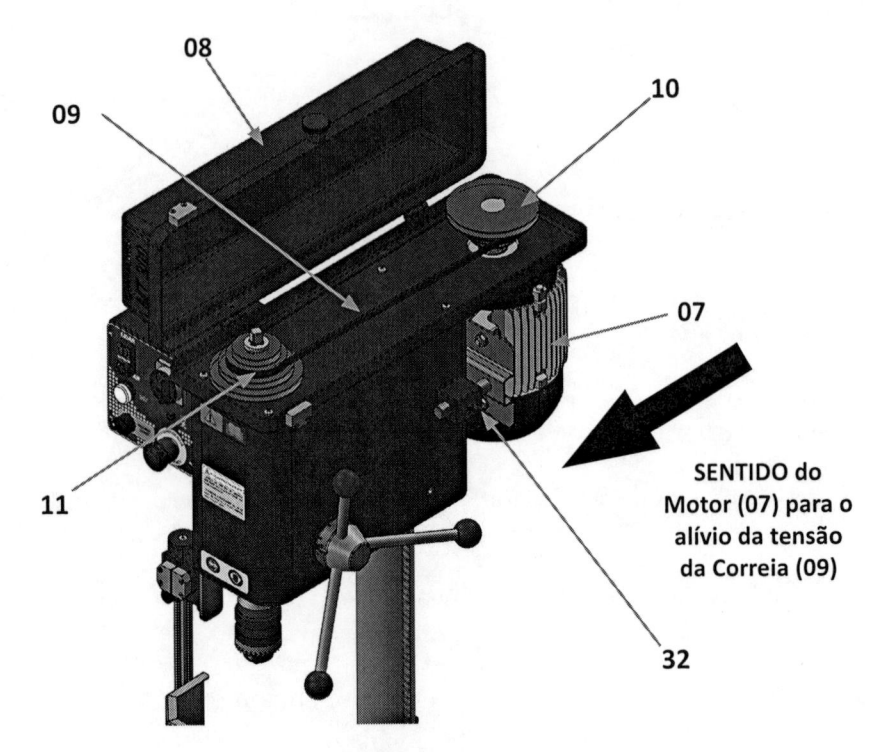

Figura 15 – Procedimento de troca de velocidade

SENTIDO do Motor (07) para o alívio da tensão da Correia (09)

VÍDEO: COMO TROCAR A CORREIA

6.6 PARADA de EMERGÊNCIA:

A **MT 100** foi desenvolvida conforme a **NR-12**, e a norma tipo C **EN 12717:2001+A1:2009** (E). As funções de segurança de Parada de EMERGÊNCIA e intertravamento da Proteção Frontal (24) e da Tampa de Proteção (08) foram determinadas como CATEGORIA DE SEGURANÇA 3.

Para tal, todo o sistema de segurança previsto (parada de EMERGÊNCIA e abertura de Proteções Móveis intertravadas) é monitorado pelo Relé de Segurança FS1 (21), instalado no interior Caixa do Painel de Comando (46) (Figura 06).

Em caso de EMERGÊNCIA o Botão (16) deve ser pressionado. Com essa ação, por ser um sistema monitorado por Relé de Segurança FS1 (21), todo o sistema elétrico fica desabilitado, com todas as funções inoperantes.

Se houver necessidade de dar uma nova PARTIDA novamente na máquina, o seguinte procedimento deve ser seguido:

PROCEDIMENTO:

1. PARAR QUALQUER OPERAÇÃO!

NÃO TOMAR NENHUMA ATITUDE SEM ANTES VERIFICAR CUIDADOSAMENTE AS RAZÕES DO ACIONAMENTO DO BOTÃO DE EMERGÊNCIA (16).

Em condições críticas, em que o Botão de EMERGÊNCIA (16) foi pressionado, o operador DEVE CHAMAR um superior ou pessoa QUALIFICADA e AUTORIZADA, para que juntos possam SOLUCIONAR o problema e REMOVER as condições de EMERGÊNCIA em que se encontra a máquina.

2. VERIFICAR se nessa ocorrência houve ou não algum tipo de lesão ao operador ou a outra pessoa. Se houve, SOCORRER primeiramente a(s) pessoa(s) lesionada(s);

SOMENTE após solucionada a ocorrência de EMERGÊNCIA, PROCEDER:

3. DESTRAVAR o Botão de EMERGÊNCIA (16) para colocar novamente a máquina em condições de pleno funcionamento;

4. PRESSIONAR o Botão de REARME (RESET) (17) - VER subseção 6.2;

5. PRESSIONAR o Botão (15A) para PARTIDA do Motor (07), possibilitando o equipamento funcionar e habilitando todas as funções;

6. COLOCAR a máquina nas condições operacionais, observando se a ocorrência de EMERGÊNCIA foi sanada e corrigida.

> **ATENÇÃO!**
> **PROCEDIMENTO IMPORTANTE E SEGURO:**
>
> Em condições NORMAIS de parada, o Botão de PARADA (15B) (Figura 16A) sempre deve ser acionado.
> **DEVE-SE EVITAR**, paradas normais pelo Botão de EMERGÊNCIA (16).
> Todavia, ao final de cada jornada de trabalho da máquina, o Botão de EMERGÊNCIA (16) **pode ser acionado**. Esse procedimento garante SEMPRE que o sistema de segurança foi verificado e que está em pleno funcionamento.

7. Manutenção:

> **ATENÇÃO! RISCO DE ACIDENTE E CHOQUE ELÉTRICO:**
>
> Toda manutenção dessa máquina DEVE SER realizada por **profissionais QUALIFICADOS, CAPACITADOS e AUTORIZADOS** para esse tipo de serviço;
>
> Toda manutenção deve obedecer às recomendações contidas na NR-12 (versão jul.19) - Capítulo MANUTENÇÃO, INSPEÇÃO, PREPARAÇÃO, AJUSTES e REPAROS, itens 12.11.1 a 12.11.5;
>
> Durante toda a fase de manutenção da máquina, todo o circuito elétrico **DEVE PERMANECER DESCONECTADO** da rede elétrica por meio do Disjuntor Motor - Chave Geral (20) e desconectada do Disjuntor Tripolar instalado no Quadro Elétrico externo.

7.1 Manutenção Preventiva:

1. **Limpeza:**

   - **NUNCA** UTILIZAR produtos corrosivos e inflamáveis, tais como álcool, gasolina, querosene ou outro tipo de combustível para limpeza.
   - RECOMENDA-SE UTILIZAR micro-óleo e/ou desengraxante a base de água;
   - REALIZAR esse procedimento com a máquina desconectada da rede elétrica, e o Disjuntor Motor - Chave Geral (20) posicionado em DESLIGADA - **OFF**;

- REMOVER **diariamente** todo cavaco produzido;
- LIMPAR com pincel e pano limpo a superfície da Mesa (03) e outras superfícies adjacentes.

2. **Lubrificação:**

    - REALIZAR esse procedimento com a máquina desconectada da rede elétrica, e o Disjuntor Motor - Chave Geral (20) posicionado em **OFF**;
    - LUBRIFICAR as seguintes partes da máquina:

        (a) A Cremalheira (56) (Figura 11), com graxa **semanalmente**;

        (b) A Cremalheira (57) (Figura 21), com graxa **mensalmente**;

        (c) A superfície da Mesa (03) e a Coluna (02), **diariamente** com óleo, removendo a sujeira nesses componentes antes da lubrificação;

        (d) O interior do Mandril (12), injetando com pressão e em abundância, **diariamente**, com Micro Óleo lubrificante.

OBSERVAÇÃO:

Os Rolamentos (33) e (34) (Figura 16) são blindados com lubrificação permanentes. A cada 1.000 horas de trabalho desta máquina, **MT 100**, esses itens devem ser substituídos, conforme subseção 7.2.

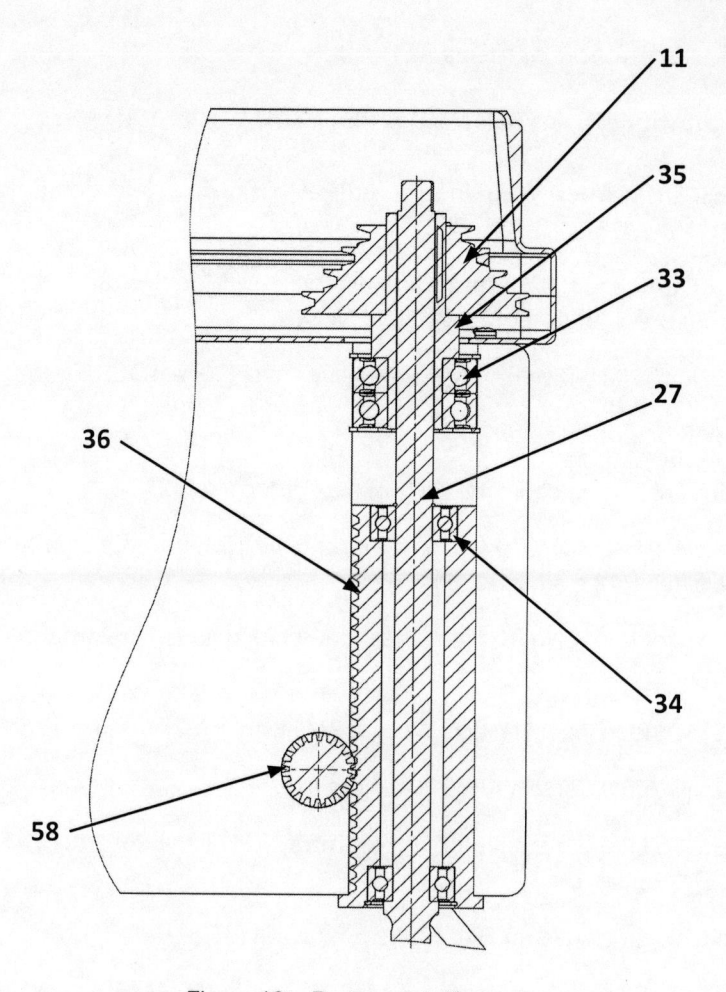

Figura 16 – Partes a lubrificar

3. Outras Verificações:

Mensalmente, VERIFICAR o estado dos cabos e componentes elétricos, e outras partes mecânicas que compõem a máquina. Em caso de necessidade, REMOVER e TROCAR por uma peça origem.

7.2 Manutenção Corretiva:

(a)   Substituição dos Rolamentos (33) e (34) (Figura 16):

1. **DESCONECTAR** a máquina da rede elétrica, por meio dos disjuntores externos;
2. COLOCAR uma Etiqueta de Advertência de Manutenção (ver exemplo na Figura 17B) no Botão **EMERGÊNCIA**;
3. POSICIONAR o Disjuntor Motor - Chave Geral (20) em DESLIGADA - **OFF**;
4. USAR óculos de segurança;
5. ABRIR a Tampa de Proteção (08) e a Proteção (24);
6. SOLTAR e REMOVER a Porca de Fixação (47), juntamente com a Proteção da Mola (48) e a Mola (49);
7. REMOVER o eixo da Alavanca de Avanço (13), juntamente com o Rolamento (50);
8. REMOVER o Anel Elástico (51) e o Rolamento (52) - Figura 17A;
9. REMOVER a Correia (09) – Figura 18;
10. REMOVER, com auxilio de um Extrator de Polia, a Polia do Eixo Árvore (11) – Figura 19;
11. REMOVER a Luva do Eixo (35) e a Chaveta (36);
12. REMOVER os Anéis Elásticos (37) e os Rolamentos (33);
13. REMOVER o Conjunto do Eixo Árvore (27) – Figura 20;
14. REMOVER os Anéis Elásticos (51) e (54) do Cubo Dentado (36);

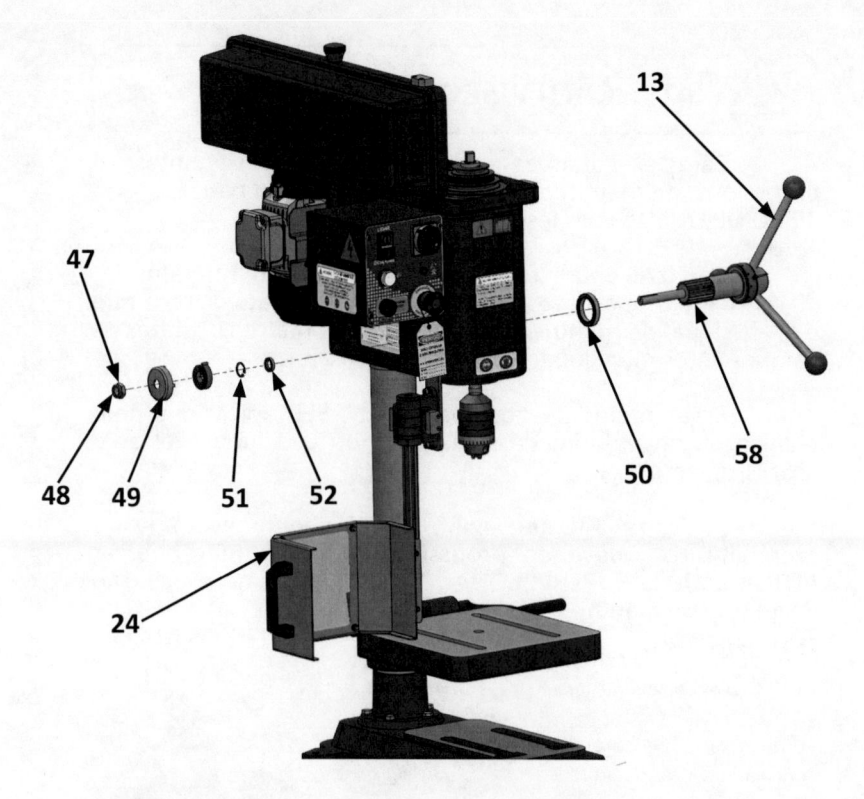

Figura 17A – Desmontagem do eixo da Alavanca de Avanço

15. REMOVER o Eixo Árvore (27) e REMOVER os Rolamentos (34) – Figura 21;

16. RETORNAR os componentes nas posições originais, após a substituição.

⚠ ATENÇÃO! RISCO DE ACIDENTE:

Para executar as operações 8, 9 e seguintes, o profissional de manutenção NÃO DEVE SUBIR na bancada, sob RISCO DE QUEDA com lesões inclusive graves.

UTILIZAR uma escada com corrimão, ou uma plataforma, ou outro meio de acesso a parte superior da máquina, para que o profissional de manutenção possa desmontar e substituir os componentes mencionados COM SEGURANÇA.

Esses meios de acessos DEVEM SER aprovados pelo técnico ou engenheiro de segurança, ou o responsável pelo SESMT da empresa.

A Figura 17C, a seguir, é meramente ilustrativa e exemplificativa, devendo profissional de manutenção estar AUTORIZADO e SUPERVISIONADO pelo SESMT, na execuação deste tipo de manutenção.

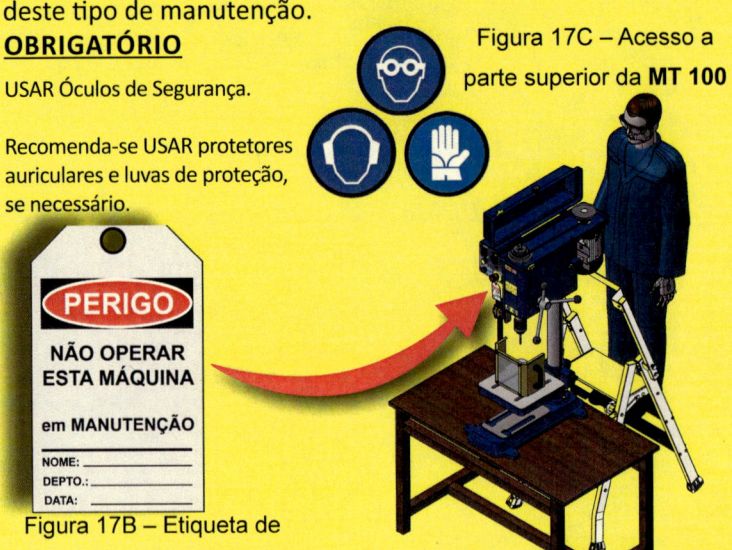

OBRIGATÓRIO

USAR Óculos de Segurança.

Recomenda-se USAR protetores auriculares e luvas de proteção, se necessário.

Figura 17C – Acesso a parte superior da **MT 100**

PERIGO
NÃO OPERAR ESTA MÁQUINA
em MANUTENÇÃO
NOME: _____
DEPTO.: _____
DATA: _____

Figura 17B – Etiqueta de Advertência de Manutenção

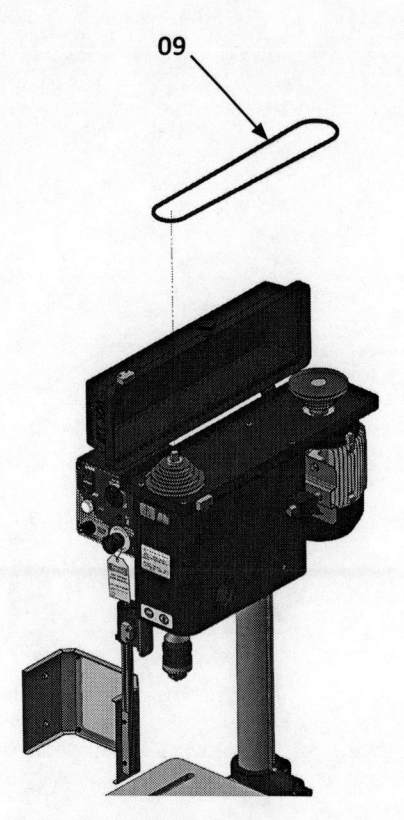

Figura 18 – Remoção da Correia

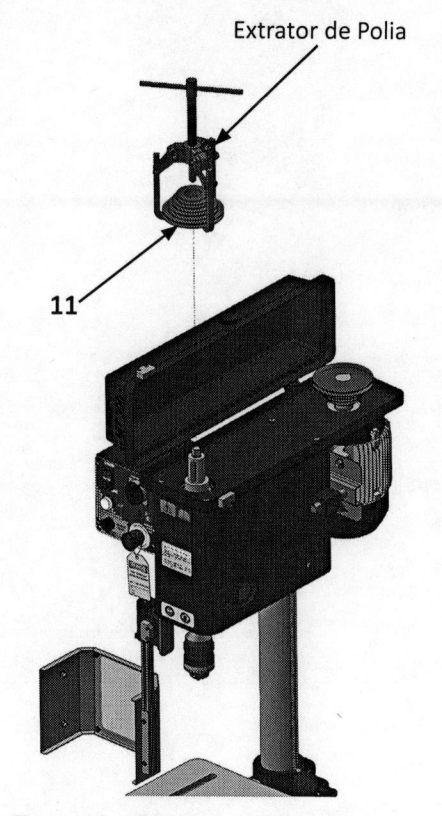

Extrator de Polia

Figura 19 – Remoção da Polia do Eixo Árvore

Figura 20 – Remoção do Conjunto do Eixo Árvore

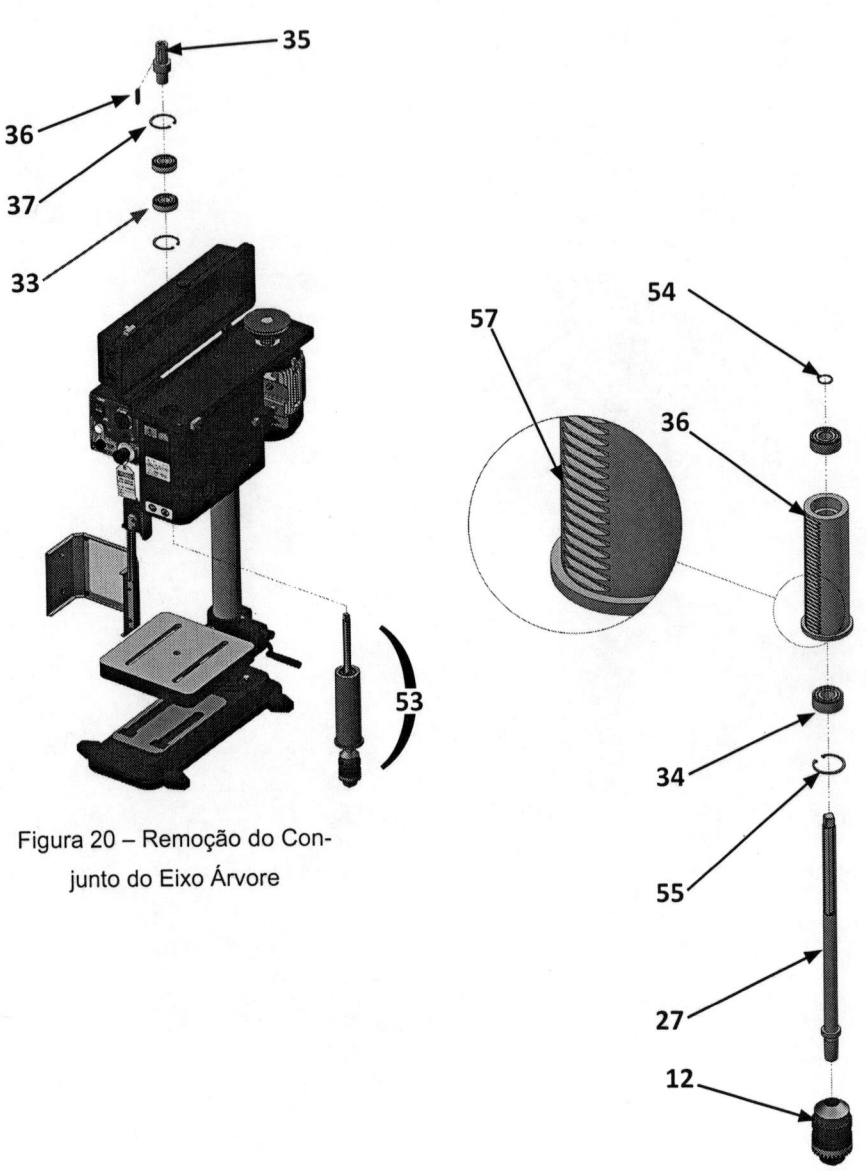

Figura 21 – Desmontagem do Conjunto do Eixo Árvore

(b)   Substituição de outros componentes do Conjunto do Eixo Árvore:

OBSERVAÇÃO:

Para substituição de outros componentes, UTILIZAR o mesmo procedimento do item 7.2 a), removendo e substituindo somente as peças necessárias.

1. **DESCONECTAR** a máquina da rede elétrica, por meio dos disjuntores externos;
2. **POSICIONAR** o Disjuntor Motor - Chave Geral (20) em OFF;
3. **USAR** óculos de segurança;
4. **PROCEDER** conforme o item 7.2 a).

7.3 Problemas, Causas e Soluções:

PROBLEMAS:	CAUSAS:	SOLUÇÕES:
O Motor (07) não liga.	Máquina não está conectada a rede elétrica.	CONECTAR a máquina à rede elétrica, ou ACIONAR Disjuntores Externos.
	Disjuntor Motor - Chave Geral (20) posicionado em DESLIGADA - OFF.	POSICIONAR o Disjuntor Motor - Chave Geral (20) em LIGADA - ON.
	Fusíveis (43), (44) e (45) de entrada ou de saída do Transformador TR1 queimados.	SUBSTITUIR Fusíveis de mesmo valor, realizado por profissional autorizado e qualificado.
O Painel de Comando (14) está energizado [Sinaleira BRANCA 24 V (18) está acesa] e o Motor (07) não gira e/ou a Sinaleira AZUL do Botão de REARME (17) não apaga a ser pressionado.	Botão de EMERGÊNCIA (16) pressionado.	SOLTAR o Botão de EMERGÊNCIA (16).
	Proteção Frontal (24) ou Tampa de Proteção (08) abertas ou mal ajustadas.	FECHAR ou AJUSTAR as Proteções (08) e/ou (24).
Motor (07) não gira, Sinaleira BRANCA 24 V (18) acesa, e a Sinaleira AZUL do Botão de REARME (17) apagou após ser pressionado.	Motor (07) com problema.	VERIFICAR a ocorrência por profissional autorizado e qualificado.
	Motor (07) sem alimentação - problema com cabo de potência.	

8. Sistema Elétrico:

O Sistema Elétrico é composto de uma Caixa do Painel de Comando (46), cujo o Grau de Proteção é IP 55 (**ABNT NBR IEC 60529:2005**), o qual abriga todos os componentes elétricos responsáveis pelos comandos da máquina, do Sistema de Segurança e do Motor (07).

O Painel de Comando (14) possui no seu lado externo os botões e chaves de comando da máquina, conforme observado na Figura 225A. Nesta Caixa do Painel de Comando (46) inclui:

- Botão de PARTIDA SB2 (15A) (cor VERDE) (NR-12.4.1 e outros aplicáveis);

- Botão de PARADA SB1 (15B) (cor VERMELHA) (NR-12.4.1 e outros aplicáveis);

- Botão de REARME SB3 (17) (sinaleira AZUL - HL3) (NR-12.5.3 e outros aplicáveis);

- Sinaleira 24 V - HL1 (18) (cor BRANCA);

- Sinaleira Relé Sobrecarga - HL2 (19) (cor VERMELHA);

- Botão de **EMERGÊNCIA** - SB0 (16) (NR-12.6.1 e outros aplicáveis);

- Disjuntor Motor - Chave Geral - QS1 (20) (NR-12.3.5 e outros aplicáveis, NR-10).

No interior da Caixa do Painel (46), encontram-se os componentes do circuito de potência e de segurança, sendo eles:

- Contatores do Motor - KM1 (38) e KM2 (39) (NR-12.4.14 a);

- Transformador 220/380 V-24 Vac - TR1 (41) (NR-12.4.13 b);

- Relé Térmico - FR1 (41);

- Fusíveis de proteção entrada e saída do Transformador FR1, F1 (43), F2(44) e F3(45);

- Relé de Segurança -FS1 (21) (NR-12.5.2 a, b, c, d, e, f);

Também inclui nesse sistema:

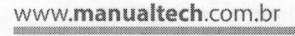

- Chave de Segurança da Tampa tipo magnética - SQ1 (22) (NR-12.41b).

- Chave de Segurança da Proteção do Mandril tipo magnética SQ2 (23) (NR-12.5.4 b);

Este sistema elétrico foi desenvolvido em cumprimento dos requisitos aplicáveis da Norma Regulamentadora 12, da norma técnica **ABNT NBR IEC 60204-1:2020**.

Adotou-se como CATEGORIA DE SEGURANÇA 3 para as funções de segurança de Parada de EMERGÊNCIA, e das Proteções Intertravadas, conforme critérios da **ABNT NBR 14153:2013**.

Os Elementos de Riscos observados no Processo de Apreciação de Risco, elaborado de acordo com a **ABNT NBR ISO 12100:2013** e **ABNT ISO/TR 14121-2:2019**, e com a **EN12717:2001+A1:2009**(E), foram utilizados na determinação das respectivas CATEGORIA DE SEGURANÇA adotadas acima.

Também adotou-se como CATEGORIA DE PARADA 0 (ZERO), conforme critérios da 14.1.2. da **EN12717:2001+A1:2009**(E) e subsidiariamente por 9.2.3.4.2 da **ABNT NBR IEC 60204-1:2020**.

A seguir é ilustrado o respectivo diagrama elétrico da **MT 100**, e as Figuras 22A e 22B a distribuição dos componentes no interior da Caixa do Painel de Comando (46).

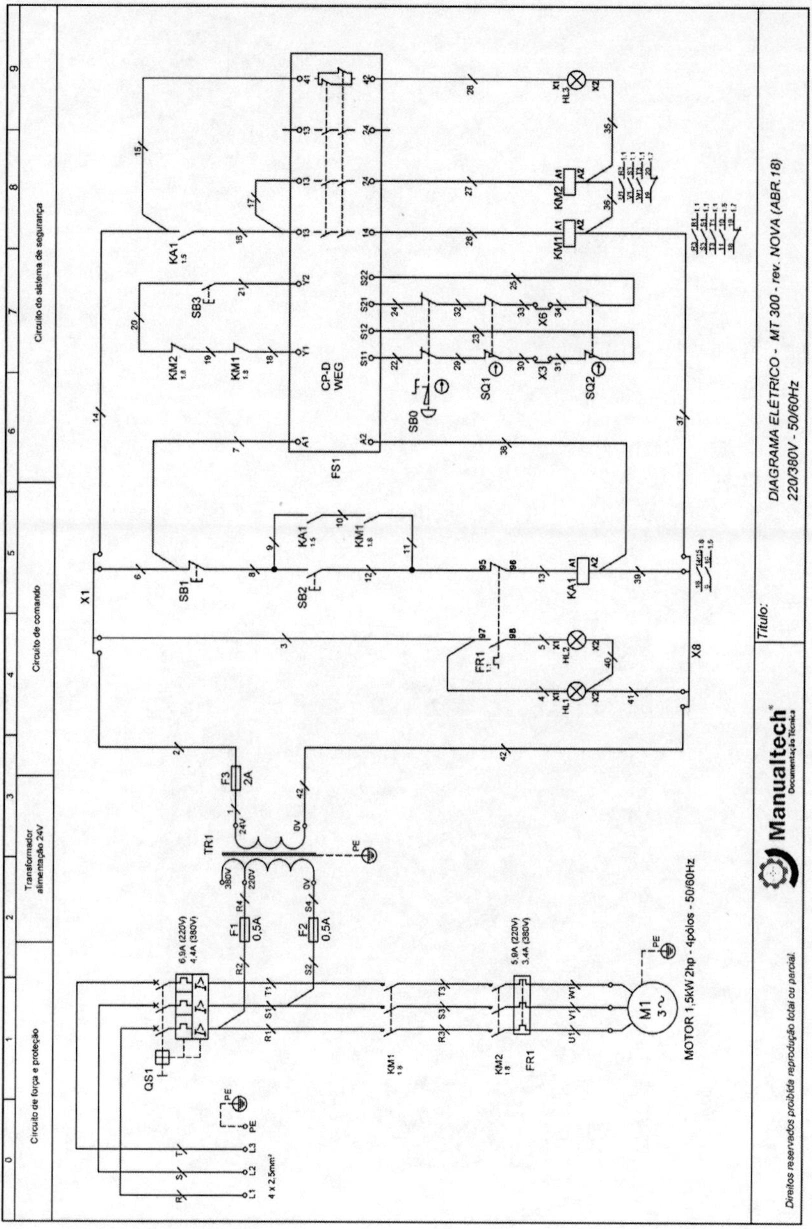

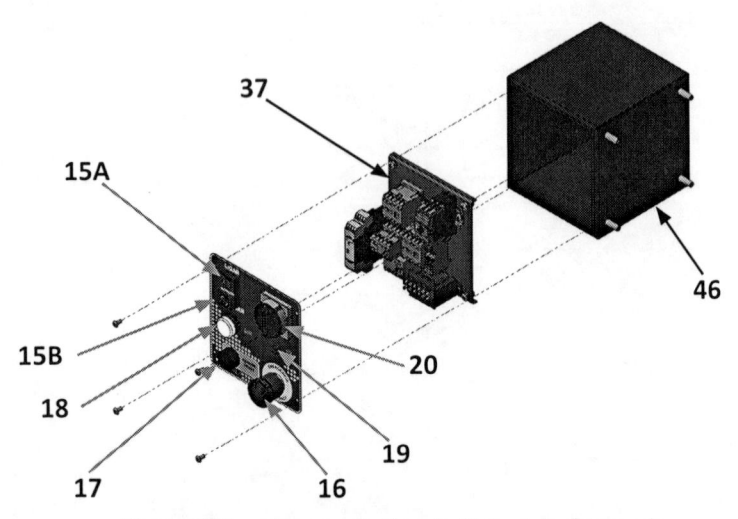

Figura 22A – Vista explodida do Painel de Comando

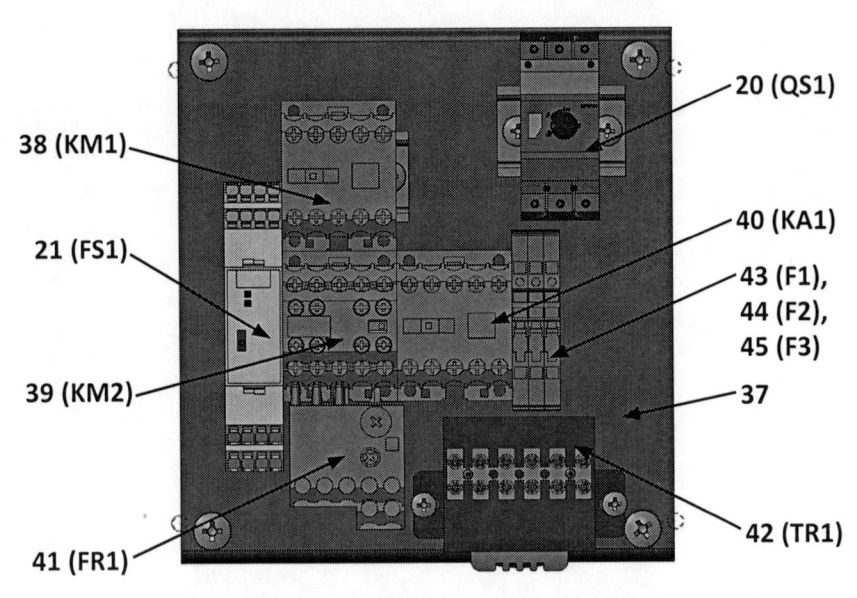

Figura 22B – Bandeja de componentes elétricos

9. Peças de Reposição:

9.1 Conjunto Geral:

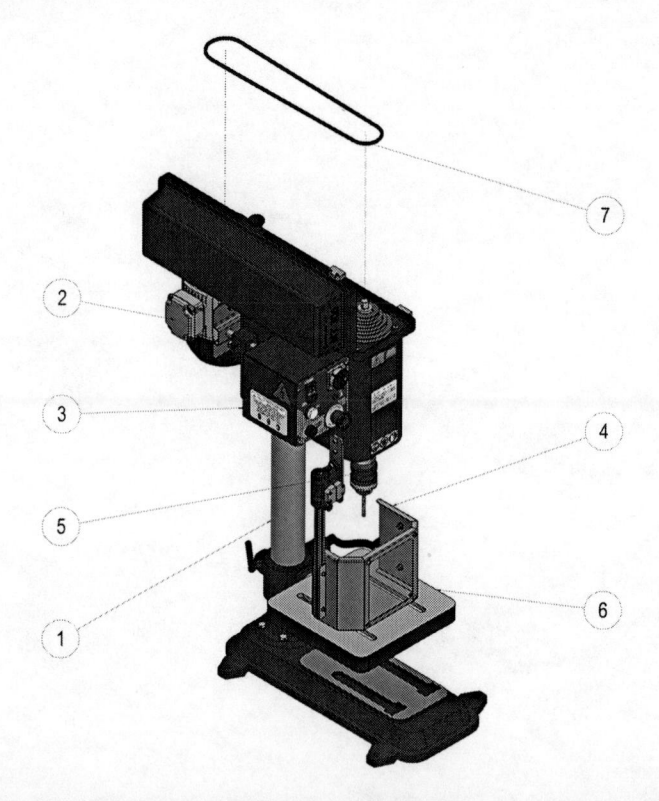

Nº DO ITEM	Nº DA PEÇA	QTD.
1	MT100-2-0021-5 CONJUNTO DA ESTRUTURA	1
2	MT100-2-0033-8 CONJUNTO DO MOTOR	1
3	MT100-2-0141-8 CONJUNTO DO PAINEL	1
4	MT100-2-0057-4 CONJUNTO DA PROTEÇÃO	1
5	MT100-2-0083-3 CONJUNTO DO MANDRIL	1
6	MT100-2-0105-8 CONJUNTO DA MESA	1
7	MT100-1-0145-1 CORREIA	1

9.2 Conjunto da Estrutura:

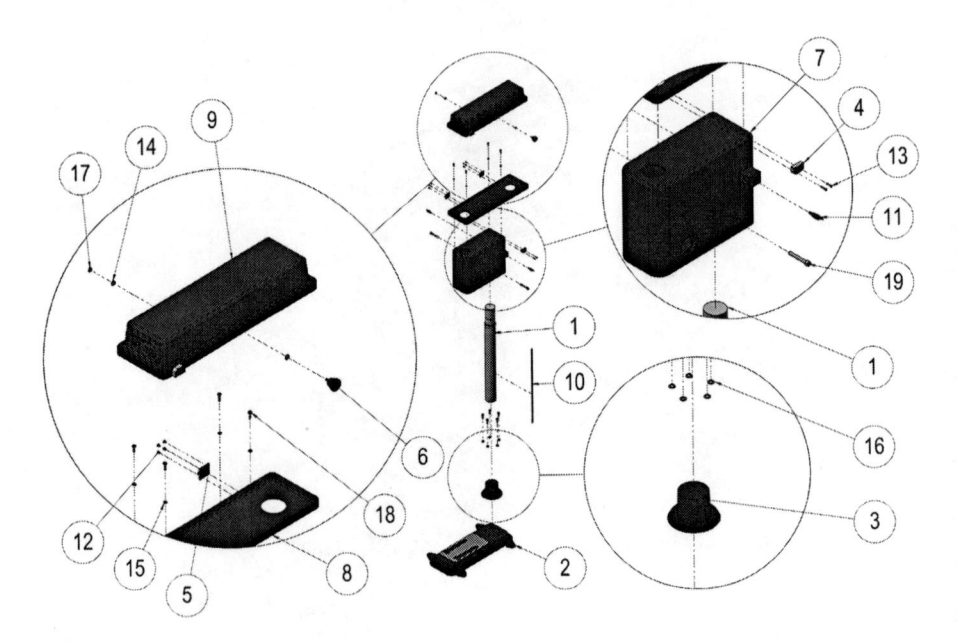

9.2 Conjunto da Estrutura: *(continuação)*

Nº DO ITEM	Nº DA PEÇA	QTD.
1	MT100-1-0001-2 COLUNA	1
2	MT100-1-0005-6 BASE	1
3	MT100-1-0003-4 BASE DA COLUNA	1
4	SENSOR DIGIMEC NSMS-02_33 - COMERCIAL	2
5	MT100-1-0009-0 DOBRADIÇA	2
6	MT100-1-0011-3 PUXADOR	1
7	MT100-1-0013-5 CAIXA	1
8	MT100-1-0015-7 BASE DA TAMPA	1
9	MT100-1-0017-9 TAMPA	1
10	MT100-1-0019-1 CREMALHEIRA DA MESA	1
11	MT100-1-0023-6 MANIPULO BORBOLETA	2
12	PARAFUSO ALLEN CAB. ESC. M5 x 8 DIN 7991	8
13	PARAFUSO ALLEN CAB. ESC. M4 x 20 DIN 7991	4
14	ARRUELA LISA M8 DIN 126	2
15	ARRUELA LISA M6 DIN 126	4
16	ARRUELA LISA M10 DIN 126	5
17	PORCA SEXTAVADA M8 - DIN 4035	1
18	PARAFUSO ALLEN CAB ABAULADA M6 x 20 - ISO 7045	4
19	PARAFUSO ALLEN CAB CIL M10 x 70 - DIN 912	2
20	PARAFUSO CAB. SEXT. M10 x 25 - ISO 4017	5

9.3 Conjunto do Motor:

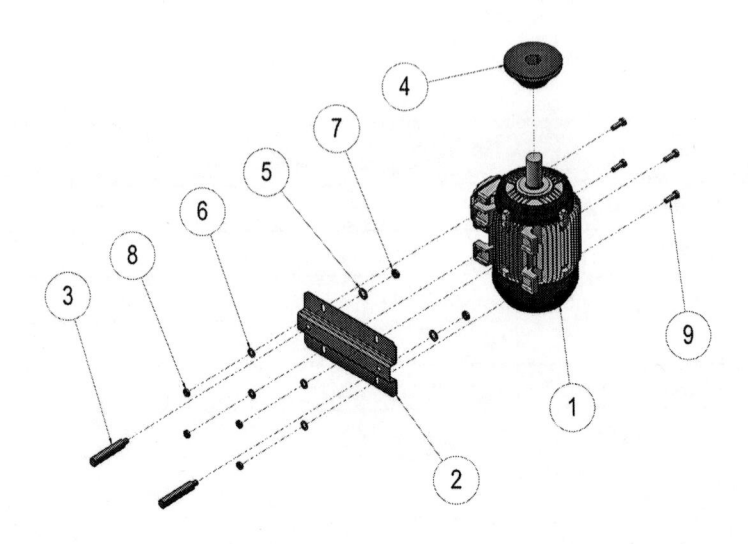

Nº DO ITEM	Nº DA PEÇA	QTD.
1	MT100-1-0025-8 MOTOR ELÉTRICO 3CV	1
2	MT100-1-0027-0 CHAPA DE FIXAÇÃO DO MOTOR	1
3	MT100-1-0029-2 EIXO DE FIXAÇÃO DO MOTOR	2
4	MT100-1-0031-5 POLIA MOTORA	1
5	ARRUELA LISA M12 DIN 126	2
6	ARRUELA LISA M10 DIN 126	4
7	PORCA SEXTAVADA M12 - DIN 4035	2
8	PORCA SEXTAVADA M10 - DIN 4035	4
9	PARAFUSO CAB. SEXT. M10 x 30 - ISO 4017	4

9.4 Conjunto do Painel:

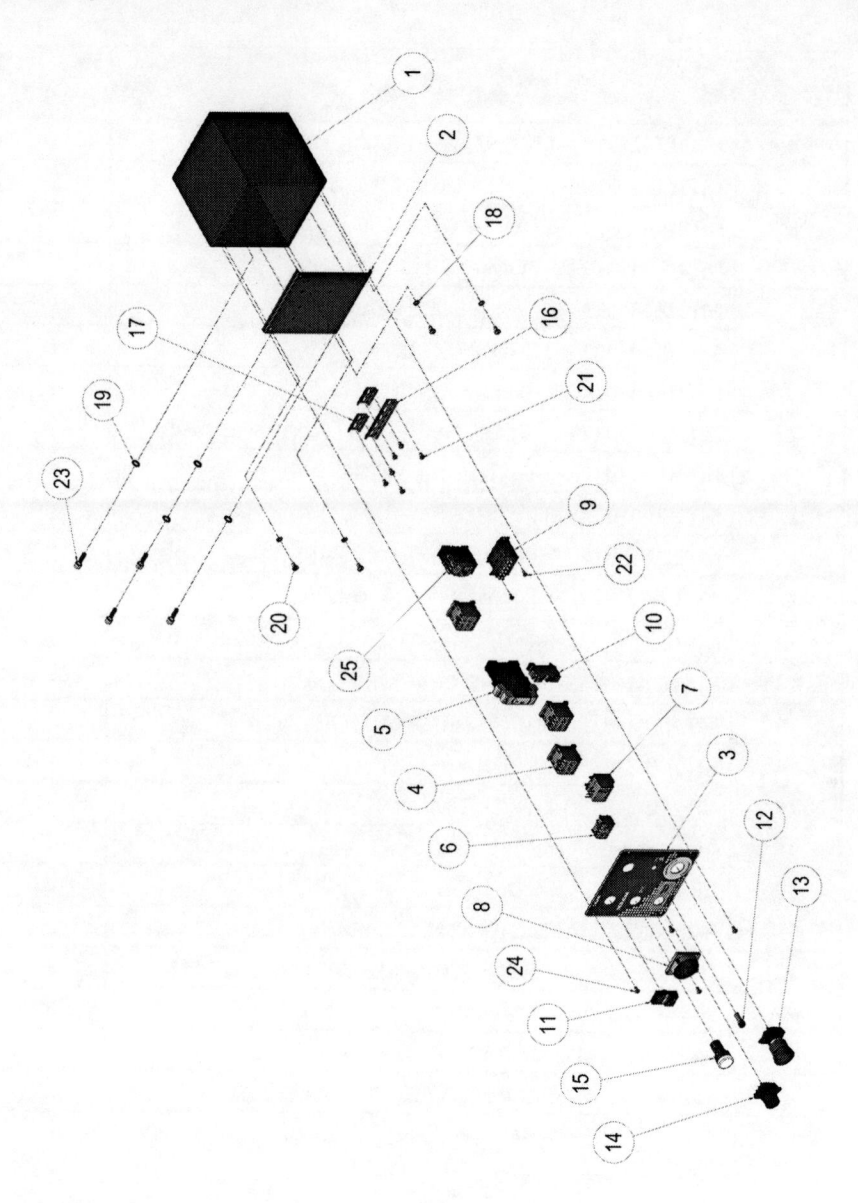

9.4 Conjunto do Painel: *(continução)*

Nº DO ITEM	Nº DA PEÇA	QTD.
1	MT100-2-0147-4 MONTAGEM CAIXA DO PAINEL	1
2	MT100-1-0109-1 CHAPA DOS COMPONENTES	1
3	MT100-1-0111-4 TAMPA DO PAINEL	1
4	MT100-1-0113-6 CONTATOR	3
5	MT100-1-0115-8 RELÉ DE SEGURANÇA	1
6	MT100-1-0117-0 CONTATO AUXILIAR	1
7	MT100-1-0119-2 RELÉ TÉRMICO	1
8	MT100-1-0121-5 CHAVE GERAL	1
9	MT100-1-0123-7 TRANSFORMADOR	1
10	MT100-1-0125-9 FUSÍVEL	2
11	MT100-1-0127-1 BOTÃO PARTIDA / PARADA	1
12	MT100-1-0129-3 SINALEIRA VERMELHA	1
13	MT100-1-0131-6 BOTÃO DE EMERGÊNCIA	1
14	MT100-1-0133-8 BOTÃO REARME	1
15	MT100-1-0135-0 SINALEIRA PILOTO BRANCA	1
16	MT100-1-0137-2 TRILHO	1
17	MT100-1-0139-4 TRILHO MENOR	2
18	ARRUELA LISA M6 DIN 126	4
19	ARRUELA LISA M8 DIN 126	4
20	PARAFUSO PHILIPS CAB. ABAULADA M6 x 10 - ISO 7045	4
21	PARAFUSO PHILIPS CAB. ABAULADA M5 x 8 - ISO 7045	6
22	PARAFUSO PHILIPS CAB. ABAULADA M4 x 8 - ISO 7045	2
23	PARAFUSO ALLEN CAB. CIL M8 x 25 DIN 912	4
24	PARAFUSO ALLEN CABEÇA ABAULADA M5 X 10	4

9.5 Conjunto da Proteção Frontal:

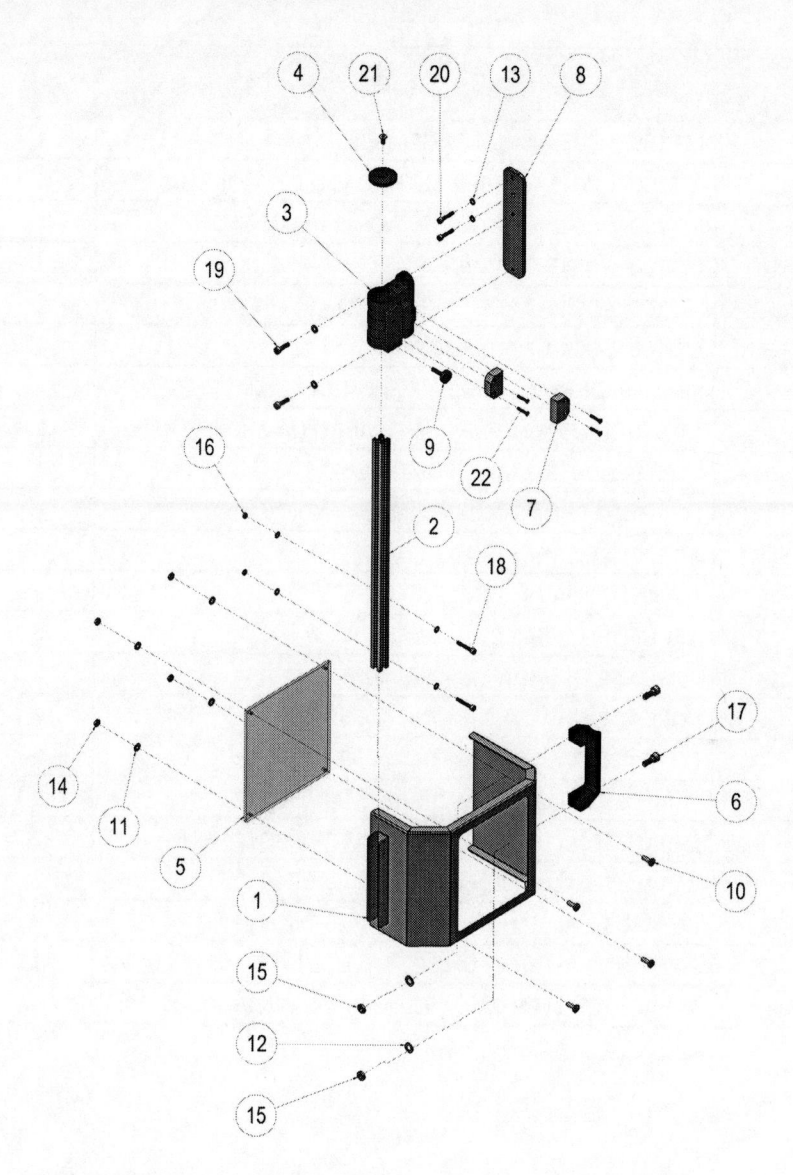

9.5 Conjunto da Proteção Frontal: *(continuação)*

Nº DO ITEM	Nº DA PEÇA	QTD.
1	MT100-2-0039-4 MONTAGEM PROTEÇÃO	1
2	MT100-1-0041-6 PERFIL EXTRUDADO DE ALUMÍNIO	1
3	MT100-1-0043-8 ARTICULAÇÃO DA PROTEÇÃO	1
4	MT100-1-0045-0 TAMPA	1
5	MT100-1-0047-2 POLICARBONATO	1
6	MT100-1-0049-4 PUXADOR	1
7	SENSOR DIGIMEC NSMS-02_33 - COMERCIAL	2
8	MT100-1-0053-9 CHAPA DE FIXAÇÃO DA PROTEÇÃO	1
9	MT100-1-0055-1 MANÍPULO M6	1
10	PARAFUSO PHILIPS CAB. ABAULADA M6 x 16 - ISO 7045	4
11	ARRUELA LISA M6 DIN 126	6
12	ARRUELA LISA M8 DIN 126	2
13	ARRUELA LISA M5 DIN 126	6
14	PORCA SEXTAVADA M6 - DIN 4035	4
15	PORCA SEXTAVADA M8 - DIN 4035	2
16	PORCA SEXTAVADA M5 - DIN 4035	2
17	PARAFUSO ALLEN CAB. CIL M8 x 20 DIN 912	2
18	PARAFUSO ALLEN CAB. CIL M5 x 30 DIN 912	2
19	PARAFUSO ALLEN CAB. CIL M6 x 20 DIN 912	2
20	PARAFUSO ALLEN CAB. CIL M5 x 25 DIN 912	2
21	PARAFUSO ALLEN CAB. ESC. M6 x 12 DIN 7991	1
22	PARAFUSO ALLEN CAB. ESC. M4 x 20 DIN 7991	4

9.6 Conjunto do Mandril:

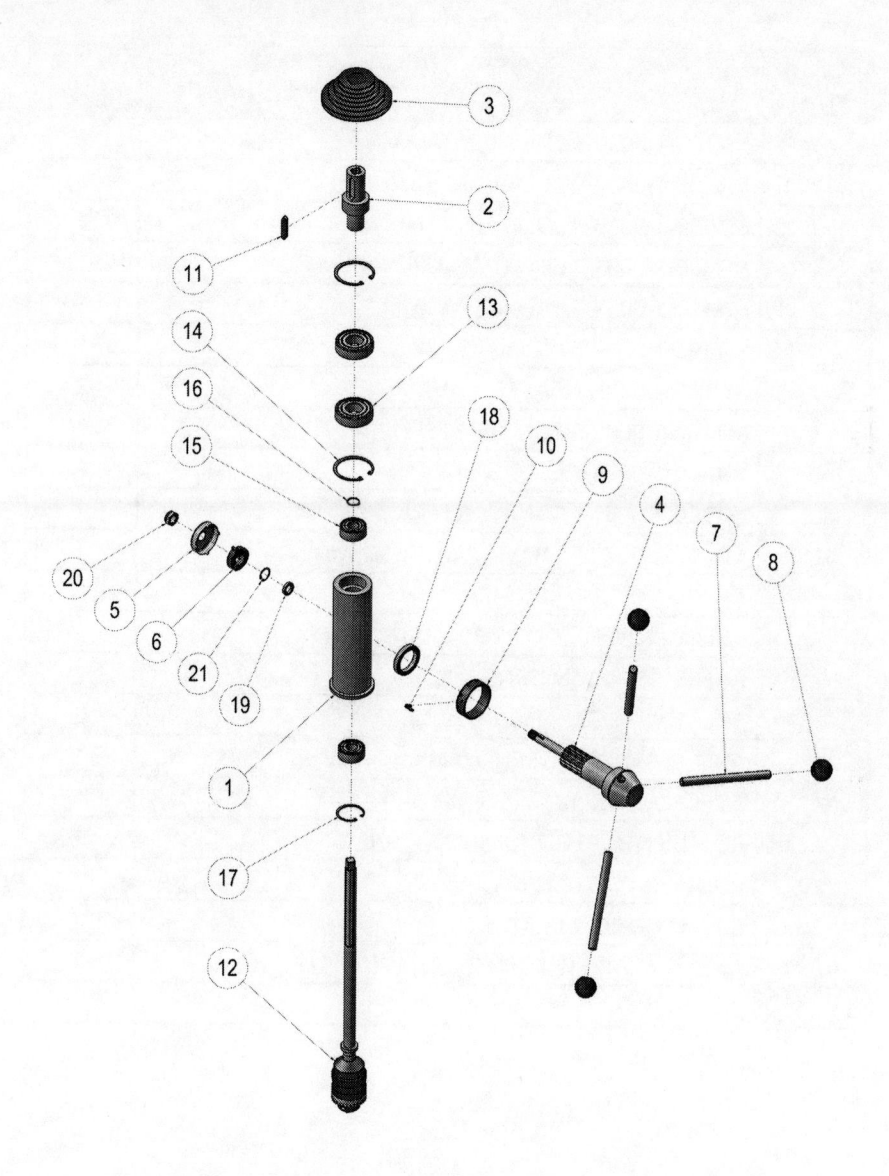

9.6 Conjunto do Mandril: *(continuação)*

Nº DO ITEM	Nº DA PEÇA	QTD.
1	MT100-1-0059-5 CUBO DENTADO	1
2	MT100-1-0061-8 BUCHA DA POLIA	1
3	MT100-1-0063-0 POLIA MOVIDA	1
4	MT100-1-0065-2 EIXO DA ENGRENAGEM	1
5	MT100-1-0067-4 CAPA DA MOLA	1
6	MT100-1-0069-6 MOLA	1
7	MT100-1-0071-9 HASTE	3
8	MT100-1-0073-1 PONTEIRA ESFÉRICA	3
9	MT100-1-0075-3 ESCALA	1
10	MT100-1-0077-5 TRAVA DA ESCALA	1
11	MT100-1-0079-7 CHAVETA DA POLIA MOVIDA	1
12	MT100-1-0081-0 MANDRIL	1
13	ROLAMENTO 6306 (72 x 30 x 19)	2
14	ANÉL ELÁSTICO INTERNO D72	2
15	ROLAMENTO 6304 (52 x 20 x 15)	2
16	ANÉL ELÁSTICO EXTERNO D20	1
17	ANÉL ELÁSTICO INTERNO D52	1
18	ROLAMENTO 61907 (D55 x 35 x 10)	1
19	ROLAMENTO 61802 (24 x 15 x 5)	1
20	DIN EN ISO 10511 - M16 - N	1
21	ANÉL ELÁSTICO P/ FURO 25 x 1,2 - DIN 472	1
22	BROCA	1

9.7 Conjunto da Mesa:

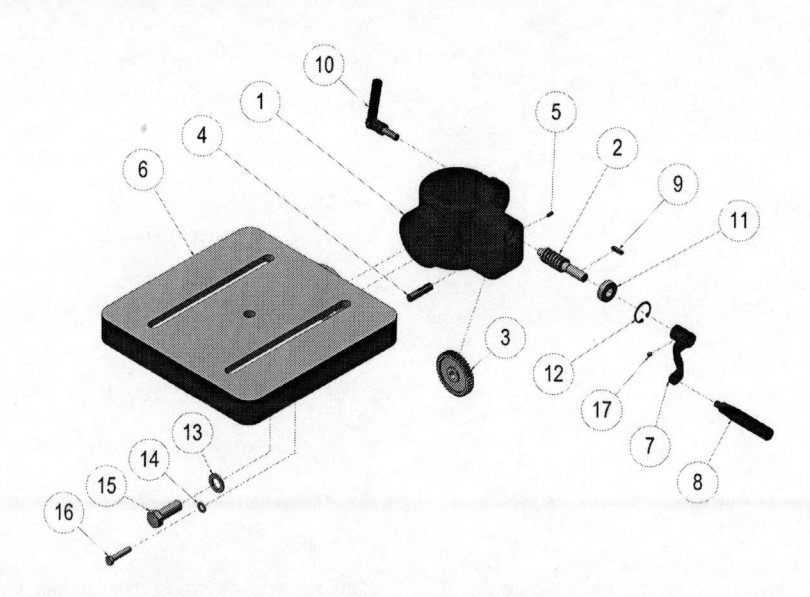

Nº DO ITEM	Nº DA PEÇA	QTD.
1	MT100-1-0085-4 SUPORTE DA MESA	1
2	MT100-1-0087-6 ROSCA SEM FIM	1
3	MT100-1-0089-8 ENGRENAGEM	1
4	MT100-1-0091-1 EIXO DA ENGRENAGEM DA MESA	1
5	MT100-1-0093-3 CHAVETA DA ENGRENAGEM	1
6	MT100-1-0095-5 MESA	1
7	MT100-1-0097-7 MANIVELA	1
8	MT100-1-0099-9 CABO DA MANIVELA	1
9	MT100-1-0101-3 CHAVETA DA ROSCA SEM FIM	1
10	MT100-1-0103-5 TRAVA DA MESA	1
11	ROLAMENTO 6002 (32 x 15 x 9)	1
12	ANEL ELÁSTICO P/ FURO 32 x 1,2 - DIN 472	1
13	ARRUELA LISA M16 DIN 126	1
14	ARRUELA LISA M8 DIN 126	1
15	PARAFUSO CAB. SEXTAVADA M16 x 45 - ISO 4017	1
16	PARAFUSO CAB. SEXTAVADA M8 x 40 - ISO 4017	1
17	PARAFUSO ALLEN S/ CAB. M6 x 6 DIN 913	1

10. Condições de Garantias:

10.1 Condições Iniciais:

A validade da garantia começa a contar partir da data de emissão da NFe de Venda. No momento do recebimento, o equipamento deve ser desembalado, conferido e suas condições gerais deverão ser verificadas.

Quaisquer avarias e/ou não conformidades devem ser relatadas de imediato à transportadora e/ou ao distribuidor que está entregando o equipamento. Sem esse procedimento o comprador assume integralmente as eventuais irregularidades que possam ter ocorrido durante o transporte, movimentação e descarga.

Antes de colocar o equipamento em operação, o responsável definido pelo comprador **deve ler atentamente as informações contidas no corpo do equipamento**, quando houver, **LER o Manual de Instruções bem como as Notas de Segurança**.

A ligação do equipamento à rede elétrica deverá ser feita por um profissional capacitado. VERIFICAR a tensão (voltagem) do equipamento antes de ligá-lo à rede elétrica. Orienta-se que essas informações sejam repassadas aos usuários e operadores do equipamento.

Quaisquer dúvidas, entre em contato com o Departamento Técnico (*assistenciatecnica@manualtech.com.br*) ou pelo telefone **(14) 3X00-000X**.

10.2 Da Concessão da Garantia:

A) A MANUALTECH, dentro dos prazos e limites a seguir descritos, desde que não ocorram quaisquer dos fatos excludentes, garante seus equipamentos, obrigando-se a reparar ou substituir as peças que, em serviço e uso normal, apresentem vícios de fabricação ou de material;

B) O prazo de garantia é contado a partir da data de emissão da Nota Fiscal de venda e conforme previsão legal, pode ser reclamada num prazo de 90 dias por força de lei. A **MANUALTECH,** sabedora da qualidade de seus produtos aliado a um rígido processo de revisão, concede por sua liberalidade, uma garantia estendida por mais 9 (nove) meses, somando um total de 12 (doze) meses;

C) Para usufruir dessa garantia legal, o cliente deverá nos enviar uma solicitação de Assistência Técnica pelo campo disponível no *website* **www.manualtech.com.br**, seguindo as orientações que também estarão disponíveis nesse site;

D) O comprador, nesse ato, declara para todos os fins de direito, e para quem mais possa interessar que conhece tecnicamente o(s) equipamento(s) adquirido(s) e que conta com o auxílio de profissional qualificado para tanto (a falta de profissional qualificado compromete a garantia). A operação do equipamento deve ser feita por pessoa capacitada e qualificada, também dentro dos procedimentos adequados para a utilização do equipamento;

E) Pela presente garantia, a **MANUALTECH** compromete-se a reparar ou substituir gratuitamente partes que apresentem vícios de fabricação ou de material. Salvo os pontos definidos como de não cobertura ou perda de garantia;

F) Nenhuma intervenção e/ou modificação no equipamento adquirido deve ser realizada sem a prévia análise e aprovação por escrito da **MANUALTECH**. A não observação dessa condição anulará automaticamente a garantia;

G) A utilização do equipamento de forma precária, sem cuidados ou sem a execução das manutenções preventivas e/ou corretivas necessárias, implica na perda imediata da garantia;

H) À **MANUALTECH** reserva-se o direito de, a qualquer tempo, modificar, descontinuar ou alterar as características técnicas de seus produtos, assim como as condições aqui descritas, sem incorrer em qualquer responsabilidade ou obrigação em detrimento do comprador, não assumindo qualquer outra responsabilidade além das descritas nesta garantia;

I) Fica convencionado que a definição sobre o reparo ou troca da(s) peça(s) danificada(s) é de exclusividade da **MANUALTECH**;

J) A garantia das peças substituídas respeitará a vigência da garantia original (data da emissão da Nota Fiscal de compra), não havendo acréscimo no prazo original da garantia;

K) As peças consideradas de manutenção normal, periódica ou de desgaste natural com o uso não estão cobertas pela garantia, tais como aquelas que sofreram desgastes excessivos devido a mau uso ou uso irregular ou a falta de manutenção e cuidados com o equipamento;

L) No prazo de garantia, o(s) equipamento(s) será(ão) avaliado(s) pelos profissionais da assistência técnica da **MANUALTECH** ou por terceiros indicados pela **MANUALTECH**. Na ocasião da prestação dos serviços, que efetuarão a vistoria, o reparo e, se for o caso, a troca de peças por outras compatíveis e que propiciem o funcionamento adequado do equipamento, não havendo, com isso, qualquer possibilidade de troca ou devolução do equipamento ou de qualquer numerário;

M) Atendimento fora da garantia e no estabelecimento do Cliente: se o Cliente desejar ser atendido em seu estabelecimento poderá identificar a Assistência Técnica Autorizada mais próxima, por meio de uma consulta no *website* **www.manualtech.com.br,** contatando a assistência selecionada verificando os prazos e custos do atendimento, os quais serão de sua responsabilidade;

N) Nos casos em que o reparo requerer o envio do equipamento para conserto, o Cliente fica responsável pelo transporte e custos de frete de envio e retorno, para o local designado pela **MANUALTECH**;

O) A garantia dos produtos **MANUALTECH** tem caráter intransferível. A **MANUALTECH** compromete-se a prestar a garantir sobre os produtos por ela comercializados exclusivamente ao primeiro comprador.

10.3 Cancelamento da Garantia:

Situações que cancelam automaticamente a garantia do equipamento.:

A) Se o equipamento sofrer qualquer modificação sem a prévia análise e autorização por escrito da **MANUALTECH**;

B) Caso o equipamento não tenha sido devidamente ajustado e conservado dentro das orientações contidas no Manual de Instruções e das boas práticas de operação do equipamento;

C) Se o equipamento for utilizado sem qualquer dos materiais indispensáveis a sua plena operação ou em local e condições impróprias para o fim ao qual foi projetado;

D) Se a manutenção corretiva e preventiva do equipamento não for realizada pela **MANUALTECH**, por alguma de suas Assistências Técnicas Autorizadas **MANUALTECH** ou por pessoas não qualificadas e não autorizadas;

E) Se houver utilização de insumos, peças de reposição ou recursos não recomendados pela **MANUALTECH**;

F) Se for perfurada ou alterada qualquer parte do equipamento, incluindo adaptação de acessórios, modificações na parte elétrica ou mecânica, excluídos os fornecidos pela **MANUALTECH**;

G) Se qualquer componente elétrico fora ou no interior da Caixa do Painel de Comando (46), inclusive o Motor (07), e outras partes não mencionadas forem violados;

H) Se houver a instalação de componentes não genuínos ou não homologados pela **MANUALTECH**;

I) Utilização ou instalação inadequada do equipamento, imperícia do operador, quedas, choques ou batidas, ausência de manutenção adequada, e também pelo mau uso, inclusive o os razoavelmente previsíveis;

J) A não observância por parte do usuário, de lubrificação e trocas de óleo adequadas, falta de uso por tempo prolongado, desmontagem, consertos e alterações não efetuadas pelos técnicos da **MANUALTECH** e/ou por ela indicados;

K) Ligar o equipamento a uma fonte de energia com a tensão diferente (Volt) do equipamento;

L) A garantia é dimensionada para trabalho diário de até 8 h/dia, de acordo com o perfil do equipamento, linha profissional e industrial, uso intermitente, para produção de pequenos lotes, o qual excedendo-se este tempo, a garantia será adequada à carga horária real.

10.4 Itens não Cobertos pela Garantia:

Seguem itens que não são cobertos pela Garantia do Equipamento:

A) A paralisação do equipamento não dá direito ao comprador à extensão ou à prorrogação do prazo de garantia, bem como não o desobriga de pagar o equipamento;

B) O deslocamento de pessoal, imobilização ou até mesmo retirada do equipamento, bem como as despesas necessárias;

C) Despesas com o envio do equipamento para Assistência Técnica não é coberta pela garantia, a garantia cobre única e exclusivamente o equipamento;

D) Possíveis despesas com mão de obra especializada para retirada do equipamento que esteja instalado em local de difícil acesso e movimentação, correm por conta do cliente;

E) Serviços previstos de manutenção normal ou periódica do equipamento, tais como reapertos, limpeza, lavagem, lubrificações, verificações, regulagens e outros serviços da mesma natureza;

F) Os defeitos de pintura ocasionados por intempéries, por influências externas anormais ou que o equipamento não tenha sido protegido ou mantido adequadamente, bem como todo e qualquer tipo de aplicação de produtos químicos ou produtos não recomendados pela **MANUALTECH**;

G) Os defeitos como avarias, imperícias ou abusos na utilização do equipamento não são cobertas pela presente garantia;

H) A correção de vícios de fabricação com peças e acessórios não fornecidos ou aprovados pela **MANUALTECH**;

I) Ruídos causados por mau uso, inclusive os razoavelmente previsíveis;

J) Fatores ocasionados pela natureza ou pela ação humana que impossibilitem a cautela ou proteção do bem adquirido (força maior, caso fortuito).

10.5 Disposições Finais:

A) Eventuais brindes, entregues ao comprador sob a forma de cortesia e/ou negociação não serão garantidos pelo presente instrumento;

B) Em caso de constatação dos vícios ou defeitos mencionados acima, as despesas de transporte, refeição e hospedagem dos técnicos da empresa **MANUALTECH** ou terceiros por ela acionados (se forem necessárias) correrão por conta do comprador, a garantia irá cobrir apenas a mão de obra e as peças;

C) Em caso de não constatação dos vícios ou defeitos apresentados pelo equipamento, a mão de obra na troca das peças e insumos que sejam por desgaste natural do uso contínuo e seus componentes, bem como pelo mal-uso e as demais despesas de transporte, refeição e hospedagem dos técnicos da empresa **MANUALTECH**, que forem necessárias à execução dos serviços, correrão por conta do comprador;

D) Os gastos decorrentes do deslocamento de técnicos da **MANUALTECH** ou terceiros por ela acionados para atendimento em garantia serão cobrados do comprador, os valores serão informados por escrito no momento da abertura da **AVT** – Autorização de Visita Técnica;

E) A solicitação do serviço de assistência técnica deve ser feita obrigatoriamente por escrito, contendo uma descrição detalhada dos problemas que o equipamento apresenta, por meio do *site* **www.manualtech.com.br**. Caso seja solicitado conserto em garantia, deve ser enviado cópia da Nota Fiscal de compra e o no. de série do equipamento. Para equipamentos fora da garantia é dispensado o envio desses dados. A **MANUALTECH** disponibiliza ao usuário da Furadeira de Bancada **MT-100** o *e-mail: assistenciatecnica@manualtech.com.br*;

F) Fica desde logo acordado que não serão recebidas quaisquer outras formas de pedido de assistência técnica que sejam contrárias ao procedimento disponível no termo disposições finais conforme descrito neste certificado;

G) Antes de qualquer intervenção da **MANUALTECH**, é de responsabilidade do comprador a tentativa de sanar todas as dúvidas que se fizerem necessárias ao bom uso do equipamento;

H) Na hipótese de o comprador agir com má fé em qualquer procedimento extrajudicial por meio de notificação, reparo, troca e devolução, procurando obter vantagem indevida ou desleal, a **MANUALTECH** se isenta de qualquer compromisso que tenha assumido por essas condições;

I) Em hipótese alguma será a empresa **MANUALTECH** responsabilizada a indenizar o tempo de máquina parada durante o período necessário para a prestação de seus serviços de assistência técnica, incluindo o tempo necessário para o recebimento de peças de reposição, como cobranças de danos emergentes e lucros cessantes;

J) Após o término do prazo de garantia especificado neste instrumento, qualquer reparo e/ou manutenção eventualmente necessários ao funcionamento do equipamento ora adquirido, será realizado às custas do comprador, sob sua inteira responsabilidade;

K) É obrigação do comprador a contratação e os gastos com o seguro de transporte de equipamentos da sede e/ou filiais da vendedora até a efetiva entrega em local previamente estabelecido pelas partes, bem como sob inteira responsabilidade do primeiro, pelos encargos e carga e descarga, eximindo a **MANUALTECH** de quaisquer responsabilidades pela contratação e pagamento de terceiros prestadores de transporte;

L) O presente instrumento acompanha o Manual de Instruções e também fica disponível no site **MANUALTECH**, sendo o último sempre a versão mais atualizada;

M) A presente garantia será suspensa quando o comprador, por qualquer motivo, interromper os pagamentos em prejuízo da **MANUALTECH** e seus distribuidores. Voltando a estar em dia com seus pagamentos, o comprador fará jus novamente à garantia, com o prejuízo do período inadimplente, considerando, neste caso, os limites descritos contratualmente;

N) A **MANUALTECH** possui uma linha de acessórios com o prazo de garantia de 90 (noventa) dias a contar da data da emissão da nota fiscal de venda e dependerão da análise técnica efetuada pela **MANUALTECH**, em suas dependências, com as despesas de frete de envio e retorno por conta do comprador;

O) É responsabilidade do comprador no momento do recebimento analisar o equipamento e seus acessórios, verificar o seu funcionamento, velocidade(s), capacidade e limitações, bem como seus ruídos e demais peculiaridades.

10.6 Nota Final:

A **MANUALTECH** tem como princípio melhorar constantemente seus produtos. Poderão ocorrer modificações no *design*, na utilização, bem como incorporação de novas tecnologias, sempre respeitando o perfil de cada equipamento. Essas melhorias não constituem direito ao proprietário de qualquer produto **MANUALTECH** a solicitar algum tipo de compensação.

11. REFERÊNCIAS NORMATIVAS:

LEGISLAÇÕES APLICÁVEIS:

Federal:

NR-10 (04/2016) - *Segurança em Instalações e Serviços em Eletricidade;*

NR-12 (07/2019) - *Segurança no Trabalho em Máquinas e Equipamentos;*

NR-15 (08/2014) - *Atividades e Operações Insalubres;*

NHO 09 - *Prodecimento Técnico - Avaliação da Exposição Ocupacional a Vibração de Corpo Inteiro (Fundacentro);*

NHO 10 - *Prodecimento Técnico - Avaliação da Exposição Ocupacional a Vibração em Mãos e Braços (Fundacentro).*

NORMAS TÉCNICAS:

ABNT NBR ISO 12100:2013 - *Segurança de máquinas - Princípios gerais de projeto - Apreciação e redução de riscos;*

ABNT ISO/TR 14121-2:2018 - *Segurança de máquinas - Apreciação de riscos - Parte 2: Guia prático e exemplos de métodos;*

ABNT NBR IEC 60204-1:2020 - *Segurança de máquinas - Equipamentos elétricos de máquinas - Parte 1: Requisitos gerais;*

ABNT NBR NM 272:2001 - *Segurança de máquinas - Proteções - Requisitos Gerais para o Projeto e Construção de Proteções Fixas e Móveis;*

ABNT NBR ISO 14119:2020 - *Segurança de máquinas - Dispositivos de intertravamento associados às proteções - Princípios de projeto e seleção;*

ABNT NBR 5410:204 - *Instalações elétricas de baixa tensão I ;*

ABNT NBR 5419-1:2001 - *Proteção contra descargas atmosféricas - Parte 1: Princípios gerais;*

ABNT NBR ISO 13850:2021 - *Segurança de máquinas - Funções de parada de emergência - Princípios para projeto;*

ABNT NBR NM-ISO 13854:2003 - *Segurança de máquinas - Folgas mínimas para evitar esmagamento de partes do corpo humano;*

ABNT NBR ISO 13857:2021 - *Segurança de máquinas - Distâncias de segurança para impedir o acesso a zonas de perigo pelos membros superiores e inferiores;*

ABNT NBR 14153:2013 - *Segurança de máquinas — Partes de sistemas de comando relacionados à segurança — Princípios gerais para projeto;*

ABNT NBR ISO 13850:2021 - *Segurança de máquinas - Funções de parada de emergência - Princípios para projeto;*

ABNT NBR IEC 60529:2005 - *Graus de proteção para invólucros de equipamentos elétricos (código IP).*

ISO/TR 11688-1:1995 - *Acoustics - Recommended practice for design of low-noise machinery and equipment - Part 1: Planning;*

ISO/TR 11688-2:1998 - *Acoustics - Recommended practice for design of low-noise machinery and equipment - Part 2: Introduction to the physics of low-noise design;*

EN 12712:2001+A1:2009 - *Safety of machines tools. Drilling machines* (*)

(*) uso deste norma técnica foi fundamentada no item **12.1.9.1.1** da **NR-12.**

ESTE DOCUMENTO FOI ELABORADO CONFORME AS SEGUINTES NORMAS:

NR-12 (07/2019) (12.13.1 a 12.13.4) *Segurança no Trabalho em Máquinas e Equipamentos;*

ABNT NBR ISO 12100:2013 - *Segurança de máquinas — Princípios gerais de projeto — Apreciação e redução de riscos;*

ABNT NBR 16746:2019 - *Segurança de máquinas - Manual de instruções - Princípios gerais de elaboração*

IEC 82079-1:2012 - *Preparation of instructions for use - Structuring, content and presentation - Part 1: General principles and detailed requirements.*

12. Glossário:

ABNT - ASSOCIAÇÃO BRASILEIRA DE NORMAS TÉCNICA
ISO - *INTERNATIONAL STANDARDIZATION ORGANIZATION*
IEC - *INTERNATIONAL ELECTROTECHNICAL COMMISSION*

13. Índice Remissivo:

A
Alavanca de Trava Mesa 41
Anel Elástico 52, 73

B
Base 19, 25, 32, 39
Botão de emergência 18, 22, 47, 48, 58, 59, 68
Botão de Rearme 22, 24, 40, 48, 58, 59

C
Cabeçote 16, 19, 21, 29
Caixa do Painel de Comando 17, 47, 59, 78
Chave de Mandril 38
Chave Geral 68
Coluna 19, 50
Conjunto do Eixo Árvore 33, 52, 56, 57
Correia 33, 45, 63
Cubo Dentado 52, 72

E
Eixo Árvore 20, 21, 25, 28, 33, 39, 52, 57
Escala Angular 42

L
Luva do Eixo 52

M
Mandril 9, 18, 20, 22, 24, 25, 28, 33, 38, 41, 60, 63, 71, 72
Manípulo de Aperto 45
Manivela 21, 41
Mesa 13, 19, 21, 25, 37, 41, 42, 44, 50, 73
Mola 52, 72
Motor Elétrico 19, 25, 66

P
Painel de Comando 17, 22, 24, 47, 58, 59, 78
Parafuso Sextavado 42
Polia do Eixo Árvore 20, 52, 55
Polia Motora 20, 66
Porca de Fixação 52
Proteção da Mola 52
Proteção Frontal 10, 22, 24, 40, 58

R
Relé de Segurança 22, 24, 47
RELÉ DE SEGURANÇA 68
Rolamento 50, 52
ROLAMENTO 72

S
Suporte da Mesa 21, 73

T
Tampa de Proteção 21, 22, 52, 58

NOTAS:

www.**manualtech**.com.br

APÊNDICE A.2:

A.2.1 CONSIDERAÇÕES GERAIS:

O processo de Redução de Riscos apresentado e discutido na Seção 6 da **ABNT NBR ISO 12100:2013** prevê uma rotina de 3 Passos para mitigar os riscos presentes num equipamento ou máquina, respeitando uma ordem conforme a Figura A2.1.

FIGURA A2.1: PROCESSO DE REDUÇÃO DE RISCOS (3 PASSOS).

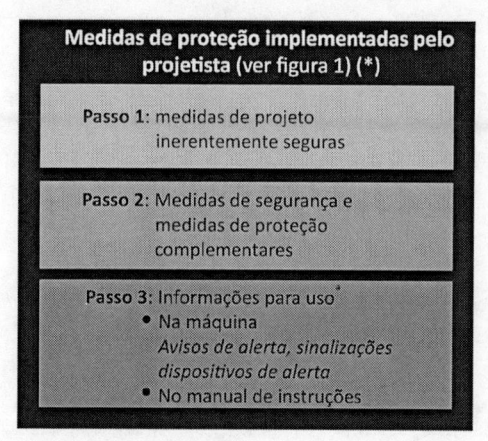

Medidas de proteção implementadas pelo projetista (ver figura 1) (*)

- **Passo 1:** medidas de projeto inerentemente seguras
- **Passo 2:** Medidas de segurança e medidas de proteção complementares
- **Passo 3:** Informações para uso*
  - Na máquina
    Avisos de alerta, sinalizações dispositivos de alerta
  - No manual de instruções

Fonte: autor, a partir da ABNT NBR ISO 12100

Os dois primeiros Passos referem-se às **Medidas de Segurança Inerentes ao Projeto** (Passo 1) e às **Proteções de Segurança** ou **Medidas de Proteção Complementares** (Passo 2), nesta ordem.

O terceiro Passo refere-se às **Informações para Uso** (Passo 3) (6.4 da **ABNT NBR ISO 12100:2013**) (Figuras 6.1 e 6.3), as quais não podem ser consideradas substitutas dos dois primeiros Passos.

As Informações para Uso são partes integrantes do projeto da máquina, compostas por textos, palavras, sinais, símbolos ou diagramas, usados individualmente ou de forma combinada, de modo a prover informações de segurança ao usuário. Elas são direcionadas aos usuários ou não da máquina ou do equipamento.

O objetivo do Passo 3 é mitigar os riscos remanescente das medidas de segurança adotadas nos Passos 1 e 2 anteriormente.

O Manual de Instruções, objeto deste Guia de Redação, é um desses componentes das Informações para Uso, por exemplo.

Outros componentes relevantes das Informações de Uso são os **AVISOS** e **SINAIS DE ADVERTÊNCIAS** fixados na máquina ou no equipamento, os quais devem ser reproduzidos no Manual de Instruções.

As Figuras A2.2 a A2.5 ilustram alguns AVISOS DE ADVERTÊNCIA.

A2.2 REQUISITOS NORMATIVOS:

Há 4 normas importantes relacionadas a esse assunto:

1. Subseção 6.4 da **ABNT NBR ISO 12100:2013**;

2. **ABNT NBR ISO 3864-1:2013**, *Símbolos gráficos — Cores e sinais de segurança - Parte 1: Princípios de design para sinais e marcações de segurança;*

3. **ISO 3864-2:2016**, *Graphical symbols — Safety colours and safety signs — Part 2: Design principles for product safety labels;*

4. **IEC 60617**, *Graphical Symbols for diagrams*.

Os AVISOS e SINAIS DE ADVERTÊNCIA devem ser compreendidos por qualquer pessoa, usuário ou não da máquina, de maneira simples e sem gerar dúvidas. São mensagens objetivas e claras, que alertam principalmente em questões de segurança.

Os SINAIS DE ADVERTÊNCIAS, por exemplo, são definidos em 3.16 da **ABNT NBR ISO 3864-1**, como sendo: *sinal de segurança que indica uma fonte específica de dano potencial*.

São compostos, em geral, por figuras padronizadas, identificáveis facilmente, que podem substituir AVISOS DE ADVERTÊNCIA escritos. Simples olhar deve transmitir a mensagem que se deseja passar. O emprego desses sinais deve considerar a cultura local onde a máquina está sendo utilizada.

A2.3 SINAIS DE ADVERTÊNCIA:

Os SINAIS DE ADVERTÊNCIA devem seguir as orientações contidas na **ABNT NBR ISO 3864-1** e do ANEXO A da **ISO 3864-2**.

Dois elementos compõem esses sinais:

- ícone ilustrativo da mensagem que deseja ser transmitida; e
- a forma geométrica ao redor do ícone apresentado.

Este último elemento deve seguir o padrão, apresentado nas Figuras A.1, A.2 e A.3 da **ISO 3864-2** reproduzida no Quadro A2.1.

A Seção 6 da **ABNT NBR ISO 3864-1** define o padrão dessas formas geométrica em seu texto, devendo obrigatoriamente ser consultada pelo redator técnico.

Esses SINAIS DE ADVERTÊNCIAS podem ser combinados com AVISOS DE ADVERTÊNCIAS, com uma mensagem escrita.

É OBRIGATÓRIO no Manual de Instruções que esses SINAIS DE ADVERTÊNCIA estejam definidos claramente, como no exemplos a seguir.

FIGURA A2.1: Processo de Redução de Riscos (3 PASSOS).

Forma Geométrica	Característica e Cores	Significado	Cor do Ícone ilustrativo	Referências normativas
⊘	Círculo com fundo BRANCO com contorno em VERMELHO e uma Barra em diagonal em VERMELHO	Ação PROIBIDA	PRETO	Tabela 1 da ABNT NBR ISO 3864-1 e ANEXO A da ISO 3864-2
●	Círculo em AZUL, podendo ter ou não um contorno em PRETO	Ação OBRIGATÓRIA	BRANCO	
▲	Triângulo equilátero em AMARELO com vértices arrendondados e contorno em PRETO	Advertência de RISCO	PRETO	

Fonte: autor, a partir da ISO 3864-2

AVISO DE ADVERTÊNCIA:
Risco Biológico

AVISO DE ADVERTÊNCIA:
Risco de Choque Elétrico

AVISO DE ADVERTÊNCIA:
Risco de Explosão

AVISO DE ADVERTÊNCIA:
Risco de Queimadura

AVISO DE ADVERTÊNCIA:
Risco de Tombamento

AVISO DE ADVERTÊNCIA:
Risco de Escorregamento

AVISO DE ADVERTÊNCIA:
Risco de Queda

AVISO DE ADVERTÊNCIA:
Ponto de Aterramento

AÇÃO OBRIGATÓRIA:
LER Manual de Instrução

AÇÃO OBRIGATÓRIA:
USAR Óculos de Segurança

AÇÃO OBRIGATÓRIA:
USAR Luva de Segurança

AÇÃO OBRIGATÓRIA:
USAR Protetor Auricular

AÇÃO OBRIGATÓRIA:
USAR Calçados de Segurança

AÇÃO OBRIGATÓRIA:
USAR Capacete

AÇÃO OBRIGATÓRIA:
USAR Vestimenta de Segurança

AÇÃO PROIBIDA:
NÃO CONECTAR a máquina a rede elétrica

AÇÃO PROIBIDA:
NÃO DEIXAR ferramentas e objetos sobre a máquina

AÇÃO PROIBIDA:
NÃO TOCAR na superfície

AÇÃO PROIBIDA:
NÃO SUBIR na máquina

AÇÃO PROIBIDA:
NÃO UTILIZAR colares, anéis e brincos

AÇÃO PROIBIDA:
NÃO AVANÇAR neste local de pessoas NÃO AUTORIZADAS

AÇÃO PROIBIDA:
NÃO ACENDER fósforos ou isqueiros

A2.4 AVISOS DE ADVERTÊNCIA:

Para abordar este assunto, é importante classificar os AVISOS DE ADVERTÊNCIA quanto à GRAVIDADE (*Severity*) apresentadas por 3 situações perigosas.

Essa recomendação normativa é mostrada nos ANEXOS A e B da **ISO 3864-2**.

São elas:

⚠ **PERIGO**	**DANGER**
⚠ **ATENÇÃO**	**WARNING**
⚠ **CUIDADO**	**CAUTION**

OBSERVAÇÃO!:

A tradução de **DANGER**, **WARNING** e **CAUTION** para o português está de acordo com a Tabela B.1 do ANEXO B da **ISO 3864-2**.

Significado está de acordo com A.4 da **ISO 3864-2** - Painel de Gravidade de Perigo (*Harzard Severity Panels*):

- **PERIGO:** indica o perigo com nível alto de risco, o qual, se não evitado, resultará em morte ou sérios ferimentos;

- **ATENÇÃO** indica um perigo com nível médio de risco, o qual, se não evitado, poderia resultar em morte ou sérios ferimentos;
- **CUIDADO** indica um perigo com nível baixo de risco, o qual, se não evitado, poderia resultar em ferimentos menores ou moderados.

Os AVISOS DE ADVERTÊNCIA escritos devem ser redigidos, no mínimo, no idioma do local (país) onde a máquina irá operar pela primeira vez.

Sempre que possível, deve ser redigido em mais de um idioma, principalmente naqueles que são universalmente mais conhecidos e difundidos, como inglês, espanhol, francês, italiano, entre outros. Atualmente, recomenda-se entrar nesta lista o mandarim, quando for exportada para China.

Exemplos de AVISOS DE ADVERTÊNCIAS:

FIGURA A2.2 – Aviso de Advertência - Baixo nível de risco.

⚠️ **CUIDADO! RISCO DE ACIDENTE**

. ANTES da PARTIDA da máquina, OBSERVAR se a peça a ser furada está fixada corretamente.

. VERIFICAR e ASSEGURAR se não há peças, ferramentas, e objeto estranho soltos sobre a Mesa.

Fonte: autor, a partir da ISO 3864-2

FIGURA A2.3 – Aviso de Advertência - Nível médio de risco.

⚠ **ATENÇÃO! RISCO DE ACIDENTES**

É OBRIGATÓRIO UTILIZAR ÓCULOS E BOTAS DE SEGURANÇA, CAPACETE, PROTETORES AURICULARES, APROVADOS (CA) E VÁLIDOS, DURANTE A OPERAÇÃO E MANUTENÇÃO DO EQUIPAMENTO.

NOS PERÍODOS DE CARREGAMENTO E DESCARREGAMENTO DAS BOBINAS DE AÇO. USAR LUVAS DE RASPA DE COURO SOMENTE DURANTE A OPERAÇÃO DE FIXAÇÃO DOS GANCHOS NAS BOBINAS DE AÇO.

Fonte: autor, a partir da ISO 3864-2

FIGURA A2.4 – Aviso de Advertência - Nível Alto de risco.

⚠ **PERIGO! RISCO DE CHOQUE ELÉTRICO**

POSICIONAR A CHAVE GERAL NA POSIÇÃO DESLIGADA (OFF) PARA SECCIONAR A ALIMENTAÇÃO DA REDE ELÉTRICA PARA MÁQUINA DURANTE QUALQUER INTERVENÇÃO DE MANUTENÇÃO.

SOMENTE PROFISSIONAIS QUALIFICADOS E AUTORIZADOS PODEM EXECUTAR SERVIÇOS DE MANUTENÇÃO.

Fonte: autor, a partir da ISO 3864-2

FIGURA A2.5 – Aviso de Advertência - Nível Alto de risco

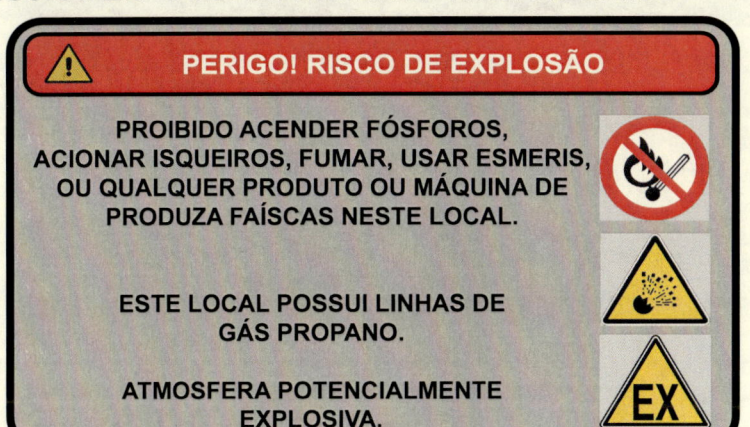

PERIGO! RISCO DE EXPLOSÃO

PROIBIDO ACENDER FÓSFOROS, ACIONAR ISQUEIROS, FUMAR, USAR ESMERIS, OU QUALQUER PRODUTO OU MÁQUINA DE PRODUZA FAÍSCAS NESTE LOCAL.

ESTE LOCAL POSSUI LINHAS DE GÁS PROPANO.

ATMOSFERA POTENCIALMENTE EXPLOSIVA.

Fonte: autor, a partir da ISO 3864-2

A2.5 SINAL GERAL DE ADVERTÊNCIA

Quando usado, o significado do SINAL GERAL DE ADVERTÊNCIA deve ser explicado na documentação do usuário.

A documentação que acompanha um produto se refere aos riscos potenciais presentes na máquina ou no equipamento. Esse sinal pode ser usado sozinho ou em combinação com a palavra de sinalização adequada para chamar a atenção para a natureza do PERIGO e o risco por ele gerado.

A ilustração a seguir pode ser usada para esse fim.

Todas as mensagens de segurança que seguem esse sinal devem ser obedecidas para evitar possíveis danos.

VER A.5 do ANEXO A da **ISO 3864-2:2004**.

SINAL GERAL DE ADVERTÊNCIA:
Risco de Acidente

NOTAS:

NOTAS:

www.manualtech.com.br